国家职业技能标准汽车行业评价规范配套教材

汽车涂装生产线操作工

（基础知识+初级工）

中国人才研究会汽车人才专业委员会 组 编

李 鹏 徐 冬 主 编

本书主要面向汽车行业涂装生产线操作工，旨在规范从业者的从业行为，引导职业教育培训的方向，为职业技能鉴定提供考核依据。本书分为两篇，上篇为基础知识，主要包括了涂装安全生产和环境保护、基础理论知识、涂装工艺及设备等内容；下篇为初级工，主要包括了汽车涂装准备、汽车涂装、涂装质量判定等内容。本书参照行业标准，具有图文并茂、编排形式新颖等特点，特别注重培养汽车涂装初级工的实际操作技术能力，与汽车生产和社会发展联系紧密。

本书可作为国家职业技能标准汽车行业评价规范的培训教材，也可供职业院校汽车相关专业的师生参考。

图书在版编目（CIP）数据

汽车涂装生产线操作工：基础知识+初级工/中国人才研究会汽车人才专业委员会组编；李鹏，徐冬主编. —北京：机械工业出版社，2023.7

国家职业技能标准汽车行业评价规范配套教材

ISBN 978-7-111-73269-3

Ⅰ.①汽⋯ Ⅱ.①中⋯ ②李⋯ ③徐⋯ Ⅲ.①汽车-涂漆-技术等级标准-教材 Ⅳ.①U472.44

中国国家版本馆 CIP 数据核字（2023）第 097395 号

机械工业出版社（北京市百万庄大街22号 邮政编码100037）
策划编辑：舒 恬　　　　责任编辑：舒 恬　丁 锋
责任校对：贾海霞　张 薇　封面设计：张 静
责任印制：单爱军
北京虎彩文化传播有限公司印刷
2023年8月第1版第1次印刷
184mm×260mm・17.75印张・403千字
标准书号：ISBN 978-7-111-73269-3
定价：99.90元

电话服务　　　　　　　　网络服务
客服电话：010-88361066　机 工 官 网：www.cmpbook.com
　　　　　010-88379833　机 工 官 博：weibo.com/cmp1952
　　　　　010-68326294　金 书 网：www.golden-book.com
封底无防伪标均为盗版　机工教育服务网：www.cmpedu.com

编审委员会

主　　任：朱明荣

副主任：李喆乐、陈　丹

委　　员：黄晓静、桑梦倩

编审人员

主　　审：陈慕祖、唐明斌

主　　编：李　鹏、徐　冬

参　　编：敖天霞、陈逢业、甘正升、黄垂刚、鹿　伟、苏晓卫、许春花、周　杰、周伟民

序

近年来，我国汽车行业迅猛发展，逐步从一个汽车大国向汽车强国迈进，汽车品质也愈来愈受到人们的重视。为了支撑汽车行业的蓬勃发展，保障汽车品质的不断提升，汽车生产相关的技能人才的培养变得尤为重要，需要建立一个系统的技能人才培养体系。

汽车涂装行业发展至今，已出版的教材多数用于在校学生学习理论，相对缺少与产业紧密贴合的技能培养内容。同时，由于行业内的各企业之间也缺乏一致的职业技能认定标准和与之匹配的培训教程，导致市面上缺乏专门针对一线实践生产、操作的专业技能指导教材，急需开发相关系列书籍。

本套教材的服务对象主要是汽车行业涂装生产线操作工，旨在树立从业者的行业规范，为企业制定技能人才职业发展通道及规划提供专业技能培训指引方向，同时引导职业教育培训的方向，为技能等级认定提供依据。本书参照中国汽车行业技能人员评价规范编制，凝聚了国内16家优质整车集团的涂装专家力量集体创作完成。同时，本书由汽车工程技术相关职业院校老师进行专业审核，既能用于行业内职业技能鉴定，也可作为职业院校和企业培训的教材，覆盖面较广、应用范围大。本书内容详实、图文并茂、编排形式具有创意，注重培养实际操作技术能力，与汽车生产和社会发展联系紧密。

本书作为一线汽车涂装工人的培养指南，为行业技能人才培养打造了很好的基础。也期待中国人才研究会汽车人才专业委员会可以在此基础上，继续开发相关的数字化技能操作指导以及考试题库等，使之成为汽车行业技能人才评价与培养的宝贵的智库资源。

陈慕祖

前言

我国汽车产销量连续14年蝉联全球第一，国内汽车保有量也在急剧增长。汽车涂装作为汽车制造和维修过程中的重要环节，不仅可以提高汽车的外观个性化，改善汽车外观，还可以保护汽车金属表面不受腐蚀，延长使用寿命，提供一定的机械保护。目前，我国汽车涂装从业人员存在缺乏专业知识、操作不规范、安全环保意识较弱等问题，因此急需合格的汽车涂装技术技能型人才培养教材。

为规范从业者的从业行为，引导职业教育培训的方向，为职业技能鉴定提供依据，适应经济社会发展和科技进步的客观需要，立足培育工匠精神和精益求精的敬业风气，依据《中华人民共和国劳动法》，2020年8月，中国人才研究会汽车人才专业委员会发布了《国家职业技能标准汽车行业评价规范》。基于该规范，中国人才研究会汽车人才专业委员会组织了汽车行业16家大型整车企业专家，共同编撰了这本面向整车企业的汽车涂装教材，旨在全面提升汽车行业涂装生产线操作工的工作水平。从内容体例上，本书主要内容包括涂装安全生产和环境保护、基础理论知识、涂装工艺及设备、汽车涂装准备、汽车涂装、涂装质量判定六个部分。本书在博采众长的基础上，力求达成以下两个目标。

1. 以行动为导向，体现贴合企业实际特色

本书采用"以行动为导向、基于实际工作流程"的理念开发，重构了汽车涂装生产线操作工教育的课程体系。每个知识点都与涂装工的工作内容密切相关。

2. 以能力为本位，对接职业技能等级考核标准

编者参考了《国家职业技能标准汽车行业评价规范》中涂装生产线操作工模块标准，有针对性地安排本书内容，其中上篇（第一章~第三章）为基础知识，下篇（第四章~第六章）为初级工，学生可根据自己的需要选择学习。本书包含大量的岗位所需基础知识点（如涂装安全生产和环境保护、涂装工艺及设备等）和技术知识点（如修磨操作、喷涂操作、汽车涂装质量判定等）。同时，书中素材来自于现行行业内技术领先的各大整车厂，使本书的内容能够充分反映当前车企涂装技术的发展水平。

上海市曹杨职业技术学校的唐明斌担任本书的主审，负责整体教材审核、体例设计与主要内容选定，奇瑞汽车股份有限公司李鹏、上海汽车集团股份有限公司徐冬担任本书的主编，负责总体策划、大纲编写、架构搭建、体例设计与主要内容选定，以及部分章节的撰写。参与本书编写的老师分工如下：第一章和第五章第三节第二部分是陕西汽车控股集团有限公司苏晓卫编写，第二章是奇瑞汽车股份有限公司李鹏编写，第三章是广州汽车集团股份

有限公司黄垂刚编写，第四章和第五章的第一、二、四、八节是上海汽车集团股份有限公司徐冬编写，第五章第三节第一部分是奇瑞汽车股份有限公司许春花编写，第五章第五节的第一~三部分是奇瑞商用车（安徽）有限公司甘正升编写，第五章第五节的第四~七部分是东南（福建）汽车工业有限公司陈逢业编写，第五章第六~七节是安徽江淮汽车集团股份有限公司鹿伟编写，第五章第九节是上海汽车集团股份有限公司周杰编写，第六章是江铃汽车股份有限公司周伟民与敖天霞编写，各章思考题和附录由李鹏整理。威马汽车技术有限公司原永发、贾登科对本书的内容也提供了相关材料，在此向他们表示衷心的感谢。

在此，对为本书的出版给予帮助和支持的有关单位和同志表示衷心感谢。另外，本书还参考了很多国内外相关领域的技术资料，也对这些文献的作者表示感谢。

本书内容全面，通俗易懂，所选择的知识内容与企业岗位需求紧密联系在一起，既能满足企业培训要求，也可以作为高职院校汽车专业理实一体化教学用书。

由于编者水平和经验有限，书中难免有不足之处，望同行专家和读者朋友们，对本书的内容和章节安排等多提宝贵的意见和建议，以便本书再版修订时参考。

中国人才研究会汽车人才专业委员会

中国人才研究会汽车人才
专业委员会微信公众号

目 录

序

前言

上 篇 基础知识

第一章 涂装安全生产和环境保护 ………………………………………………… 2
第一节 安全管理基础知识 ……………………………………………………… 2
第二节 职业安全防护与职业健康 ……………………………………………… 3
第三节 消防及危险化学品知识 ………………………………………………… 7
第四节 涂装作业场所危险源识别与控制 …………………………………… 13
第五节 应急救援与事故处置 ………………………………………………… 14
第六节 涂装三废和噪声处理 ………………………………………………… 16
思考题 …………………………………………………………………………… 17

第二章 基础理论知识 …………………………………………………………… 20
第一节 常用酸材料及性能 …………………………………………………… 20
第二节 常用碱材料及性能 …………………………………………………… 23
第三节 氧化还原反应 ………………………………………………………… 24
第四节 电解和电离 …………………………………………………………… 27
第五节 pH 值测定 ……………………………………………………………… 29
第六节 溶液的浓度 …………………………………………………………… 29
第七节 常用有机物结构及组成 ……………………………………………… 30
思考题 …………………………………………………………………………… 36

第三章 涂装工艺及设备 ………………………………………………………… 39
第一节 涂料的基础知识 ……………………………………………………… 39
第二节 涂装前工件表面预处理 ……………………………………………… 45

第三节　涂装方法 ··· 53
第四节　涂装材料 ··· 63
第五节　涂装设备 ··· 71
思考题 ··· 97

下篇　初级工

第四章　汽车涂装准备 ··· 100
第一节　工艺准备 ·· 100
第二节　设备设施准备 ··· 111
思考题 ·· 117

第五章　汽车涂装 ·· 120
第一节　涂装工具、辅具的操作 ·· 120
第二节　密封操作 ·· 126
第三节　修磨操作 ·· 134
第四节　调漆操作 ·· 155
第五节　前处理和电泳调整操作 ··· 168
第六节　喷涂操作 ·· 209
第七节　喷枪的基本操作 ··· 217
第八节　返修操作 ·· 219
第九节　质量检验操作 ··· 230
思考题 ·· 244

第六章　涂装质量判定 ·· 247
第一节　涂装质量检查 ··· 247
第二节　填写记录单 ·· 264
思考题 ·· 269

附录　汽车行业职业技能评价规范——汽车涂装生产线操作工（初级） ············ 271

参考文献 ··· 274

上 篇

基础知识

第一章　涂装安全生产和环境保护

第一节　安全管理基础知识

一、安全管理概括

现代化作业的涂装车间是立体作业、自动化程度较高的车间，使用了酸、碱、易燃涂料等物质。

涂装生产中的涂料及调稀涂料所用的溶剂大部分属于易燃、易爆、有毒物质。涂装过程中的漆雾、有机溶剂蒸气、粉尘与空气混合积聚到一定的含量范围时，一旦接触明火就容易引起火灾或爆炸事故。另外，涂装过程中产生的三废也会污染环境。所以，涂装车间是消防、污染源治理、职业防护重点单位。针对上述情况，当前行业内着手研制和采用低污染或无污染型涂料，如水性涂料、粉末涂料、高固体分涂料、非水分散体涂料等，逐步替代传统的有机溶剂型涂料。在涂装技术方面开发采用电泳涂装法、自动静电涂装、粉末涂装、烘干室废气燃烧技术等新工艺、新设备。这些新型涂料核心技术的采用显著地减小了涂装工厂的火灾危险性和涂装公害，使操作人员有可能远离对身体健康有害的作业区，达到安全防护的目的。

在日常管理中，我们要树立以人为本、本质安全、风险预控、有备无患、文化兴安的安全管理理念，通过齐抓共管的班组建设组织体系、制度保障体系、现场安全风险管控体系、教育培训体系、文化引领体系和考核评价体系，贯彻落实安全管理6个责任（包括物质保障、资金投入、组织机构和人员配备、规章制度制定、安全管理责任、事故报告和应急救援），创建本质安全型涂装工厂。

二、安全术语

1）本质安全型企业：狭义的概念指的是通过设计手段使生产过程和产品性能本身具有防止危险发生的功能，即使在误操作的情况下也不会发生事故。从广义的角度来说，就是通过各种措施（包括教育、设计、优化环境等）从源头上堵住事故发生的可能，即利用科学技术手段使人们的生产活动全过程实现安全无危害化，即使出现人为失误或环境恶化也能有效阻止事故发生，使人们的安全健康得到有效保障。

2）本质安全化：一般是针对某一个系统或设施而言，是表明该系统的安全技术与安全管理水平已达到本部门现时的基本要求，系统可以较为安全可靠地运行。

3）安全：是指人类生产过程中，将系统的运行状态对人们的生命、财产、环境可能产生的损害，控制在社会能接受水平以下的状态。

4）事件：是发生或可能发生与工作相关的健康损害或人身伤害（无论严重程度），或者死亡的情况。注意：事故是指一种发生人身伤害、健康损害或死亡的事件。

5）国家安全生产方针：安全第一、预防为主、综合治理。

6）国家环境保护方针：保护环境、遵章守法、清洁生产、和谐发展。

7）国家消防方针：预防为主、防消结合。

8）国家职业健康方针：预防为主、防治结合。

9）三违：违章指挥、违章作业、违反劳动纪律。

10）三不伤害：不伤害自己、不伤害他人、不被他人伤害。

11）四不放过：事故原因不清楚不放过、事故责任者没有受到处罚不放过、应受到教育者没有受到教育不放过、没有采取防范措施不放过。

12）危险预知训练（KYT）：针对生产特点和作业全过程，以危险因素为对象，以作业班组为团队开展的一系列安全教育和训练活动。

13）项目建设安全管理三同时：同时设计、同时施工、同时投入生产和使用。

14）消防四个能力：检查消除火灾隐患的能力、扑救初级火灾的能力、组织疏散逃生的能力、消防宣传教育的能力。

第二节　职业安全防护与职业健康

一、职业安全健康管理

职业安全健康管理体系是安全生产管理从传统的经验型向现代化管理转变的具体体现，是培养、锻炼和提高安全管理队伍业务技能和综合素质的具体措施。它能在企业内部形成一个系统化、结构化的职业安全健康自我管理、自我完善机制。

职业安全健康管理体系的各要素都是围绕"危险源辨识、风险评价和风险控制"工作的，体系建成后，它将原有的、分散的各种设备的安全检查、作业环境的安全检查和人的不安全行为的检查，纳入了统一的安全评估体系，从运行体制上有效预防事故和职业危害的发生。

二、劳动防护用品分类及作用

劳动防护用品是保护人身安全的最后一道防线，主要对人体器官进行保护。劳动防护用品分为以下几类。

1. 呼吸器官防护用品

呼吸器官防护用品见表 1-1。

表 1-1 呼吸器官防护用品

编号	名称	防护性能
1	防尘口罩	用于空气中含氧 19.5% 以上的粉尘作业环境,防止吸入一般性粉尘,避免颗粒物等危害呼吸系统或眼、面部
2	过滤式防毒面具	利用净化部件吸附、吸收、催化或过滤等的作用,除去环境空气中的有害物质
3	长管式防毒面具	使佩戴者的呼吸器官与周围空气隔绝,并通过长管得到清洁空气供呼吸的防护用品
4	空气呼吸器	防止吸入对人体有害的毒气、烟雾、悬浮于空气中的有害污染物,或在缺氧环境中使用

2. 听觉器官防护用品

听觉器官防护用品见表 1-2。

表 1-2 听觉器官防护用品

编号	名称	防护性能
1	耳塞	防止暴露在强噪声环境中的工作人员的听力受到损伤
2	耳罩	适用于暴露在强噪声环境中的工作人员,以保护听觉,避免噪声过度刺激,在不适合戴耳塞时使用,一般在噪声大于 100dB(A)时使用

3. 手部防护用品

手部防护用品见表 1-3。

表 1-3 手部防护用品

编号	名称	防护性能
1	普通防护手套	避免摩擦和脏污等普通伤害
2	防化学品手套	具有防毒性能,避免有毒物质伤害手部
3	防静电手套	防止静电积聚引起的伤害
4	耐酸碱手套	接触酸(碱)时戴用,免受酸(碱)伤害
5	防机械伤害手套	保护手部免受磨损、切割、刺穿等机械伤害
6	隔热手套	避免手部免受过热或过冷伤害

4. 足部防护用品

足部防护用品见表 1-4。

表 1-4 足部防护用品

编号	名称	防护性能
1	防砸鞋	保护脚趾免受冲击或挤压伤害
2	防刺穿鞋	保护脚底,避免足底刺伤

(续)

编号	名称	防护性能
3	防静电鞋	鞋底采用静电材料，能及时消除人体静电积累
4	耐酸碱鞋	在有酸碱及相关化学品作业中穿用。由各种材料或复合型材料做成，保护足部，防止化学品飞溅所带来的伤害
5	防护鞋	具有保护特征的鞋，用于保护穿着者免受意外事故引起的伤害，装有保护包头

5. 躯干防护用品

躯干防护用品见表1-5。

表1-5 躯干防护用品

编号	名称	防护性能
1	一般防护服	以织物为面料，采用缝制工艺制成，起一般性防护作用
2	防静电服	能及时消除本身静电积聚危害，在可能引发电击、火灾及爆炸危险场所穿用

6. 涂装工种配备的劳动防护用品

因作业环境不同略有差异，遵循安全防护要求进行配备。喷漆作业劳保防护用品如图1-1所示。

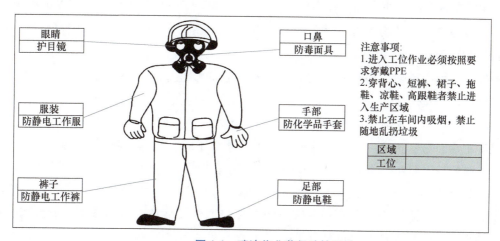

图1-1 喷漆作业劳保防护用品

注：PPE为个人防护用品（Personal Protective Equipment）

打磨擦净作业劳保防护用品如图1-2所示。

三、涂装职业危害及预防

1. 苯系物中毒

苯系物是一种无色、有芳香味的碳氢化合物，透明、易挥发、易燃、易爆，在油漆、喷漆作业中用作溶剂，从事喷漆及经常焊接已经做好油漆的工件的电焊工，易发生苯系物中毒，在涂装车间工人中常有慢性中毒病例发生。

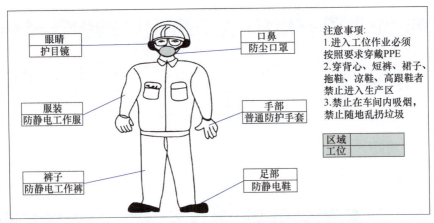

图 1-2 打磨擦净作业劳保防护用品

（1）苯系物中毒原理　吸入高浓度的苯蒸气及大量苯液污染皮肤或误服，均可引起急性中毒，口服致死量约为 10mL。苯的毒性作用主要是抑制中枢神经系统，另外对造血、呼吸系统也有损害。

（2）苯系物中毒临床表现　急性苯系物中毒以中枢神经系统抑制性麻醉为特征，并可出现全身性危重症状，重者数分钟内可死亡。人最低吸入 800~1000mg/m³ 浓度的苯蒸气 4~6h，即可引起急性苯系物中毒症状，吸入 1.6g/m³ 浓度的苯 1h 即可出现中毒症状，6.1~6.4g/m³ 浓度下吸入 5~10min 可导致死亡。

慢性苯系物中毒是长期吸入一定浓度的苯引起的慢性中毒，有头晕、头痛、无力、失眠、多梦等神经衰弱症状，或齿龈、皮肤出血，女性月经失调或过多。血液变化开始主要是白细胞减少，以后出现血小板减少和贫血，严重者发生再生障碍性贫血即白血病。

轻度中毒者可有头痛、头晕、流泪、咳嗽、恶心呕吐、腹痛、腹泻、步态不稳，皮肤、指甲及黏膜青紫，耳鸣、畏光、心悸及面色苍白等症状。

中度和重度中毒者，除上述症状加重、嗜睡、反应迟钝、神志恍惚外，可能迅速昏迷、脉搏细速、血压下降、全身皮肤和黏膜紫绀、呼吸增快、抽搐、肌肉震颤，有的可出现躁动、精神失常、呼吸困难，进而发生休克。

2. 预防措施

1）用无毒或低毒物质代替苯。油漆及稀料改用甲苯、二甲苯或无苯稀料，橡胶及塑料的黏合用汽油胶浆代替，制药提取工艺用乙醇代替，印刷油墨溶剂用汽油代替。

2）工艺改进。采用机器人喷漆、水性电泳漆、淋漆及浸漆、高压喷枪。

3）通风及排气设备采用吸气罩、喷漆抽气柜、槽边抽风。

4）管道的维护：做好管道的保养、维修，防止跑、冒、滴、漏。

5）个人防护：使用活性炭防毒面具，合理使用防护用品。

6）卫生保健措施：定期测定车间苯浓度，做好职业健康检查。相关职业禁忌症：中枢神经系统疾病、精神病、血液系统疾病及肝、肾器质性病变者。

第三节　消防及危险化学品知识

一、消防知识

1. 基本概念

1）燃烧：可燃物与氧化剂作用发生的放热反应，通常伴有火焰，发光和（或）发烟现象。

2）火灾：在时间和空间上失去控制的燃烧所造成的灾害。

2. 燃烧的三要素

1）可燃物：能与空气中的氧或其他氧化剂起剧烈反应。

2）助燃物：能帮助和支持燃烧的物质。

3）着火源：能引起可燃物燃烧的能量。

3. 燃烧的产物及危害

1）散发于空气中且能看到的燃烧产物称为烟雾。

2）烟雾中的主要有害成分：

① 二氧化碳。

② 一氧化碳。

③ 二氧化硫。

④ 氮氧化合物。

3）常见的着火源：

① 明火。

② 电火花。

③ 撞击或摩擦产生的火星。

④ 高热物质和高温表面。

⑤ 雷击。

⑥ 自燃起火。

4）火灾的分类：火灾主要分为 A、B、C、D 四大类。

① A 类火灾：固体火灾。如木材、棉、麻、纸张等的燃烧火灾。

② B 类火灾：液体火灾，及可融化的固体物质火灾，如汽油、煤油、原油、甲醇、乙醇火灾等。

③ C 类火灾：气体火灾。如煤气、天然气、乙炔气、氧气、氢气火灾。

④ D 类火灾：金属火灾。如钾、钠、铝、镁等。

二、常见消防标志

国家规定的安全色有红色、黄色、蓝色、绿色四种颜色，分别代表禁止、警示、指令、安全，涂装常见消防标志包括严禁烟火、安全出口、灭火器、当心火灾。涂装常见消防标志如图1-3所示。

a) 严禁烟火　　b) 安全出口　　c) 灭火器　　d) 当心火灾

图1-3　涂装常见消防标志

三、火灾报警

1）向附近人员报警：呼喊、敲锣、广播、按火灾警铃。

2）向消防队报警。火警电话119拨通后，应讲清楚以下内容：

① 起火点的详细地址。

② 起火的部位。

③ 着火的物质。

④ 火势大小。

⑤ 有无人员被困等。

⑥ 报警人姓名及电话号码。

四、常用消防器材种类

1. 分类

泡沫灭火器、二氧化碳灭火器、1211灭火器、干粉灭火器、消火栓、自动喷淋系统、自动报警系统、应急灯。常用消防器材种类如图1-4所示。

a) 泡沫灭火器　　b) 二氧化碳灭火器　　c) 1211灭火器　　d) 干粉灭火器

e) 消火栓　　f) 自动喷淋系统　　g) 自动报警系统　　h) 应急灯

图1-4　常用消防器材种类

2. 适用范围及使用方法

（1）干粉灭火器

1）适用范围：主要用来扑救石油及其产品、有机溶剂等易燃液体、可燃气体和电器设备的初起火灾。

2）使用方法：将灭火器上下颠倒几次，使筒内干粉松动，拔下保险销，一只手握住喷嘴，另一只手用力按下压把，干粉即喷出，将喷嘴对准火焰的根部左右摆动。

（2）二氧化碳灭火器

1）适应范围：适于扑救精密仪器和贵重设备、档案数据、仪器仪表的初起火灾，还可以用于600V以下的电器设备及少量油类等的初起火灾。

2）使用方法：

① 手提灭火器的提把，在距起火点5m处停下。

② 拔去保险销，一只手握住喷筒，对准火焰。

③ 另一只手压下压把，二氧化碳即可喷出。

五、火场逃生的原则及方法

1. 火灾扑救基本原则

"救人第一""先控制后消灭""先重点后一般"。

2. 火灾逃生的原则

1）保持冷静的头脑和稳定的心态。

2）迅速撤离危险区，不要贪恋财物。

3）加强个人防护，防止或减少烟气的侵害。

4）穿过烟火区时，要爬行或尽量使身体贴近地面。

5）千万不要乘坐电梯逃生。

6）身上着火可就地打滚或用厚重的衣物压灭火焰，不可奔跑。

7）不能随便开启门窗，以避免火势迅速发展。

8）不要惊慌失措，盲目跳楼逃生。

3. 火灾逃生的方法

1）若人员被困在单层建筑内，火势较猛，烟气较大，应扎好口鼻，迅速逃向安全出口。

2）如发生在高层建筑内，可选择以下逃生方法：

① 结绳下滑法。

② 骑坐窗外空调法。

③ 扒住窗台翻出法。

④ 创造避难间法。

⑤ 抛物跳楼法。

⑥ 沿下水管下滑法。

六、危险化学品基础知识

1. 概念

危险化学品是指具有易燃、易爆、有毒、有害等特性，会对人员、设备、环境造成伤害或损害的化学品。

2. 种类

目前列入《危险化学品名录》（2002版）的危险化学品有3823种，列入《剧毒化学品目录》（2002年版）的剧毒化学品有335种。

3. 用途

广泛用于化工、化学制药、选矿、轻工、食品、造纸、自来水处理等多个行业和领域。

4. 特性

具有危险性：易燃、易爆、有毒和腐蚀性。

5. 危险化学品的分类

第一类：爆炸品，包括爆炸性物质、爆炸性物品等。

第二类：压缩气体和液化气体，包括压缩、液化、溶解、冷冻液化的气体。

第三类：易燃液体，此类物质在常温下易挥发，其蒸气与空气混合能形成爆炸性混合物。

第四类：易燃固体、自燃物品和遇水易燃物品，这类物品易于引起火灾。

第五类：氧化剂和有机过氧化物，这类物品具有强氧化性，易引起燃烧、爆炸。

第六类：毒害品，如各种氰化物、砷化物、化学农药等。

第七类：放射性物质（不属于《危险化学品安全管理条例》管理范畴）。

第八类：腐蚀品，指能灼伤人体组织并对金属等物品造成损伤的固体或液体。

6. 常见的涂装危险化学品

《涂装危险化学品名目》见表1-6。

表1-6 涂装危险化学品名目

序号	名称	规格
1	油漆	200kg/桶
2	稀料	18kg/桶
3	固化剂	5kg/桶
4	驳口水	20kg/桶
5	原子灰	5kg/桶
6	填眼灰	1kg/桶
7	漆雾凝聚剂A	200kg/桶
8	漆雾凝聚剂B	200kg/桶

（续）

序号	名称	规格
9	磷化 A	200kg/桶
10	磷化 B	200kg/桶
11	脱脂 A	200kg/桶
12	脱脂 B	200kg/桶
13	焊缝密封胶	200kg/桶
14	焊缝密封胶（支）	400g/支
15	防石击涂料	200kg/桶
16	促进剂	20kg/桶
17	pH 调节剂	18kg/桶
18	中和剂	25kg/桶
19	表调剂	20kg/袋
20	电泳色浆	188kg/桶
21	电泳乳液	1000kg/桶
22	03 溶剂 ppg	200kg/桶
23	杀菌剂	25kg/桶
24	清洗剂	200kg/桶
25	氢氧化钠	20kg/袋
26	DOP 管道清洗剂	200kg/桶
27	二氧化碳	
28	玻璃胶	
29	酒精	500mL/瓶
30	电解液	
31	点焊胶	sika4109
32	氟利昂	R22
33	乙炔	
34	氧气	
35	氩气	
36	氮气	
37	乙二醇丁醚	500mL/瓶
38	乙醇	500mL/瓶
39	甲酸	500mL/瓶
40	氯化钠	500g/瓶
41	氯化钾	500g（80g/次）
42	碳酸钠	500g/瓶
43	氢氧化钠	0.1mol/L（使用量：20mL/次）
44	盐酸	0.1mol/L（使用量：10mL/次）
45	邻苯二甲酸氢甲	500g/瓶
46	混合磷酸盐	（使用量：1袋）
47	四硼酸钠	（使用量：1袋）
48	酚酞	（使用量：2滴/次）
49	溴酚蓝	（使用量：2滴/次）

7. 常见危险化学品告知牌

针对危险化学品，现场必须制定化学品安全告知牌（MSDS），放置于生产工位，员工需掌握化学品的危险性、使用特性、健康危害等，针对可能发生的事故需采取的急救措施。《安全告知牌》的主要内容如图1-5所示。

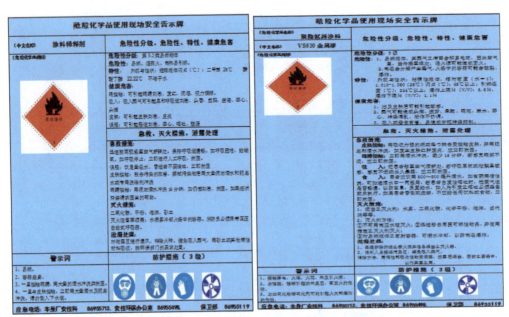

a) 油漆MSDS   b) 涂料稀释剂MSDS

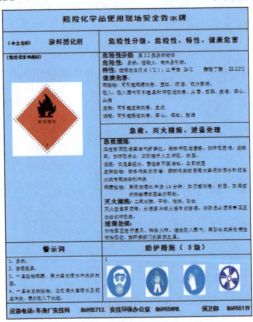

c) 涂料固化剂MSDS

图1-5　安全告知牌

第四节 涂装作业场所危险源识别与控制

一、危险源

危险源是指可能导致人身伤害和（或）健康损害的根源、状态或行为，也可以是它们的组合。

二、危险因素

危险因素是指能对人造成伤亡或对物造成突发性损害的因素。有时两者不加以区分，统称为危险、危害因素。存在能量、有害物质和能量、有害物质失去控制，是危险因素产生的根本原因。

三、健康损害

健康损害是指可确认的、由工作活动和（或）工作相关状况产生或加重的身体或精神的不良状态。

四、危险源分布及控制

1. 分布状况

一图两清单指安全风险空间分布图、安全风险分级管控措施清单和安全风险分级管控责任清单。安全风险等级划分为四类，一级（蓝色）属于低风险、二级（黄色）属于一般风险、三级（橙色）属于较大风险、四级（红色）属于重大风险。通过安全风险空间分布图，使人员掌握涂装生产线危险源分布情况，具体如图1-6所示。

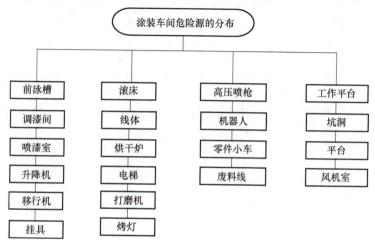

图1-6 某车间安全危险源分布示例图

2. 涂装危险源控制的方法

作业前的点检、生产过程巡检、专项（业）检查、专业维修工检修、预防性检修、现场职业危害警示、告知、个人防护等方法。

第五节　应急救援与事故处置

一、应急救援的意义

20世纪以来，随着工业化进程的迅猛发展，各种工业事故呈现不断上升趋势，危及社会安全的多人重大事故时有发生，给人们的生命安全、公私财产和环境构成重大威胁。

应急救援是一项社会性减灾救灾工作，可以加强对重大工业事故的处理能力，根据预先制定的应急救援预案，以及组织相关应急演练，一旦有事故发生，做到临变不乱，高效、迅速地做出应急反应，尽可能地减小事故后果对生命、财产和环境造成的危害。

二、事故应急救援的程序

事故应急救援系统的应急响应程序按过程可分为接警、响应级别确定、应急启动、救援行动、应急恢复和应急结束等几个过程。

1. 接警与响应级别确定

接到事故报警后，按照工作程序，对警情做出判断，初步确定相应的响应级别。如果事故不足以启动应急救援体系的最低响应级别，响应关闭。

2. 应急启动

应急响应级别确定后，按所确定的响应级别启动应急程序，如通知应急中心有关人员到位、开通信息与通信网络、通知调配救援所需的应急资源（包括应急队伍和物资、装备等）、成立现场指挥部等。

3. 救援行动

有关应急队伍进入事故现场后，迅速开展事故侦测、警戒、疏散、人员救助、工程抢险等有关应急救援工作，专家组为救援决策提供建议和技术支持。当事态超出响应级别，无法得到有效控制时，向应急中心请求实施更高级别的应急响应。

4. 应急恢复

救援行动结束后，进入临时应急恢复阶段。该阶段主要包括现场清理、人员清点和撤离、警戒解除、善后处理和事故调查等。

5. 应急结束

执行应急关闭程序，由事故总指挥宣布应急结束。

三、事故现场自救、互救的措施

1. 危险化学品泄漏现场应急处置

远离火源使空气畅通，避免吸入蒸气。用不易燃烧的材料如：沙、土、硅藻土等将漏出的油漆收集在容器中，并将容器按危险废弃物处置流程处理，不允许倒入排水沟或下水道。最后使用清洁剂清洗受污染的区域，避免使用溶剂。

2. 进入人体采取的应急措施

（1）皮肤接触　脱下受污染的衣服，用肥皂和清水冲洗皮肤，或用个人皮肤清洁剂清洗。千万不要使用溶剂或稀释剂。如果症状持续，则请求医生的帮助。

（2）眼睛接触　立即用大量水冲洗至少 10min；敷 1% 的氯霉素眼膏；剧痛时服用口服或肌注镇痛剂，马上送医。

（3）吸入　立即将伤员移到空气新鲜的地方，使伤员保持温暖和休息状态，如呼吸不规则或停止，需给予人工呼吸急救法，并不要给伤员服用任何东西。如不省人事请将伤员置于复苏体位，并寻求医生的帮助。

（4）食入　如果意外吞下，千万不要催吐。首先应保暖；饮水或口服活性炭加水混合物，尽力避免伤员呕吐；必要时进行人工呼吸，症状严重时迅速就医。

四、事故"四不放过"处理的原则

事故处理采取"四不放过"的原则：
1）事故发生后要做到原因未查清不放过。
2）群众未受到教育不放过。
3）责任人未受到处理不放过。
4）整改措施未落实不放过。

五、事故案例

1. 案例一

2010 年 4 月 24 日零时 19 分，重庆市某广场裙楼突发火灾，火灾过火面积约 1.5 万 m^2，火灾原因是该单位的消防安全意识不强，未经消防部门审批擅自动火、动焊而引起的。经过近千名消防官兵、公安民警、武警连续近 5h 的紧张扑救，大火才得到控制。

2. 案例二

2013 年 10 月某日下午，某化工公司设备科组织 5 名机修工更换合成车间二楼的中和反应 B 釜搅拌轴。5 人先将反应釜盖打开，夏某从反应釜人孔处架设的竹梯上进入釜底部捆绑搅拌轴，宋某站在反应釜操作平台上扶住竹梯，约 10s 后，夏某感觉釜内气味大，眼睛睁不开，赶紧爬出釜口。这时，宋某戴上一只曾经使用过的防毒面具，进入釜内。大约 30s 后，夏某发现宋某倒在釜内，立即呼救，现场袁某赶紧进入釜内对宋某进行施救。当夏某从公司仓库取来新的防毒面具时，已发现袁某也倒在釜内。维修负责人王某戴上新的防毒面具进入釜内，将袁某用救生绳捆住，釜外的其他工友合力将袁某拉出釜外。此时，王某爬上竹梯准备出釜，当爬到竹梯中部时摔倒下去。公司负责人刘某闻讯后，赶紧跑到维修现场，安排他人进入釜内依次将宋某、王某救出。3人经送医院抢救后，宋某死亡，另2人受伤。

通过以上案例，我们对安全生产有以下几点认识：

1）人的安全行为、物的安全状态、良好的生产环境是安全生产三要素，企业安全生产工作应以防止人的不安全行为、消除物的不安全状态为中心，日常安全生产管理包括安全生产监督检查管理、安全生产培训教育管理、设备设施管理、作业现场环境管理。

2）对于事故的预防与控制，应从安全技术、安全教育、安全管理三方面入手，采取相应措施。

3）特种作业人员上岗作业前，必须进行专门的安全技术、操作技能的培训教育，增强其安全生产意识，并且已经获得证书后方可上岗。

4）在风险因素识别评价过程中，重大风险因素必须建立管理控制措施和应急预案来实现重大危险因素受控；应急预案可分为综合预案、专项预案、现场预案。

第六节　涂装三废和噪声处理

涂装生产所用的涂料、溶剂及生产过程中产生的"三废"（废气、废水、废渣）和噪声，对人们生存的环境都是有害的，"三废"造成大气和水污染。涂装能耗占四大工艺的80%以上，有机挥发气体（VOC）排出量占90%以上。为此，从事涂装作业的人员不仅要对自己的健康负责，同时还要对他人及社会负责，这就要求从业者要掌握环保知识，树立良好的环境保护意识。

一、废气

主要废气（包括VOC——有机挥发气体）：烟尘、粉尘和有害气体。涂装车间废气主要由喷漆室、流平室、烘干室处产生，主要有挥发性溶剂、涂料粉尘、热分解产物、燃烧废气；这些有害气体直接危害人的健康，同时对大气、生物和环境的污染更是后患无穷。为此，必须进行治理并达到国家或省市要求的最高排放浓度方可排放。

处理方法：沸石转轮+RTO、触媒氧化分解法、活性炭等吸附剂的吸附法等。

二、废水

主要废水（含重金属离子污水）：前处理废水、电泳废水、喷漆室废水、湿打磨废水等；如不处理直接排放，就会造成水资源的污染，直接危害人及动植物的生命。因此，涂装生产中产生的废水必须经过物理或化学的方法进行处理，达到国家或省市要求的排放标准方可排放。

处理方法：凝集沉淀法、上浮分离法、离子交换法、膜分离法、生化处理法等。

三、废渣

主要固废：漆泥、磷化渣、油漆桶及粉末喷涂过程中所产生的废弃物，这些废弃物必须按固体废弃物处理。

处理方法：焚烧、填埋等。

四、噪声

噪声主要来源于涂装生产设备，如车间内的各种鼓风机、蒸汽加热管路水击、空调送风管路的振动等。这些噪声对操作者的心脏及听力有极大的损害，须采取消声措施，将其降低到国家规定的范围内（75dB）。

思考题

1. 判断题

（1）本质安全型企业是通过设计手段使生产过程和产品性能本身，具有防止危险发生的功能，在误操作的情况下会发生事故。（　　）

（2）本质安全化是针对某一个系统或设施而言，安全技术与安全管理水平已达到本部门更先进的要求，可以较为安全可靠地运行。（　　）

（3）安全是指生产过程中将系统的运行状态对生命、财产、环境可能产生的损害，控制在能接受水平以下的状态。（　　）

（4）国家环境保护方针是保护环境、遵章守法、清洁生产、和谐发展。（　　）

（5）消防四个能力是指检查消除火灾隐患、扑救初级火灾、组织疏散逃生、消防宣传教育等能力。（　　）

（6）防尘口罩用于空气中含氧11.5%以上的粉尘作业环境，防止吸入一般性粉尘。（　　）

（7）耳罩适用于暴露在强噪声环境中且在不适合戴耳塞的情况下，以保护工作人员避免噪声过度刺激。（　　）

（8）吸入800~1000mg/m^{3}浓度的苯蒸气4~6h即可引起急性苯系物中毒，吸入1.6g/m^{3}浓度的苯1h即可出现中毒症状，6.1~6.4g/m^{3}浓度下吸入5~10min可导致死亡。（　　）

2. 单选题

（1）苯是一种（　　）的碳氢化合物。

A. 无色、有芳香味　　　　　　　　B. 淡黄、有臭蛋味
C. 乳白、有香橙味　　　　　　　　D. 淡蓝、有苹果味

（2）项目建设安全管理"三同时"是指：同时设计、同时施工、同时（　　）。

A. 投入生产和使用　　　　　　　　B. 验收
C. 问题整改　　　　　　　　　　　D. 付款

（3）危险预知训练（KYT）是针对生产特点和作业全过程，以（　　）为对象，以作业班组为团队开展的一系列安全教育和训练活动。

A. 生产现场　　　B. 作业人员　　　C. 危险因素　　　D. 发生事故

（4）事件一般是指发生或可能发生与工作相关的（　　）或者死亡的情况。

A. 事故　　　　　　　　　　　　B. 健康损害或人身伤害

C. 作业内容　　　　　　　　　　D. 全过程时段

（5）常见的足部防护用品有防砸鞋、防刺穿鞋、（　　）、耐酸碱鞋、防护鞋等。

A. 绝缘鞋　　　B. 皮靴　　　C. 胶靴　　　D. 防护鞋

（6）吸入高浓度的苯蒸气、大量苯液污染皮肤或误服均可引起苯急性中毒，口服致死量约为（　　）mL。

A. 5　　　B. 7　　　C. 10　　　D. 12

（7）向附近人员报警，一般常见：呼喊、敲锣、广播、（　　）等方式。

A. 对讲机　　　B. 手机或固定电话　　　C. 按火灾警铃　　　D. 报警

（8）二氧化碳灭火器适应于扑救精密仪器和贵重设备、档案数据、仪器仪表等初起火灾，还可以用于（　　）以下的电器设备及少量油类等初起火灾。

A. 220V　　　B. 380V　　　C. 600V　　　D. 450V

（9）涂装危险源控制的方法有作业前点检、生产过程巡检、专项（业）检查、专业维修工检修、（　　）、现场职业危害警示、告知、个人防护等方法。

A. 危险预知训练　　　　　　　　B. 预防性检修

C. 横幅标语　　　　　　　　　　D. 专职安全员检查

（10）事故处理采取"四不放过"原则，即原因未查清不放过、群众未受到教育不放过、责任人未受到处理不放过、（　　）。

A. 事故措施未演练不放过　　　　B. 安全审核没通过不放过

C. 整改措施未落实不放过　　　　D. 安全考试未通过不放过

3. 多选题

（1）火警报警电话（　　）。报警电话拨通后应该讲清楚（　　）、有无人员被困、报警人姓名及电话号码等信息。

A. 110　　　　　　　　　　　　B. 119

C. 911　　　　　　　　　　　　D. 起火点的详细地址

E. 起火的时间　　　　　　　　　F. 起火的环境

G. 起火的部位　　　　　　　　　H. 着火的物质

I. 火势大小

（2）国家规定安全色有（　　）等四种颜色，分别代表（　　）。

A. 白、黑、红、绿　　　　　　　B. 黄、黑、蓝、绿

C. 红、黄、蓝、绿　　　　　　　D. 禁止、指令、安全、警示

E. 警示、禁止、指令、安全　　　F. 禁止、警示、指令、安全

（3）如果火灾发生在高层建筑内，可选择的逃生方法有（　　）。

A. 寻找安全逃生通道　　　　　　B. 结绳下滑法

C. 骑坐窗外空调法 D. 扒住窗台翻出法
E. 创造避难间法 F. 抛物跳楼法
G. 沿下水管下滑法

4. 简答题

(1) 案例一：2010 年 4 月 24 日零时 19 分，重庆市某广场裙楼突发火灾，过火面积约 1.5 万 m²，火灾原因是该单位消防安全意识不强，未经消防部门审批擅自动火、动焊而引起的。经过近千名消防官兵、公安民警、武警连续近 5h 的紧张扑救，大火才得到控制。

结合上述案例，请谈谈对安全工作的认识。

(2) 案例二：2013 年 10 月某下午，某化工公司设备科组织机修工更换合成车间的中和反应釜搅拌轴。机修工将反应釜盖打开，宋某戴上一只曾经使用过的防毒面具进入釜内，大约 30s 后夏某发现宋某倒在釜内，立即呼救，现场袁某赶紧进入釜内对宋某进行施救。本次事故造成宋某死亡、2 人受伤。

结合上述案例，请谈谈对安全工作的认识。

(3) 我们对涂装"三废"的处理方式有哪些？

第二章 基础理论知识

第一节 常用酸材料及性能

一、酸

1. 电解质、非电解质、电离

电解质、非电解质和电离的定义见表 2-1。

表 2-1 电解质、非电解质、电离的定义

名词	定义
电解质	在水溶液或熔融状态下能够导电的物质
非电解质	在水溶液或熔融状态下不导电的物质
电离	电解质溶于水或受热熔化时,离解成为自由移动的离子

例如,食盐(氯化钠)溶于水后,在通电的情况下,电离的方程式如下:

$$NaCl \rightleftharpoons Na^+ + Cl^-$$

2. 酸的定义

酸的定义为电解质电离时所生成的阳离子全部是氢离子的化合物。

在通电的情况下,盐酸、硝酸和硫酸在水溶液中都能够电离生成氢离子(H^+),电离方程式如下:

$$HCl \rightleftharpoons H^+ + Cl^-$$
$$HNO_3 \rightleftharpoons H^+ + NO_3^-$$
$$H_2SO_4 \rightleftharpoons 2H^+ + SO_4^{2-}$$

3. 酸的分类与命名

酸的分类和命名见表 2-2。

表 2-2 酸的分类与命名

名词	定义	举例
含氧酸	分子中含有氧原子	硫酸和硝酸
无氧酸	分子中不含有氧原子	盐酸

(续)

名词	定义	举例
一元酸	酸分子电离时，生成1个氢离子	盐酸
二元酸	酸分子电离时，生成2个氢离子	硫酸
三元酸	酸分子电离时，生成3个氢离子	磷酸

4. 酸的化学特性

酸的化学特性包括：

1）酸与多种活泼的金属反应，通常生成盐和氢气

2）酸与某种金属氧化物反应生成盐和水

3）酸与某些盐反应生成另一种酸和另一种盐

4）酸与碱反应生成盐和水

5）指示剂（石蕊或酚酞等）能与酸溶液反应而显示不同的颜色：紫色的石蕊试液遇酸变红色，无色的酚酞遇酸不变色

二、常见的酸的组成及特性

前面我们介绍了酸是电解质，它们在电离时生成的阳离子全部是氢离子。现在我们就对常用酸展开介绍。

1. 盐酸（HCl）

盐酸是氯化氢气体的水溶液。在标准环境中，可以利用氯化钠与浓硫酸反应，在不加热或稍微加热的条件下生成硫酸氢钠和氯化氢。

$$NaCl + H_2SO_4(浓) \xrightarrow{加热} NaHSO_4 + HCl$$

纯净的浓氯化氢水溶液，即浓盐酸，是没有颜色的液体，而含有杂质的工业品浓盐酸呈现黄色。氯化氢气体没有颜色，从浓盐酸挥发出来的氯化氢跟空气里的水蒸气接触，形成白雾状的盐酸小液滴，用手轻轻扇动可以闻到很强的刺激性气味。氯化氢易溶于水，在0℃条件，1体积水能溶解500体积的氯化氢。常用的浓盐酸约含有质量分数为37%的氯化氢，密度为1.19g/mL。

盐酸跟多种金属、金属氧化物、金属氢氧化物等物质起反应，下面就简单介绍盐酸的化学性质。

（1）盐酸与金属的反应　例如：盐酸与锌和铁反应，生成氢气、氯化锌和氯化亚铁，反应方程式如下。

$$Zn + 2HCl = ZnCl_2 + H_2\uparrow$$

$$Fe + 2HCl = FeCl_2 + H_2\uparrow$$

（2）盐酸与金属氧化物的反应　把生锈的铁质螺钉放入稀盐酸，在一定时间后把铁质螺钉从稀盐酸中取出洗净，可看到铁质螺钉表面的锈已经被除去，稀盐酸溶液也变成浅棕红色。这是因为盐酸与铁锈起反应，生成了可溶的氯化铁。

$$Fe_2O_3+6HCl=\!=\!=2FeCl_3+3H_2O$$

由于盐酸和金属氧化物反应生成可溶性氯化物，所以可以利用稀盐酸对金属制品进行除锈处理。

(3) 盐酸与碱的反应　取一定量不溶于水的氢氧化铜放在试杯里，加入一定量的盐酸，目视观察到氢氧化铜发生了溶解。这是因为氢氧化铜与盐酸反应生成了可溶于水的氯化铜。反应方程式如下：

$$Cu(OH)_2+2HCl=\!=\!=CuCl_2+2H_2O$$

(4) 盐酸与硝酸银的反应　在盛有盐酸的试杯里随机滴入 2~5mL 硝酸银溶液和 2~5mL 硝酸，可以看到有白色沉淀生成。这是盐酸跟硝酸银反应生成了不溶于水的氯化银凝乳状白色沉淀。

$$AgNO_3+HCl=\!=\!=AgCl\downarrow+HNO_3$$

上述反应可以用于检验盐酸和可溶性氯化物。盐酸是一种重要的化工产品，它不仅能用于金属表面的除锈处理，还能用于制造各种氯化物以及某些药剂、试剂，并可用于环境治理。

2. 硫酸（H_2SO_4）

纯净的浓硫酸是无色、黏稠、油状的液体，不易挥发。常用的浓硫酸的质量分数为 98.3%，密度为 1.84g/mL。浓硫酸具有很强的吸水性、脱水性和氧化性。用玻璃棒蘸浓硫酸在纸上写字，过一会儿纸上粘有浓硫酸的地方发生变黑，原因是浓硫酸吸走了纸张中的水分使纸被炭化。在常温下，浓硫酸跟金属（铁、铝）接触，能够使金属（铁、铝）表面生成一薄层氧化保护膜，可阻止内部金属继续跟硫酸反应。稀硫酸和浓硫酸有所不同，简要介绍如下。

(1) 稀硫酸跟金属的反应　在盛有稀硫酸的试杯里，使用不锈钢镊子轻轻放入几颗试验用锌粒，目视观察到有气体放出，并伴有锌粒快速溶解的现象，生成了能溶于水的硫酸锌。

$$Zn+H_2SO_4=\!=\!=ZnSO_4+H_2\uparrow$$

(2) 稀硫酸与金属氧化物的反应　需在加热的条件下，稀硫酸与铁锈混合反应生成硫酸铁。

$$Fe_2O_3+3H_2SO_4\xrightarrow{\triangle}Fe_2(SO_4)_3+3H_2O$$

(3) 稀硫酸和碱的反应　稀硫酸与不溶于水的氢氧化铜反应，生成溶于水的硫酸铜。

$$Cu(OH)_2+2H_2SO_4=\!=\!=CuSO_4+2H_2O$$

(4) 稀硫酸与氯化钡的反应　在盛有稀硫酸的试杯里随机注入 2~5mL 氯化钡和 2~5mL 稀硝酸溶液，目视观察到有不溶于水的硫酸钡产生，这个反应可用于检验硫酸。

$$BaCl_2+H_2SO_4=\!=\!=BaSO_4\downarrow+2HCl$$

第二节　常用碱材料及性能

一、碱

1. 碱的定义

碱的定义为电解质电离时所生成的阴离子全部是氢氧根离子的化合物。

例如，氢氧化钾、氢氧化钠均是电解质，它们的电离方程式是：

$$KOH = K^+ + OH^-$$

$$NaOH = Na^+ + OH^-$$

由上式可知，氢氧化钾、氢氧化钠在水溶液里电离生成氢氧根离子（OH^-）。

2. 碱的命名

碱的命名一般为氢氧化某，根据氢氧根离子和金属离子的名称命名，例如 $Cu(OH)_2$ 称为氢氧化铜。

如果某种金属具有可变化合价，在形成不同电荷的离子时，高价金属离子的碱称为氢氧化某，低价金属离子的碱则称为氢氧化亚某。例如，金属铁的反应生成物，$Fe(OH)_3$ 称为氢氧化铁，$Fe(OH)_2$ 称为氢氧化亚铁。

3. 碱的化学特性

碱的化学特性包括：

1）碱能与多数的非金属化合物起反应，生成盐和水
2）碱能与某些盐起反应，生成另一种盐和另一种碱
3）碱能与酸反应，生成盐和水
4）指示剂（石蕊或酚酞等）能与碱溶液反应而显示不同的颜色：紫色石蕊试剂遇到碱变蓝色，无色的酚酞试剂遇到碱变红色

二、常见的碱的组成及性能

下面介绍在我们的生活和生产中常见的两种碱。

1. 氢氧化钠（NaOH）

高纯度氢氧化钠是一种白色的固态物质，溶于水时能放出大量的热。暴露在空气里会吸收水分而潮解，因此氢氧化钠有强烈的腐蚀性，俗称火碱或烧碱、苛性钠。在使用时，要防止外露的皮肤、衣物被其腐蚀。下面简要介绍它的一些化学性质。

（1）氢氧化钠和非金属氧化物的反应　氢氧化钠与非金属氧化物（二氧化碳、二氧化硫）的反应。

$$2NaOH + CO_2 = Na_2CO_3 + H_2O$$

$$2NaOH+SO_2 =\!\!=\!\!= Na_2SO_2(亚硫酸钠)+H_2O$$

（2）氢氧化钠与盐反应　取两个试杯，分别注入一定量的硫酸铜溶液和氯化铁溶液，然后随机各加 2~5mL 氢氧化钠溶液，目视观察到第一个试杯里有蓝色沉淀物（即氢氧化铜），第二个试杯里有红褐色沉淀物（即氢氧化铁）。

$$CuSO_4+2NaOH =\!\!=\!\!= Cu(OH)_2\downarrow +Na_2SO_4$$

$$FeCl_3+3NaOH =\!\!=\!\!= Fe(OH)_3\downarrow +3NaCl$$

2. 氢氧化钙 [Ca(oH)₂]

生石灰与水起反应会生成白色粉末状氢氧化钙。此反应是放热反应：

$$CaO+H_2O =\!\!=\!\!= Ca(OH)_2$$

氢氧化钙微溶于水，其溶液俗称为石灰水。在使用时，要防止外露的皮肤、衣物被其腐蚀。氢氧化钙和二氧化碳反应生成不溶于水的沉淀物（即碳酸钙），其反应如下：

$$Ca(OH)_2+CO_2 =\!\!=\!\!= CaCO_3\downarrow +H_2O$$

氢氧化钙俗称熟石灰或消石灰，它还能和某些盐如碳酸钠反应生成白色的碳酸钙沉淀。

$$Ca(OH)_2+NaCO_3 =\!\!=\!\!= CaCO_3\downarrow +Na(OH)_2$$

氢氧化钙在工业生产中用于制作漂白粉、氢氧化钠等。因为氢氧化钙与酸发生中和反应，在农业上常用于改良土壤。

第三节　氧化还原反应

氧化还原反应是日常生活、工农业生产和现代科技中经常遇到的一类重要的化学反应。燃料的燃烧、金属的冶炼等都涉及氧化还原反应。氧化还原反应分为氧化反应和还原反应。

一、区分氧化还原反应

1. 氧化反应与还原反应

氧化反应是元素化合价升高的反应，还原反应是元素化合价降低的反应。

2. 氧化还原反应的实质

氧化还原反应的实质是电子的转移（电子的得失或共用电子对的偏移）。物质发生氧化反应时，化合价升高，失电子；物质发生还原反应时化合价降低，得电子。

例如，$2Na+Cl_2 =\!\!=\!\!= 2NaCl$：反应前后化合价发生了变化，是典型的氧化还原反应。钠原子最外层有一个电子，在反应中易失去一个电子，成为稳定的钠离子；而氯原子最外层有 7 个电子，反应中易得到一个电子，成为稳定的

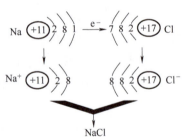

氯离子，钠离子和氯离子通过静电作用形成离子化合物氯化钠。这个过程中，电子通过失与得由钠原子转移到氯原子。

通过对 NaCl 的形成过程分析，我们得出一些结论，见表 2-3。

表 2-3　氧化还原反应的实质

反应	得氧失氧观点	化合价升降观点	电子转移观点
氧化反应	得到氧的反应	化合价升高的反应	失去电子的反应
还原反应	失去氧的反应	化合价降低的反应	得到电子的反应
氧化还原的关系	得氧失氧同时发生	化合价升降同时发生（且升降总数相等）	得失电子同时发生（且得失电子总数相等）
氧化还原反应	有氧得失的反应	有化合价升降的反应	有电子转移的反应

（1）氧化剂和还原剂（反应物）　氧化剂和还原剂见表 2-4。

表 2-4　氧化剂和还原剂

名词	反应特性
氧化剂	发生还原反应，得电子，化合价降低，有氧化性，被还原，生成还原产物
还原剂	发生氧化反应，失电子，化合价升高，有还原性，被氧化，生成氧化产物
还原产物	还原后的生成物

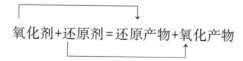

氧化剂+还原剂＝还原产物+氧化产物

（2）氧化还原反应中电子转移的表示方法

1）双线桥法——表示电子得失结果。

2）单线桥法——表示电子转移情况。

简单了解了氧化还原反应后，可以划分四大反应的基本类型和氧化还原反应的关系，如图 2-1 所示。

氧化还原反应是重要的化学反应，它对我们人类既有益也有害，比如日常的酿酒、燃料燃烧是利用氧化还原反应，但是金属铁生锈，易燃物自燃等也同样是氧化还原反应。人类掌握了氧化还原的化学知识之后就可以充分去管控危害，最大限度地利用它来为人类的工农业生产、科学技术、日常生活服务。

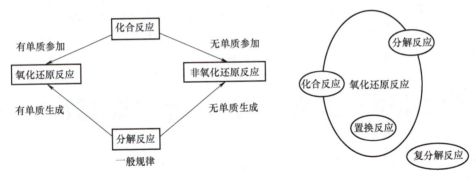

图 2-1 四大反应与氧化还原反应的关系图

二、皂化反应

常指的是碱（通常为强碱）和酯反应而生产出醇和羧酸盐，尤指油脂和碱反应。皂化反应的去污原理，即肥皂分子的一端是由许多碳和氢组成的长链，为亲油端；另一端则为亲水性的原子团，为亲水端。使用肥皂时，油污被亲油端吸附着，再由亲水端牵入水中，达到去除油污的目的。

涂装脱脂工艺设计（脱脂的原理）：碱化合物提供槽液碱性，皂化油污，提高电解槽液的电导率；表面活性剂减少表面张力，使表面润湿去除油污，有一定程度的消泡作用，如图 2-2 所示。

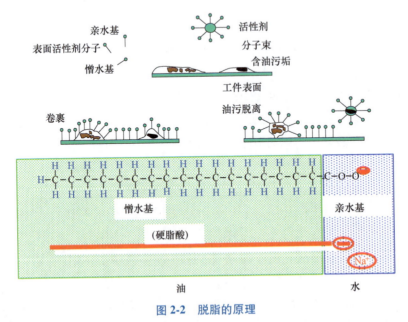

图 2-2 脱脂的原理

三、聚合反应

聚合反应通常指把低分子量的单体转化成高分子量的聚合物的过程。聚合物具有低分子量单体所不具备的可塑、成纤、成膜、高弹性等性能,被广泛地用作塑料、纤维、橡胶、涂料、黏合剂,以及其他用途的高分子材料。这种材料是由一种以上的结构单元(单体)构成的,由单体经重复反应合成的高分子化合物。

聚合反应分为加聚反应和缩聚反应:加聚反应(聚合反应),是由不饱和的单体聚合成为高分子的反应;缩聚反应(缩合反应),是指单体间相互反应而生成高分子,同时还生产小分子。

涂装材料的聚合化学反应状态,如图2-3所示。

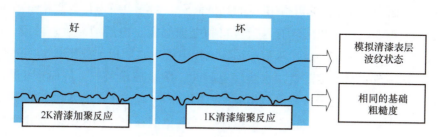

图 2-3 聚合化学反应状态

第四节 电解和电离

电离是物理反应,电解是化学反应。电离是电解的基础,电离为电解提供可导电的介质,电解是电离的效果体现。

电解过程是在电解池中进行的。电解池是由分别浸没在含有正、负离子的溶液中的阴、阳两个电极构成。电流流进负电极(阴极),溶液中带正电荷的正离子迁移到阴极并与电子结合,变成中性的元素或分子;带负电荷的负离子迁移到另一电极(阳极),给出电子,变成中性元素或分子。电离就是指电解质[如乙酸(醋酸)$CH_3COOH(C_2H_4O_2)$、一水合氨(氨水)$NH_3 \cdot H_2O$、氢硫酸(硫化氢)H_2S、氢氯酸(盐酸)HCl 等或晶体等]在水溶液中或熔融状态下产生自由移动的离子的一种过程。

一、电解及原理

1. 定义

电解的定义为:将电流通过电解质溶液或熔融态电解质(又称电解液),在阴极和阳极上引起氧化还原反应的过程。电化学电池在外加直流电压时可发生电解过程。

电解是利用在作为电子导体的电极与作为离子导体的电解质界面上发生的电化学反应,而进行化学品合成高纯物质的制造,以及材料表面的处理过程。通电时,电解质中的阳离子移向阴极,吸收电子,发生还原作用生成新物质;电解质中的阴离子移向阳极,放出电子,发生氧化作用亦生成新物质。例如,电解熔融氯化钠。

2. 原理

电解质中的离子常处于无序运动中，通直流电后离子做定向运动。阳离子向阴极移动，在阴极得到电子，被还原；阴离子向阳极移动，在阳极失去电子，被氧化。如在水电解过程中，OH在阳极失去电子，被氧化成氧气放出；H在阴极得到电子，被还原成氢气放出。最终得到的氧气和氢气，即为水电解过程的生成物。电解时，在电极上析出的产物与电解质溶液之间形成电池，其电动势在数值上等于电解质的理论电解电压。

在水溶液电解时，究竟是电解质电离的正负离子还是水电离的H和OH离子在电极上放电，需视在该电解条件下的实际电解电压的高低而定。实际电解电压为理论电解电压与超电压之和。影响超电压的因素很多，有电极材料和电极间距、电解液温度、浓度、pH等。例如：在氯碱生产过程中，浓的食盐水溶液用碳电极电解时，阴极上放出氢气，同时产生氢氧化钠，阳极放出氯气；低浓度的食盐水溶液电解时，阴极放出氢气，同时产生氢氧根离子，与水中钠离子结合为氢氧化钠，阳极放出氧气，同时产生氢离子，与水中氯离子结合产生氯化氢，溶于水产生盐酸。氢氧化钠与盐酸反应生成氯化钠和水。因此低浓度的食盐水溶液电解反应为电解水反应，产生氢气和氧气。

$$2NaCl + 2H_2O = 2NaOH + Cl_2\uparrow + H_2\uparrow$$

$$2H_2O = 2H_2\uparrow + O_2\uparrow$$

二、电离及原理

1. 定义

电离的定义为电解质在水溶液中或熔融状态下，离解成自由移动的阴阳离子的过程，将电子从基态激发到脱离原子叫电离，这个过程所需的能量叫电离电势能。

例如，氢原子中基态的能量为$-13.6eV$（电子伏特），使电子电离的电离势能为$13.6eV$（即$2.18×10^{-18}J$）。电离的定义简述为电解质在水溶液中或熔融状态下产生自由移动的离子的过程。

2. 原理

带负电荷的离子所产生的自由电子和原子相碰撞，随后被困在电势垒中，释放多余的能量。这个过程被称为电子俘获电离。

带正电荷的离子通过能量传输足够数量的束缚电子与带电粒子碰撞，进而产生出离子、电子、正电子或光子。此过程中所需的能量阈值被称为电离电位。

电离有两种，一种是化学上的电离，另一种是物理上的电离。电离通常包含物理过程和化学过程，物理过程就是溶解，化学过程指的是在溶剂分子（如水分子）作用下，电解质中原有的一部分化学键断裂。有的断裂的化学键是离子键，如氯化钠等大多数盐类的电离，氢氧化钠等大多数碱的电离。也有的断裂的化学键是共价键，如硫酸的电离，氯化氢的电离等等。

$$H_2SO_4 = 2H^+ + SO_4^{2-}$$

$$HCl = H^+ + Cl^-$$

第五节　pH 值测定

根据酸碱指示剂的颜色变化，可以判断溶液是否含酸（性）或碱（性）。但是仅知道溶液是酸（性）还是碱（性）是不够的，还必须能测定和控制溶液的酸碱性（度）强弱程度。

通常用 pH 值表示酸碱性物质电离的极性离子含量。pH 值的范围在 0~14，如图 2-4 所示（pH=7，呈中性；pH<7，呈酸性；pH>7，呈碱性）。

图 2-4　pH 值与酸碱度示意图

测定 pH 值最简便的方法：将 pH 试纸放在不同酸碱度的溶液里，将显示的不同颜色与标准比色卡对照，以此判断溶液的 pH 值。测定 pH 值的精确方法则是：pH 计测定。

第六节　溶液的浓度

一、定义

单位溶液中所含溶质的量称为该溶液的浓度。溶质含量越多，浓度越大。

溶液百分比浓度是指溶液（一般用单位溶液）所含溶质的质量百分比。一种可溶物质溶于一种溶剂后，可溶物质分布的密度以质量百分比的方式表示，称为溶液百分比浓度（溶液质量分数），表示为 $C\%$ 或 w。

溶液浓度可分为质量浓度（如质量百分浓度）、体积浓度（如摩尔浓度、当量浓度）和质量-体积浓度三类。

二、分类

1. 质量百分浓度

浓度溶液的浓度用可溶物质的质量占全部溶液质量的百分率表示，叫质量百分浓度，单位为%。例如，3%的食盐水就是指 100g 食盐水中含食盐 3g。

2. 溶液的体积浓度

（1）摩尔浓度（mol/L）　溶液的浓度用 1L 溶液中所含可溶物质的摩尔数表示，叫摩尔浓度，单位为 mol/L。例如，1L 浓硫酸中含 12.7mol 的硫酸，则浓度为 12.7mol/L。

摩尔浓度(mol/L) = 可溶物质摩尔数/溶液体积(L)

（2）当量浓度（N） 溶液的浓度用1L溶液中所含可溶物质的克当量数表示，叫当量浓度，单位为N。例如，1L浓盐酸中含17.0g当量的盐酸，则浓度为17.0N。

当量浓度 = 可溶物质的克当量数/溶液体积(L)

3. 质量-体积浓度

用单位体积（$1m^3$ 或 1L）溶液中所含的可溶物质质量数来表示的浓度叫质量-体积浓度，单位为 g/m^3 或 mg/L。例如，1L含铅废水中含铅质量为7mg，则铅的质量-体积浓度为7mg/L。

质量-体积浓度 = 可溶物质的质量数（g 或 mg）/溶液的体积（m^3 或 L）。

第七节　常用有机物结构及组成

可以从动、植物体内取得的糖类、蛋白质、油脂和染料等多种化合物，称为有机化合物，是人类吃、穿、用等方面的必需品。

有机物化合物是含碳的化合物，不含碳元素单质的化合物统称为无机物。例如，水、食盐、氨、盐酸、硫酸等都是无机物。一氧化碳、二氧化碳、碳酸盐等少数物质，虽然含有碳元素，但是它们的组成和性质与无机物很相近，通常划为无机物。本节我们通过常见的无机化合物和有机化合物的组成和性质进行分类，介绍它们相互反应的原理及相关知识。

有机物的种类繁多，有机物多属于含碳类的物质，它们有如下共同点：

1）难溶于水，溶于汽油、乙醇、苯等有机溶剂。
2）受热会分解，会燃烧。
3）是非电解质，不易导电，熔点低。
4）化学反应较复杂，反应速度慢，时间长。

下面我们根据有机物的不同结构，简单介绍不同有机物的性质。

一、甲烷

甲烷是烃类组成中最简单的物质，碳原子的最外层有4个电子，它的化学性质是非常稳定的，一般不与强酸、强碱或强氧化剂等起化学反应，它能与4个氢原子形成4个共价键，在化学上它的电子式和分子结构式如下：

$$H:\overset{\cdot\cdot}{\underset{\cdot\cdot}{C}}:H \quad \text{或} \quad H-\underset{|}{\overset{|}{C}}-H$$

（"·"表示碳原子的价电子，"×"表示氢原子的价电子）

在标准环境中甲烷可以采用无水醋酸钠（CH_3COONa）和氢氧化钠混合加热制得，其反应化学方程式如下：

$$CH_3COONa+NaOH \xrightarrow{\quad\quad} Na_2CO_3+CH_4\uparrow$$

甲烷的化学性质通常是稳定的，一般不与强酸、强碱或强氧化剂等起化学反应。但甲烷会发生其他一些化学反应。

1. 取代反应

取代反应是有机物分子中的某些原子或原子团被其他的原子或原子团所替代的反应。

例如，在室温下，甲烷和氯气的混合物在黑暗中长期保存、不发生任何反应。在光亮的地方会发生反应，黄绿色的氯气就会逐渐变淡，其化学反应如下：

$$CH_4+Cl_2 \xrightarrow{\text{光照}} CH_3Cl+HCl$$

以上这种反应不会停止，生成的一氯甲烷再与氯气作用，依次生成二氯甲烷、三氯甲烷（别称氯仿）和四氯甲烷（别称四氯化碳）。

2. 氧化反应

例如，纯净的甲烷在空气中燃烧，可以放出大量的热。

$$CH_4+2O_2 \xrightarrow{\quad\quad} CO_2+2H_2O(\text{液})+890kJ$$

甲烷是一种很好的燃料，但要注意，如果点燃它与氧气或是空气的混合气就会引起爆炸。除甲烷外，还有一系列性质与其相似的烃，在这些烃的分子式里，碳原子剩余的价键全部与氢原子结合，具有这样结构的链烃称为饱和链烃或是烷烃。

二、其他烷烃

其他烷烃的命名是根据分子中所含的碳原子的数目来命名的。碳原子数在 10 以下的，从 1 到 10 依次用甲、乙、丙、丁……来表示；碳原子数在 11 以上的，就用数字来表示。如，C_7H_{16} 为庚烷，$C_{17}H_{36}$ 称为十七烷。下面是几种烷烃的物理性质，具体见表 2-5。

表 2-5 几种烷烃的物理性质

名称	结构简式	常温时的状态	熔点/℃	沸点/℃	液态时的密度/(g/cm³)
甲烷	CH_4	气	-182.5	-164	0.466①
乙烷	CH_3CH_3	气	-183.3	-88.63	0.572②
丙烷	$CH_3CH_2CH_3$	气	-189.7	-42.07	0.5005
丁烷	$CH_3(CH_2)_2CH_3$	气	-138.4	-0.5	0.5788
戊烷	$CH_3(CH_2)_3CH_3$	液	-129.7	36.07	0.6262
庚烷	$CH_3(CH_2)_5CH_3$	液	-90.61	98.42	0.6838
辛烷	$CH_3(CH_2)_6CH_3$	液	-56.79	125.7	0.7025
癸烷	$CH_3(CH_2)_8CH_3$	液	-29.7	174.1	0.7300
十七烷	$CH_3(CH_2)_{15}CH_3$	固	22	301.8	0.7780
二十四烷	$CH_3(CH_2)_{22}CH_3$	固	54	391.3	0.7991

① -164℃时的值；② -108℃时的值。

三、烯烃

在具有链状分子结构的烃中，除了饱和链烃外，还有许多烃分子中的碳原子所结合的氢原子数少于饱和链烃中的氢原子数。这些化合物与某些物质起反应，它们分子中的这种碳原子还可以结合其他的原子或原子团，通常把这类烃称为不饱和烃。

1. 乙烯

乙烯是分子最简单的烯烃，它的化学式是 C_2H_4，其电子式和结构式如下：

$$H:\overset{H}{\underset{}{C}}::\overset{H}{\underset{}{C}}:H \qquad H-\overset{H}{\underset{}{C}}=\overset{H}{\underset{}{C}}-H$$

电子式　　　　　　　　结构式

为了更简单形象地描述乙烯分子的结构，常用分子模型来表示。即两个碳原子间用两根可以弯曲的弹性短棍连接，用于表示双链。

乙烯在工业上主要是从石油炼制厂和石油化工厂生产的气体中分离得来。在标准环境中，把乙醇和浓硫酸混合、加热，使乙醇分解制得，浓硫酸在此反应中起催化剂和脱水剂的作用。

$$CH_3CH_2OH \xrightarrow[170℃]{浓硫酸} CH_2=CH_2\uparrow +H_2O$$

乙烯是一种无色、稍有气味，相对蒸气密度（空气=1）为 0.98，比空气略轻，难溶于水。

（1）加成反应　例如，乙烯与溴水中的溴反应，生成无色的1,2-二溴乙烷液体。

$$CH_2=CH_2+Br_2\rightarrow CH_2BrCH_2Br$$

（2）聚合反应　例如，在适当温度、压强和有催化剂的情况下，乙烯双键中的一个键会断裂，分子中的碳原子能互相结合成为很长的链。

$$nCH_2=CH_2\rightarrow [-CH_2-CH_2-]_n（聚乙烯）$$

反应产物为聚乙烯，它是一种分子量很大的聚合物，也称高分子化合物，这种反应也是加成反应，还称加成聚合反应，简称加聚反应。

2. 常见烯烃的物理性质

烯烃的化学性质与乙烯类似，表2-6是几种烯烃的物理性质。

表2-6 几种烯烃的物理性质

名称	结构简式	常温时的状态	熔点/℃	沸点/℃	液态时的密度/(g/cm³)
乙烯	$CH_2=CH_2$	气	-168.2	-103.7	0.384①
丙烯	$CH_3CH=CH_2$	气	-185.3	-47.4	0.5193
1-丁烯②	$CH_3CH_2CH=CH_2$	气	-185.4	-6.3	0.5951
1-戊烯	$CH_3(CH_2)_2CH=CH_2$	液	-138	29.97	0.6405
1-己烯	$CH_3(CH_2)_3CH=CH_2$	液	-139.8	63.35	0.6731
1-庚烯	$CH_3(CH_2)_4CH=CH_2$	液	-119	93.64	0.6970

① -10℃时的值，其余是指20℃时的值；② 丁烯前面的"1-"表示双键位于第一个碳原子和第二个碳原子之间。

四、芳香烃

在有机化合物中,有一类化合物被称为芳香族化合物,其分子中含有一个或多个苯环。苯是最简单的芳香族化合物。下面我们就简单地了解一下苯。

1. 苯

苯是一种无色的带有特殊气味的液体,比水轻,不溶于水,苯的沸点80℃,熔点5.5℃,如果用冰来冷却苯可以凝结成无色的晶体。苯的化学式是C_6H_6,其结构式如下:

从结构式中看出,苯分子显示出的化学性质是极不饱和的性质。苯环上碳碳间的键是一种介于单键和双键之间的独特的键,所以它具有不同的化学性质。

2. 苯的化学性质

(1) 苯的取代反应　例如,用铁做催化剂,苯与溴反应可生成溴代苯和氢溴酸。

(2) 苯的加成反应　苯不具有典型的双键所应有的加成反应性能,但在特殊情况下,例如,在镍作催化剂和180~250℃的条件下苯与氢起加成反应,生成环己烷。

3. 苯的用途

苯在空气中燃烧生成二氧化碳和水,燃烧时产生明亮并带有浓烟的火焰,这是因为苯分子中含碳量很高。苯广泛地应用于合成纤维、合成橡胶、医药、农药、燃料等,也是常用的有机溶剂。

4. 芳香烃的衍生物

芳香烃的侧链上含有羟基的衍生物称为芳香醇,如苯甲醇($C_6H_5CH_2OH$),若羟基直接与苯环直接相连的化合物称为苯酚。苯酚的化学式是C_6H_6O,它的结构式是:

(1) 苯酚的物理性质　纯净的苯酚是没有颜色的晶体,具有特殊气味,熔点43℃,在空气中因部分发生氧化而显粉红色。常温下,苯酚在水中的溶解度很小,但当温度>70℃时,能与水以任意比互溶。苯酚易溶于乙醇、乙醚等有机溶剂。苯酚有毒,它的浓溶液对皮肤有强烈的腐蚀性,如果不慎沾到皮肤上要用乙醇清洗。

(2) 苯酚的化学性质　苯酚与氢氧化钠反应,生成易溶于水的苯酚钠。

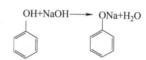

由上述反应可以看出,苯酚显酸性,所以苯酚又称石炭酸。苯酚中的O-H键在水分子作用下能够电离。

$$\text{C}_6\text{H}_5\text{OH} \xrightleftharpoons[]{\text{H}_2\text{O}} \text{C}_6\text{H}_5\text{O}^- + \text{H}^+$$

苯酚的酸性极弱，在水溶液中不能电离出少量的氢离子。如果在苯酚钠的溶液中通入二氧化碳，就会有苯酚游离出来，这个反应说明苯酚的酸性比碳酸还要弱，其反应如下：

$$\text{C}_6\text{H}_5\text{ONa} + \text{CO}_2 + \text{H}_2\text{O} \rightleftharpoons \text{C}_6\text{H}_5\text{OH} + \text{NaHCO}_3$$

苯环上还可以发生取代反应，它能与卤素、硝酸、硫酸等发生苯环上的取代反应。若向盛有少量苯酚溶液的试杯中滴入过量的浓溴水，可以目视观察到有白色沉淀生成，这个反应既不用加热，也不用催化剂，白色沉淀是三溴苯酚，这个反应可用来做苯酚的定性检验和定量测定。

五、乙醛

我们知道乙醇氧化后可生成乙醛（CH_3CHO）。乙醛是甲基和醛基（$-\overset{O}{\underset{\|}{C}}-H$）结合的生成物。分子中由烃基与醛基相连而构成的化合物称为醛。醛类的通式是：

$$R-\overset{O}{\underset{\|}{C}}-H$$

下面我们通过学习乙醛来了解醛类的化学性质。

乙醛是一种没有颜色，具有刺激性气味的液体，比水轻，沸点为 20.8℃。乙醛易挥发，易燃烧，能与水、乙醇、乙醚、氯仿等有机溶剂互溶。乙醛的结构式是：

$$CH_3-\overset{O}{\underset{\|}{C}}-H$$

乙醛分子中的醛基官能团对乙醛的主要化学性质起着决定性的作用，能发生加成和氧化反应。

1. 加成反应

乙醛的碳氧双键发生加成反应。例如，乙醛蒸气与氢气的混合物，通过热的镍催化剂时，就会发生加成反应，乙醛被还原成乙醇。

$$CH_3CHO + H_2 \xrightarrow[\Delta]{\text{催化剂}} CH_3CH_2OH$$

2. 氧化反应

乙醛能够被氧化剂所氧化。

六、乙酸

乙酸（CH_3COOH）是一种重要的有机酸，它是食醋的主要成分，普通的食醋中含有质量分数为3%~5%的乙酸，所以乙酸别称醋酸。化学式是（$C_2H_4O_2$），结构式是：

$$CH_3-\overset{\overset{O}{\|}}{C}-OH$$，简写为 CH_3COOH

乙酸分子中的（或-COOH），称为羧基。

乙酸是一种有强烈刺激性气味的无色液体，沸点117.9℃，熔点16.6℃，当温度<16.6℃时，乙酸就凝结成像冰一样的物质，所以无水乙酸别称为水醋酸。

1. 乙酸的化学性质

乙酸具有明显的酸性，它在水溶液中能电离出氢离子。

$$CH_3COOH \Longleftrightarrow CH_3COO^- + H^+$$

乙酸是一种比碳酸还弱的酸，它具有酸的化学特性。

2. 酯化反应

在有浓硫酸存在并加热的条件下，乙酸能够与乙醇发生反应，生成乙酸乙酯。乙酸乙酯是具有香味的无色透明油状液体。在生成乙酸乙酯相同的条件下，又能部分发生水解，生成乙酸和乙醇，所以上述反应式是可逆的。

$$CH_3COOH + C_2H_5OH \underset{\triangle}{\overset{浓硫酸}{\Longleftrightarrow}} CH_3COOC_2H_5 + H_2O$$

酯化反应的一般过程是：羧酸分子中的羧基与醇分子中的羟基中氢原子结合成水，其余部分结合成酯。乙酸乙酯属于酯类化合物中的一种，酸与醇作用生成酯和水的反应，称为酯化反应。

3. 乙酸的制法和用途

乙酸在工业上的应用很多。可以用发酵法制取乙酸，即用含糖类物质发酵成乙醇，乙醇继续发酵被氧化成乙醛，乙醛再进一步氧化制得乙酸。现在一般都采用乙烯氧化法和烷烃直接氧化法制取乙酸。

4. 羧酸

在有机化合物里，有一大类和乙酸相同羧基官能团的物质，它们具有和乙酸相似的化学性质，如有酸性，能发生酯化反应等。在各种羧酸分子中与羧基相连的烃基不同，所以它们的性质也不同。

根据羧基所连的烃基的不同，羧酸可分为脂肪酸（乙酸）和芳香酸（苯甲酸）。此外，还可以根据羧酸分子中含有的羧基数目来分类，还有一个羧基称为一元酸，如甲酸、乙酸等；含有两个羧基称为二元酸，如乙二酸、己二酸等。在一元酸中，有些酸分子的烃基含有多个碳原子，这样的酸称为高级脂肪酸。如硬脂酸（$C_{17}H_{35}COOH$）、软脂酸（$C_{15}H_{31}COOH$）和油酸（$C_{17}H_{33}COOH$）等，它们都是重要的高级脂肪酸。其中，油酸的烃基中含有一个双键，属于不饱高级脂肪酸，常温下呈液态。硬脂酸和软脂酸的烃基中没有不饱和键，属于饱和高级脂肪酸，常温下呈固态。具体见表2-7。

表 2-7　几种羧酸的结构简式和沸点

名称	结构简式	沸点/℃
甲酸	H-COOH	100.7
乙酸	CH$_3$-COOH	117.9
丙酸	CH$_3$CH$_2$-COOH	140.99
丁酸	CH$_3$CH$_2$CH$_2$-COOH	163.5
苯甲酸	C$_6$H$_5$-COOH	249

七、酯

酸与醇起反应，生成水和酯的化合物。不仅有机酸能与醇起反应生成酯，无机酸也可以，如硝酸。

$$C_2H_5OH+HO-NO_2 \rightarrow C_2H_5-NO_2+H_2O$$

酯一般比水轻，难溶于水，易溶于乙醇和乙醚等有机溶剂。酯类的化学性质主要是水解，在酸或碱存在的条件下，酯类与水发生水解反应，生成相应的酸和醇。如乙酸乙酯水解后生成乙酸和乙醇

$$CH_3COOC_2H_5+H_2O \rightarrow CH_3COOH+C_2H_5OH$$

酯的水解反应是酯化反应的逆反应。当酯化和水解速度相等时，混合物的反应处于平衡状态。在实际生产中，可以根据需要控制一定的反应条件，如加碱可以促进酯的水解。

思考题

1. 判断题

（1）电解质是指某些化合物在水溶液或熔融状态下能够导电的性质。（　　）

（2）常用浓硫酸的质量分数 96.3%、密度 1.94g/cm^3。（　　）

（3）电解质电离时所生成的阴离子是氢氧根离子的化合物，称为碱。（　　）

（4）碱是根据氢氧根离子和金属离子的名称命名的，称为氢氧化某。（　　）

（5）聚合反应分加聚反应和缩聚反应。加聚反应由饱和单体聚合成为高分子的反应；缩聚反应是单体间相互反应而生成低分子。（　　）

（6）电解是将电流通过电解质溶液或熔融态电解质在阴极和阳极上引起氧化还原反应的过程。（　　）

（7）电解质在水溶液或熔融状态下离解成非自由移动的阴阳离子的过程，将电子从基态激发到脱离原子称为电离。（　　）

（8）溶液浓度可分为质量浓度（如质量百分浓度）、体积浓度（如摩尔浓度、当量浓度）和质量-体积浓度等三类。（　　）

（9）用溶质质量占全部溶液质量的百分率表示的叫质量百分浓度，用符号%表示。（　　）

2. 单选题

（1）用单位体积溶液中的溶质质量数来表示，叫质量-体积浓度，以符号（　　）表示。

A. kg/m^3　　　　　　　　　　　　B. kg/m^2

C. mg/m　　　　　　　　　　　　D. g/L

E. mg/L

（2）用1L溶液所含溶质的摩尔数来表示，叫摩尔浓度，用符号（　　）表示。

A. ml/L　　　　　　　　　　　　B. ol/L

C. mol/L　　　　　　　　　　　　D. mol/kg

（3）溶液 pH 小于 7 时呈（　　）。

A. 弱碱性　　　　　　　　　　　　B. 弱酸性

C. 中性　　　　　　　　　　　　　D. 酸性

E. 碱性

（4）根据分子中是不是含有氧原子，把酸分成（　　）两类。

A. 脱氧酸和强酸　　　　　　　　　B. 氧酸和无氧酸

C. 强酸和弱酸　　　　　　　　　　D. 脱氧酸和弱酸

（5）电解质溶于水或受热融化时离解成（　　）移动的离子，称为电离。

A. 自由　　　　　　　　　　　　　B. 正向

C. 负向　　　　　　　　　　　　　D. 规则

（6）紫色的石蕊试液遇酸变（　　），无色的酚酞遇酸不变色。

A. 蓝色　　　　　　　　　　　　　B. 黑色

C. 绿色　　　　　　　　　　　　　D. 红色

（7）氢氧化亚铁化学分子式（　　）。

A. $Fe(OH)_3$　　　　　　　　　　B. $Fe_2(OH)_3$

C. $Fe_2(OH)_5$　　　　　　　　　D. $Fe(OH)_2$

（8）两支试管分别注入少量硫酸铜溶液和氯化铁溶液然后各加几滴氢氧化钠溶液，第一个试管里生成（　　）氢氧化铜沉淀，第二个试管里生成红褐色氢氧化铁沉淀。

A. 红色　　　　　　　　　　　　　B. 黑色

C. 绿色　　　　　　　　　　　　　D. 蓝色

3. 多选题

（1）聚合物具有低分子量单体所不具备的（　　）、成纤、（　　）等重要性能。

A. 韧性　　　　　　　　　　　　　B. 硬度

C. 拉伸　　　　　　　　　　　　　D. 可塑

E. 高弹　　　　　　　　　　　　　F. 成膜

（2）（　　）属于无机物。

A. 水　　　　　　　　　　　　　　B. 食盐

C. 氨 D. 盐酸
E. 硫酸

(3)（　　）属于羧酸。
A. 甲酸　　B. 乙酸　　C. 醇酸　　D. 氨基酸
E. 丙酸　　F. 丁酸　　G. 苯甲酸

4. 简答题

（1）简述乙酸酯化反应。

（2）简述苯的用途。

第三章　涂装工艺及设备

第一节　涂料的基础知识

涂料是一种能够涂覆在基材表面并形成非黏性的、牢固附着的薄膜混合物，其主要作用是保护、装饰和功能。涂料是涂层的"半成品"，只有经过各类涂装工艺方法施工到被涂物表面，形成涂膜后才能展现出其作用。

一、涂料及涂层的功能

涂料及涂层的功能主要包括三个方面。

1. 保护作用

涂层可隔绝大气中的氧、水、酸雨、紫外线、微生物和风沙等环境因素的影响，减缓或阻止产品和设备的腐蚀、老化和磨损等，延长产品和设备的使用寿命。

2. 装饰作用

涂层可提高产品和设备的感知品质，使其外观具有不同的色彩、光泽、花纹等装饰效果。

3. 功能作用

涂层功能作用是指除保护和装饰作用外，赋予产品和设备的特殊作用，例如：电磁屏蔽、吸收雷达波、防污、隐形、伪装、防火、耐高温、隔热、防滑、自清洁、防水、隔热、防虫和防霉等作用。

二、涂料的基本组成

涂料由成膜物、颜填料、分散介质和助剂等成分组成，但涂料不一定都含有以上四种成分，如不含颜料的清漆，不含溶剂的粉末涂料。

1. 成膜物

成膜物是涂料及涂层的基本成分，它将所有涂料组分黏结在一起形成整体均一的涂料或涂膜。

本节重点介绍涂于物体表面，能干燥成膜的有机高分子化合物的胶体溶液或固体粉末，汽车涂料常见的成膜物包括醇酸树脂、酚醛树脂、氨基树脂、聚酯树脂、丙烯酸树脂，环氧树脂、聚氨酯、氟碳树脂等。树脂组成、性能的详细讨论，以及其他类树脂知识可查阅相关涂料工艺书籍。

涂料的成膜物质一般采用两种或两种以上的树脂组成，多种树脂可相互补充以提高涂料性能，汽车涂料常用的树脂简介如下。

（1）醇酸树脂　醇酸树脂形成的漆膜光泽、韧性、附着力好，常见与氨基树脂中的三聚氰胺树脂配合用于汽车涂料，以获得较好的光泽、硬度、耐候性等漆膜性能，在汽车素色漆中广泛应用。

（2）酚醛树脂　酚醛树脂在汽车涂料中应用少，主要因为形成的漆膜容易老化变黄并且变脆。

（3）氨基树脂　氨基树脂是汽车涂料广泛应用的树脂，常用于汽车涂装工艺的各类涂料中，一般分为三聚氰胺树脂、苯代三聚氰胺树脂、脲醛树脂、甘脲甲醛树脂。单独的树脂形成的漆膜存在较多缺陷，比如三聚氰胺树脂单独形成的涂膜较硬、苯代三聚氰胺甲醛树脂形成的涂膜耐碱但不耐用、脲醛树脂形成的涂膜耐候、耐水性差。

所以，氨基树脂常常作为交联剂使用，其中丁醚化三聚氰胺树脂常与醇酸树脂、丙烯酸树脂和聚酯树脂配合使用，可以得到较好的光泽、硬度、耐候性等漆膜性能，在汽车中涂、色漆、清漆中广泛应用。

（4）饱和聚酯树脂　饱和聚酯树脂由于形成的漆膜具有较好的柔韧性、耐冲击性、耐摩擦性、耐污染性，广泛用于汽车涂料中，常与氨基树脂中的丁醚化三聚氰胺树脂、环氧树脂配合使用，获得较好的抗石击涂料，在汽车中涂漆中广泛应用。

（5）丙烯酸树脂　丙烯酸树脂由于具有较好的耐候性，广泛用于汽车涂料中，按涂料用途一般分为热塑性和热固性，其中热固性在汽车行业应用较广。热固性丙烯酸树脂常与其他树脂（聚酯树脂、氨基树脂等）配合使用，常见丙烯酸树脂与丁醚化三聚氰胺树脂配合使用，可以形成的涂膜较硬、耐水耐候和保光性附着力很好，在汽车粉末涂料、面漆和清漆中广泛应用。

（6）环氧树脂　环氧树脂由于形成的漆膜硬度、柔韧性和耐腐蚀性较好，但耐候性差，常用于汽车涂料中的底漆，如汽车电泳漆，在后面的电泳材料章节中会详细介绍。

（7）聚氨酯　聚氨酯具有较好的耐磨、附着力、耐油、耐酸碱和化学品性能，在汽车涂料中广泛应用。聚氨酯形成涂料主要包括单组分聚氨酯涂料和双组分聚氨酯涂料2类，其中双组分聚氨酯涂料是汽车2K清漆的主要成分，能有效提升漆膜的抗划伤能力。

（8）氟碳树脂　氟碳树脂在汽车涂料中应用不多，仅少量用于零部件的粉末涂料，主要因为溶剂型氟碳树脂漆易污染环境，而水性漆工艺不成熟和耐候性较溶剂型差。

2. 颜填料

颜填料是研磨得很细的、被分散于涂料中的颗粒或粉末，主要提供颜色、遮盖力和体积。很多同样的颜料既可以用于乳胶涂料，也可用于油性涂料中。它不溶于所分散的介质中，一般是 $0.2\sim10\mu m$ 的无机或有机粉末。颜料的品种很多，大体上可分为如下几种。

（1）着色颜料　它是具有一定着色力和遮盖力，在色漆中主要起着色和遮盖作用的颜料。它主要用于调制各种着色剂,能为基材表面着色,具有白、黑或各种彩色。举例:白色主要采用 TiO_2;黑色主要采用炭黑、铁黑;红色主要采用氧化铁红、甲苯胺红等。

(2)体质颜料 涂料中的填料,指不具有着色力、遮盖力的白色、无色颜料,如碳酸钙、硅酸镁等。

(3)功能性颜料 具有除着色、填充外的特种功能(如隐形、伪装等)的颜料。

(4)汽车涂料常用的颜料 常用的颜料见表3-1。

表3-1 汽车涂料常用的颜料

色彩部分	组成
铝浆	金属铝片、附有色彩的铝片
云母	云母、氧化铝
云母氧化铁	云母、氧化铁
白	二氧化钛、微粒化钛白
黑	炭黑、石墨(铅黑)
红	喹吖(二)酮、二萘嵌苯、蒽醌
橙	二酮吡咯并吡咯
栗色	二萘嵌苯
洋红/紫	喹吖(二)酮、二恶嗪
棕色	透明氧化铁
蓝	酞菁、阴丹士林
黄/金	苯并咪唑酮、异吲哚啉酮、酞菁、甲亚胺铜

(5)涂膜的颜色及配色 涂膜吸收可见光的部分光,反射部分光。反射的光刺激人的眼睛而在人的大脑里产生一种感觉,即我们感知到的涂膜的颜色,如图3-1所示。

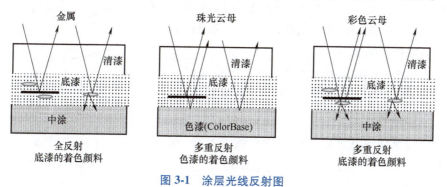

图3-1 涂层光线反射图

涂膜形成的颜色包括2类:

1)非彩色。涂膜均匀地吸收和反射照在它上面所有波长的可见光,反射人眼产生的感觉得到的颜色,如白色、浅灰色、中灰色、深灰色、黑色等一系列颜色,非彩色光反射率如图3-2所示。

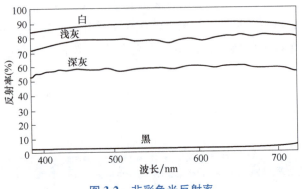

图3-2 非彩色光反射率

2）彩色。涂膜选择性地吸收和反射照在它上面所有波长的可见光，反射人眼产生的感觉得到的颜色，如涂膜选择反射480~560nm波长的光，而吸收其他波长的光，涂膜便显绿色。

彩色涂膜有三种特性，具体如下。

色相：表示颜色在光谱中的位置，又称色调，是区分不同彩色的视觉属性。

明度：表示人眼对物体反射光的明亮感觉，反射率越高，明度越高。

纯度：表示颜色是否饱和纯洁的一种特性，物体反射出的光线的单色性越强，物体颜色的纯度值越高。

[例3-1] 某个颜色为8.8R5.8/8.4。按孟塞尔色环：色调为8.8R；明度为5.8；彩度为8.4。孟塞尔色环如图3-3所示。

常见的配色原则如下。

调节色调：铬黄+铁兰→绿色；甲苯胺红+铬黄→橙红色。

调节彩度：在橙色中加入白色，颜色变淡，形成彩度不同的复色，米黄→乳黄→牙黄→珍珠白；铬黄+钛白。

复色漆的配色方法如下。

首先：掌握颜色配制的色调范围，确定颜料组成。

其次：搅拌过程中，缓慢加入调色漆，先调深浅，后调色调，尽量少用色浆品种。

最后：湿膜至漆膜基本定膜中，颜料的上浮和下沉对涂膜的影响较大，需要放置几分钟后观察涂膜颜色。

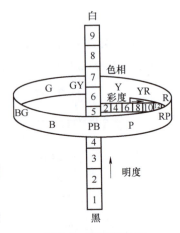

图3-3 孟塞尔色环

3. 分散介质

分散介质（即溶剂），用于保证漆液的稳定性和流变性，同时在成膜过程中起到流平作用。

溶剂包括有机溶剂、水等，而粉末涂料及大部分辐射固化涂料不含溶剂。

溶剂的主要功能包括：用作各种成膜聚合物的介质，溶解聚合物，调整黏度及流变性，以适应涂装、影响成膜质量。汽车常用的溶剂见表3-2。

表 3-2 汽车常用的溶剂

溶剂	挥发速度	沸点/℃	相对密度	溶解度参数
甲苯	195	111	0.886	8.9
二甲苯	68	134~145	0.879	8.79
Solvesso 100	24	130~180	0.875	8.36
Solvesso 150	9	180~290	0.892	
Swassol 1500		146~186		
LA 溶剂		152~193	0.768	7.53
甲醇	370	64	0.792	14.49
乙醇	203	78.3	0.791	12.98
异丙醇	205	82	0.786	11.5
异丁醇	83	180	0.803	11.11
正丁醇	49	118	0.811	11.32
戊醇		138	0.817	10.59
甲乙酮	465	80	0.806	9.27
甲基异丁基酮（MIBK）	160	117	0.802	8.31
环己酮	25	155	0.948	9.89
4-羟基-4-甲基-2-戊酮	15	168	0.939	10.13
丙酮	720	57	0.791	9.75
乙酸乙酯	525	77	0.902	9.08
乙酸异丁酯	175	118	0.87	8.42
2-乙氧基乙酸乙酯	24	156	0.975	
3-甲氧基乙酸丁酯	23	173	0.956	9.77
卡比醇乙酸酯	<1	246	0.981	
丙二醇甲醚醋酸酯	40	146	0.966	9.2
2-甲氧基乙醇	55	124	0.966	12.11
2-乙氧基乙醇	32	135	0.931	11.44
2-丁氧基乙醇	10	171	0.902	10.23

4. 助剂

对于涂料，助剂不可缺少。极少的用量，对涂料及其涂膜性都能有极大的影响。有的助剂还能够赋予涂料新的功能。根据其结构和作用机理可分为有界面活性的助剂和无界面活性的助剂两大类。

（1）有界面活性的助剂　润湿剂、分散剂、浮色发花防止剂、流平剂、消泡剂、乳化剂、防沉剂等。

（2）无界面活性的助剂　催干剂、消光剂、增塑剂、防腐剂、防霉剂、助结剂、附着力促进剂、防结皮剂、防粘连剂等。

就涂膜最终的性能而言，很多助剂是有害的，特别是水性涂料，所以应尽量少用或不用助剂，汽车常用的助剂见表3-3。

表3-3 常用的助剂

类别	作用	化学成分
制造过程	湿润助剂、分散剂、增稠剂	丙烯酸聚合物
储存稳定性	防沉剂、抗结皮、反应抑制剂	脂肪酸/氨基衍生物 聚氧乙烯衍生物
涂膜形成阶段	铝钝化	丙烯酸磷酸盐
涂膜形成阶段	防浮色	有机硅树脂衍生物
涂膜形成阶段	消泡剂	有机硅树脂衍生物
涂膜形成阶段	防缩孔	有机硅树脂衍生物 氨基树脂改性丙烯酸聚合物 聚酯氨基和丙烯酸聚合物混合物
涂膜形成阶段	防针孔	丙烯酸聚合物
涂膜形成阶段	界面调整	丙烯酸聚合物
涂膜形成阶段	铝粉定向	聚乙烯衍生物
涂膜形成阶段	流平剂	安息香 乙烯聚合物衍生物
涂膜形成阶段	流变控制	微凝胶，微乳胶
涂膜形成阶段	抗污染剂	丙烯酸聚合物 聚氧乙烯衍生物
涂膜形成阶段	催干剂	锡化合物
干膜性能	紫外线吸收剂	苯酮衍生物
干膜性能	位阻胺光稳定剂	位阻胺衍生物

三、涂料的分类

涂料种类繁多，包括建筑涂料、工业涂料等，本文主要讨论的是工业涂料中的汽车涂料，其分类如下。

汽车常用的涂料按成膜原理分：热塑性和热固性涂料。

汽车常用的涂料按组分分：单组分和双组分涂料。

汽车常用的涂料按施工方法分：喷涂和浸涂等。

汽车常用的涂料按工序分：原子灰、中涂、面涂、清漆、底漆等。

四、涂料的成膜基本原理

涂料的成膜就是将涂覆在被涂物表面的涂料由液态（或粉末状）转化为稳定的薄膜的过程。涂料成膜原理较多，本节主要介绍汽车涂料常见的两类。

1. 热塑性成膜

涂料的干燥成膜过程中只有物理形态的变化而无显著的化学变化,成膜原理可参考图 3-4。采用热塑性成膜原理的涂料主要包括挥发性成膜、聚合物分散体系成膜、热熔融成膜 3 类,具体如下。

图 3-4　热塑性(挥发性或非转换型)成膜原理示意图

(1)挥发性成膜　溶剂的挥发可获得干的涂膜,在常温下表干很快,故多采取自然干燥方法。

(2)聚合物分散体系成膜　聚合物以微粒状态稳定分散在溶剂中,而溶剂包括水和有机溶剂。成膜时溶剂挥发,在毛细管作用力和表面张力作用下,乳液离子紧密堆集,并且发生形变,粒子壳层破裂,粒子之间界面逐渐消失,聚合物分子链相互渗透和缠绕,从而形成连续均一的涂膜。

(3)热熔融成膜　热塑性涂料通过加热使其熔融,以保证树脂颗粒融合形成连续完整的涂膜。

2. 热固性成膜

涂料的干燥成膜过程中,涂膜发生化学反应交联作用,成膜原理可参考图 3-5。除粉末涂料外,热固性(反应型或转化型)涂料的树脂分子量较低,需要发生化

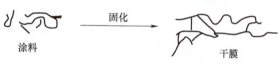

图 3-5　热固性(反应型或转化型)成膜

学反应形成高分子的聚合物,成膜方式主要包括缩合反应成膜、加聚反应成膜以及氧化聚合反应 3 类。

(1)缩合反应成膜　由于缩合反应都利用加热获取化学反应的能量,使涂膜固化,故此类涂料称之为热固性涂料,如酚醛漆、氨基烘漆、聚酯漆、丙烯酸烘漆等都是通过缩合反应固化成膜。

(2)加聚反应成膜　不饱和聚酯、双组分环氧、双组分聚氨酯等,则通过加聚反应固化成膜。

(3)氧化聚合反应　油性漆、醇酸漆、环氧酯涂料则通过氧化聚合反应固化成膜。

第二节　涂装前工件表面预处理

一、预处理的意义及主要方法

涂装是将有机涂料涂覆于物体表面使其干燥成膜的过程,但是汽车产品需要经过机加工、冲压、焊接、铸造、注塑和运输等过程,在这些过程中,汽车产品表面会积累各种灰尘、沾染各种油污、加热产生氧化皮等。产品表面的杂质严重影响到涂装过程中涂层的性

能，因此，涂装前需要清除产品表面杂质，同时对产品表面进行改性，并赋予被涂物表面一定的化学、物理特性。不同被涂物表面的异物对涂膜的影响见表3-4。

表3-4 不同被涂物表面的异物对涂膜的影响

序号	异物种类	来源	对涂膜的影响
1	氧化皮	热加工和热处理	影响磷化成膜性能，使用过程易生锈
2	黄锈	产品无保护生锈	涂膜附着力和防锈能力下降
3	矿物油、润滑油	储运/加工过程	涂膜附着力严重下降，硬度和光泽度降低
4	碱或碱性盐	热处理和机加工过程	涂膜易起泡，附着力严重变差。尤其在高温条件下易引起涂膜脱落
5	中性盐	有盐水冲洗或其他含盐物接触	涂膜在高温高湿条件下，易起泡
6	酸（磷酸除外）或酸性盐	清洗不良、焊接采用酸性物质	涂膜易起泡，加速金属工件腐蚀
7	机械异物（砂、土等）	生产，储存和运输过程中	使涂膜外观变差，异物剥落，并使湿气易渗到涂膜下
8	铜、锡、铅和其他电位较高的金属	钢模压延镀锡或焊锡	发生金属间接触腐蚀
9	旧漆	在长期储存时采用临时防锈漆	使涂膜附着力和外观变差

综上，预处理的主要作用包括三方面。

（1）修整被涂物表面存在的缺陷　修整焊接孔隙、凹坑、机械加工所产生的锐边、触点以及夹缝、裂缝、缝隙、表面粗糙度过高或过低的表面。其中钢材焊缝、边缘等表面缺陷的处理等级，可参考国标 GB/T 8923.3—2009/ISO8501-3。

（2）清洁被涂物的表面杂质　清洁油、锈、氧化皮、焊渣、灰尘、涂膜等杂质，其中，钢材表面除锈等级可参考国标 GB/T 8923.1—2011《涂覆涂料前钢材表面处理　表面　清洁度的目视评定　第1部分：未涂覆过的钢材表面和全面清除原有涂层后的钢材表面的锈蚀等级和处理等级》。钢材表面局部清除原有涂层后的处理等级可参考 GB/T 8923.2—2008《涂覆涂料前钢材表面处理　表面清洁度的目视评定　第2部分：已涂覆过的钢材表面局部清除原有涂层后的处理等级》。

（3）赋予被涂物表面特性　可实现诸如提高防腐能力、调整表面活性，增强涂层与底材的配套性和相容性等。

本节主要讨论汽车常用材料的预处理。

1. 预处理工序——水洗

水洗工序，主要应用于液体处理前后被涂物的清洗。

化学除油除锈前水洗处理，主要是清洁被涂物的表面颗粒、灰尘等杂质，一般采用浸泡和喷淋相结合的方式。

化学除油除锈后的水洗，主要清洗除油除锈化学成分，这些物质若清洗不彻底，可能引起后续磷化膜品质不良或薄膜处理失效。因此需经多次漂洗以提高水洗质量。可采用多道浸泡与喷淋配合使用的水洗（磷化工艺采用工业水、锆系硅烷工艺采用去离子水），时间1~2min，并经常更换清水。

表调+磷化（或硅烷/锆系处理）后水洗，主要清洗磷化或薄膜化学成分，须经多次漂洗、磷化或硅烷/锆系处理，处理后一般采用浸泡和喷淋配合（磷化采用工业水水洗和去离子水相结合，硅烷/锆系处理工艺采用去离子水），并经常更换清水。

如上，各工序的水洗均有浸泡和喷淋两种方式，其选择见表3-5。

表3-5 水洗工序浸泡和喷淋两种方式选择

处理方式	特点	适用
喷淋	喷淋压力0.1~0.15MPa，有机械冲刷，清洗强度好	适合于处理几何形状简单的工件，无内腔、拐角
浸泡	没有机械冲刷的辅助使用，需要增加清洗液搅拌；对于内腔和缝隙较难清洗的需要增加超声波处理	适合于处理几何形状复杂的工件，存在内腔、拐角
喷淋-浸泡相结合	高效率，使工件所有部位均可得到有效处理	适合于处理几何形状复杂的工件

2. 预处理主要工序——吹水

吹水工序，主要是清除产品表面水洗后残留的水（如产品表面积水过多会造成产品不能烘干、表面有水印或水带入下一个工序）。

吹水工序设置在涂装沥水段后，将风机产生的高速空气经过滤后（局部可采用过滤的压缩空气），吹在产品表面积水的部位，保证产品各表面不积水。为确保除水效果，风速通常高达30~40m/s以上。

3. 预处理工序——水分烘干

水分烘干工序，主要是烘干产品表面水洗后的水分，便于后续涂装。通常将产品表面温度上升到80℃以上，以便水分快速烘干。

4. 预处理工序——烘干冷却

产品涂装后经过烘烤，表面温度较高，不能较快开始下一工序，所以需要对产品进行冷却，一般采用冷却水机组的冷水降温或常温的空气吹在产品表面上。

5. 预处理工序——除锈

除锈工序主要是清除被涂物的表面的铁锈和氧化皮。随着制造工业的发展，产品生产过程的氧化皮和铁锈越来越少，涂装逐步取消了除锈工序，国内多数车身涂装线已经无除锈工序。传统的除锈工艺包括以下几种方式。

（1）酸洗去除锈和氧化皮 以浸泡的方式，采用强酸溶解锈和氧化皮，同时化学反应产生的氢气可机械剥离产品表面的杂质。此方法在除锈领域较为广泛，但由于环境污染较大，汽车车身涂装工艺已经逐步取消了此类工艺。

（2）机械除锈 手工打磨、电动工具打磨、喷砂抛丸。其中喷砂抛丸最为常见，效果较好，主要方法是用压缩空气通过喷嘴喷射金属或非金属磨料，打磨工件表面。

6. 预处理工序——脱脂除油

除锈工序主要是清除产品表面的油脂和油污，常见机械法和化学法两类。机械法除油同机械法除锈，采用手工擦刷、喷砂抛丸、火焰灼烧等方法处理。化学法是采用溶剂、酸性清洗剂、强碱液、弱碱性清洗剂和溶剂清洗。

以下重点介绍汽车常用的化学法除油方法，处理方式同水洗，根据工件结构选择喷淋、浸泡或浸泡—喷淋相结合的方式。

（1）强碱液清洗　强碱液除油脂广泛应用于产品除油，主要原理是利用强碱对动植物油的皂化反应和表面活性剂对矿物油的乳化作用，达到除油脂的目的。由于强碱液清洗温度高，对设备存在腐蚀，此方法应用越来越少。

（2）弱碱性清洗液清洗　弱碱性清洗液在汽车行业中应用较广，由于其碱性低，设备影响小并且效率较高，属于汽车前处理的主要脱脂除油方式。

（3）酸性清洗剂清洗　酸性清洗剂除油脂应用广泛，属于汽车涂装主要的脱脂除油方式之一。利用表面活性剂的乳化作用和酸腐蚀金属产生氢气的剥离作用有效除油，既可除油也可除锈。

7. 预处理工序——表调+磷化

表调的目的是促使磷化形成晶粒细致密实的磷化膜，提高磷化速度，同时防治磷化前锈蚀。处理方式同水洗，选用浸泡处理方式。有无表调磷化膜对比如图3-6所示。

a）结晶活性点少（无表调）　　b）结晶活性点多（有表调）

图3-6　有无表调磷化膜对比

磷化的目的主要是有效防止产品进入下一工序生锈，提高涂层的附着力和防腐蚀能力。常用浸泡法和喷淋法，也有将二者结合起来使用的方法。与浸泡法相比，喷淋法用于汽车车身前处理较少，主要原因是会影响下一工序产生的漆膜的外观，所以喷淋法仅能用于外观要求不高的零部件。

磷化过程是化学和电化学综合反应的过程，不同磷化体系和基材的磷化反应机理比较复杂，目前磷化化学反应过程属于经验总结。通常认为磷化成膜过程主要是由酸蚀反应、磷化反应和成渣反应3个步骤组成的。

（1）酸蚀　磷化第一个反应，金属从表面溶解，金属离子进入磷化液。为减少酸蚀反应时所生成的氢气，磷化液中需要添加氧化促进剂，其反应过程如下。

钢表面：　　　　　　　　$Fe+2H^{+}+2Ox \rightarrow Fe^{2+}+2HOx$

镀锌钢表面：　　　　　　$Zn+2H^{+}+2Ox \rightarrow Zn^{2+}+2HOx$

铝表面：　　　　　　　　$Al+3H^{+}+3Ox \rightarrow Al^{3+}+3HOx$

（2）磷化　磷化第二反应，由于金属与溶液的界面上 pH 升高，金属阳离子与溶液中的磷酸盐反应后以磷酸盐的形式沉淀结晶在金属表面，依据不同的工艺方法，此类晶体可有不同的组成和结构。

$$3Zn+2H_2PO_4+4H_2O \rightarrow Zn_3(PO_4)_2 \cdot 4H_2O$$
$$2Zn+Fe+2H_2PO_4+4H_2O \rightarrow Zn_2Fe(PO_4)_2 \cdot 4H_2O$$
$$2Mn+Zn+2H_2PO_4+4H_2O \rightarrow Mn_2Zn(PO_4)_2 \cdot 4H_2O$$
$$2Zn+Mn+2H_2PO_4+4H_2O \rightarrow Zn_2Mn(PO_4)_2 \cdot 4H_2O$$

（3）成渣　磷化液中的促进剂（如亚硫酸盐/硫酸盐、氯酸盐、过氧化物）氧化酸蚀反应中溶解下来的金属离子（Fe^{2+}）变成渣沉淀，而金属离子 Zn^{2+} 将不成渣，金属离子 Al^{3+} 离子使用氟化物而形成氟铝络合物，此种络合物会以 kryolith 形式沉淀。

$$Fe^{+2}+H_2PO_4 \rightarrow FePO_4(渣)+2H^+$$
$$Al^{+3}+6F^- \rightarrow AlF_6^{-3}$$
$$AlF_6^{-3}+3Na^+ \rightarrow Na_3AlF_6(渣)$$

8. 预处理工序——薄膜工艺：硅烷技术

硅烷技术的目的主要是代替磷化工艺，以解决磷化渣过多、废水含有重金属的环保问题，提高漆膜层的附着力与防腐蚀能力。常用有全浸法和喷淋法，也有将二者结合起来使用的系统。

硅烷技术相对磷化不产生重金属或重金属少，较为环保，所以正逐步取代磷化工艺。硅烷是一种硅基的有机和无机杂合物，其分子式为 $R(CH_2)_nSi(OR)_3$，其中 OR 是水解的基团，R 是有机官能团。硅烷在水溶液中以水解的形式存在：

$$Si(OR)_3+3H_2O = Si(OH)_3+3ROH$$。

硅烷水解后的 SiOH 基团和金属表面的金属氢氧化物 MeOH 发生缩水反应，产物吸附在金属表面。

反应方程式：$SiOH+MeOH = SiOMe+H_2O$

硅烷在金属表面形成 Si—O—Me 共价键，使得硅烷与金属之间的结合是非常牢固的，同时剩余的硅烷分子与 SiOH 基团发生缩合反应形成了 Si—O—Si 三维网状结构的硅烷膜附着在金属表面上，如图 3-7 所示。

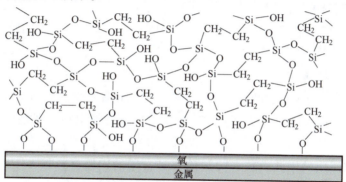

图 3-7　硅烷在金属表面成膜结构

硅烷膜可使金属基材与漆膜牢固结合的主要原因：电泳涂膜或喷粉涂膜烘干过程中，三维网状结构的硅烷膜与漆膜成膜物质交联反应结合在一起，形成牢固的化学键。

9. 预处理工序——薄膜工艺：氧化锆技术

氧化锆技术的目的主要是代替磷化以解决磷化渣过多、废水含有重金属的环保问题，以提高漆膜层的附着力与防腐蚀能力为目标。常用有全浸法和喷淋法，也有将二者结合起来使用的系统。

氧化锆处理剂是由锆的化合物，如六氟化锆，硝酸锆等与氧化物组成，反应机理：

$$H_2ZrF_6+M+2H_2O=ZrO_2+M^{2+}+4H^++6F^-+H_2$$

M：Fe、Zn

$$2H_2ZrF_6+2Al+4H_2O=2ZrO_2+2AlF_6^{3-}+6H^++3H_2$$

M：Al

另外，硅烷及氧化锆两处理液可适应于钢铁及铝金属制品，而磷化膜则不可以。与金属及涂膜的附着力相比，硅烷膜最好，氧化锆膜居中，磷化膜相对较差。

10. 预处理工序——钝化

由于汽车涂装产品基材越来越多地选用镀纯锌钢板，纯锌钢板磷化层耐碱性差，为弥补磷化层缺陷引入了钝化工序。

钝化工序主要是提高磷化膜单层的防锈能力。由于自由孔隙面积较大，钝化可使磷化膜孔隙起到填充和氧化作用，提升磷化防腐能力。常用有全浸法和喷淋法，也有将二者结合起来使用的系统。

11. 预处理工序——静电除尘

塑料件预处理除了水洗、除油、水分烘干外，还需要静电除尘。

静电除尘作用是除去塑料件表面的灰尘，减少涂层产生的颗粒。主要采用去离子风刀吹出的高速去离子风，以清除通过静电积聚在塑料件表面的灰尘。

12. 预处理工序——火焰处理

塑料件预处理除了水洗、除油、水分烘干及静电除尘外，也有进行火焰处理的。

火焰处理的作用是增强塑料基材的表面张力，使油漆与塑料基材紧密结合。汽车企业主要采用火焰处理机器人和火焰处理装置产生等离子火焰，利用等离子火焰对塑料基材进行处理，能够将氧引入基材的表面分子层。

二、钢铁材料预处理工艺

1. 汽车常用钢铁材料

本节主要讨论汽车常用钢铁的预处理。而汽车采用钢铁材料主要包括以下两类。

（1）车身用的钢铁材料　包括电镀纯锌钢板、热镀纯锌钢板、裸钢板、热镀锌铁合金钢板。

（2）金属零部件用的钢铁材料　除采用车身常用的钢铁材料外，还采用较多的铸铁、铸钢等钢铁材料。

2. 钢铁材料预处理工艺

不同钢铁材料预处理存在微小差异,在下文介绍说明。

依据预处理作用,预处理主要工序包括以下:

(1) 修整被涂物表面存在的缺陷　主要在冲压、焊接、机加工、铸造等工艺控制,参考相关工艺资料,本节不做详细说明。

(2) 清洁被涂物的表面杂质　水洗、除锈、脱脂除油。

(3) 赋予被涂物表面特性　表调+磷化(或薄膜工艺)、钝化。

汽车钢铁零件采用的预处理工序流程见表3-6、表3-7;对于生锈的钢铁件需要喷砂抛丸处理(随着环保趋严,酸洗处理采用的越来越少)后,再按表3-6、表3-7处理,或者直接涂装(如产品性能要求较低)。

表 3-6　汽车钢铁采用的预处理工序(采用磷化工艺适用的零件)

工序	名称	处理功能	典型工艺要求		
			时间/s	温度/℃	方式
1	热水预清洗	除渣除尘,车身加热	60	60~70	喷
2	预脱脂	除去车身外板油污,车身加热	60~120	50~55	喷
3	脱脂	除去油污	120~180	55~65	浸—喷
4	水洗 No.1	除去脱脂清洗剂,冷却车身	30~60	室温	喷
5	水洗 No.2	除去脱脂清洗剂,冷却车身	浸入即出	室温	浸—喷
6	表面调整	活化表面	60	室温	浸—喷
7	磷化	生成磷化膜	180	45~50	浸
8	水洗 No.3	除去磷化液	30~60	室温	喷
9	水洗 No.4	除去磷化液	浸入即出	室温	浸—喷
10	钝化	增加磷化性能	浸入即出	室温	浸—喷
11	纯水洗	除去杂质离子	浸入即出	室温	浸—喷
12	新鲜纯水洗	清洗药剂	10~20	室温	喷
13	水分烘干	去除水分	480	80	热风或辐射加热

注:
1. 对于电泳处理,不采用工序"13—水分烘干";对于直接粉末或喷漆处理,需要增加工序"13—水分烘干"。
2. 如产品性能低,可脱脂水洗后水分烘干后直接粉末或喷漆处理。

表 3-7　汽车钢铁采用的预处理工序(采用薄膜工艺适用的零件)

工序	名称	处理功能	典型工艺要求		
			时间/s	温度/℃	方式
1	热水预清洗	除渣除尘,车身加热	60	60~70	喷
2	预脱脂	除去车身外板油污,车身加热	60~120	50~55	喷
3	脱脂	除去油污	120~180	55~65	浸—喷
4	水洗 No.1	除去脱脂清洗剂,冷却车身	30~60	室温	喷

(续)

工序	名称	处理功能	典型工艺要求		
			时间/s	温度/℃	方式
5	水洗 No.2	除去脱脂清洗剂	浸入即出	室温	浸—喷
6	纯水洗 No.1	除去脱脂清洗剂	60	室温	浸—喷
7	硅烷/锆系处理	生成硅烷/锆化膜	60~180	20~30	浸
8	纯水洗 No.2	除去硅烷/锆化液	喷淋	室温	喷
9	纯水洗 No.3	除去硅烷/锆化液	浸入即出	室温	浸—喷
10	新鲜纯水洗	清洗药剂	10~20	室温	喷
11	水分烘干	去除水分	480	80	热风或辐射加热

注:
1. 对于电泳处理,不采用工序"11—水分烘干";对于直接粉末或喷漆处理,需要增加工序"11—水分烘干"。
2. 如产品性能低,可脱脂水洗后水分烘干后直接粉末或喷漆处理。

三、铝及其合金预处理工艺

随着汽车轻量化发展,汽车采用的铝及其合金越来越多。本节主要讨论汽车常用铝及其合金的预处理。而汽车采用的铝及其合金主要包括铝合金板、铸铝材料。

由于一般汽车低感知区的铝制零部件耐腐蚀性较好,较少涂装处理;对于高感知的铝制零部件一般采用阳极氧化或粉末处理。而车身采用的铝合金均需要涂装处理以提高外观性能。另外,钢铝车身需要电泳,所以车身采用的铝及其合金均需要预处理。

随着环保要求趋于严格,同时传统磷化工艺不能处理大批量铝合金,所以车身和零部件的铝及其合金趋向采用硅烷或锆系薄膜前处理工艺,主要工艺流程见表3-7。

四、塑料预处理工艺

1. 塑料材料

本节主要讨论汽车常用塑料的预处理,根据塑料底材与涂膜的附着性,汽车采用塑料材料主要包括以下3类。

易附着塑料底材:ABS、PMMA、PC 和 BBT 塑料。

难附着塑料底材:RMPU、改性 PP,需进行特殊处理,才能附着。

不附着塑料底材:未改性的 PP,表面活性极差。

2. 预处理工序

一般按表面能来判别,表面能在 26N/m 以下的塑料,必须涂底漆处理和表面活化。依据预处理作用,预处理主要工序包括:

清洁被涂物的表面杂质:水洗、除锈、脱脂除油、静电除尘。

赋予被涂物表面特性(表面活化):火焰处理、涂底漆和药剂处理。考虑药剂处理需要用重铬酸钾强酸才有效果,会产生废液,需要水洗干燥;同时涂底漆处理中 VOC 排放高等的影响，汽车行业目前主要采用火焰处理。

塑料预处理工序举例：汽车外饰件预处理工序流程见表 3-8。

表 3-8 汽车外饰件预处理工序流程

工序	名称	处理功能	典型工艺要求		
			时间/s	温度/℃	方式
1	预脱脂	除去油污	30	50~65	喷
2	脱脂	除去油污	90	55~65	喷
3	水洗 No.1	除去脱脂清洗剂	60	室温	喷
4	纯水洗 No.1	除去脱脂清洗剂	30	室温	喷
5	新鲜纯水洗	除去脱脂清洗剂	通过	室温	喷
6	水分烘干	去除水分	1200	80	吹热风
7	冷却	冷却工件	300	室温	吹冷风
8	静电除尘	除尘	50	室温	吹离子化风
9	火焰处理	表面活化	—	—	机械手
10	静电除尘	除尘	50	室温	吹离子化风

第三节　涂　装　方　法

一、涂装工艺及其选择

汽车及零部件常用的涂装工艺主要有电泳、喷漆、粉末、涂胶（包括焊缝密封胶和抗石击胶）等，这些方法形成的涂膜性能存在差异，同时对产品结构适应性不同。因此，如何选择合适的涂装方法至关重要，下文着重介绍 4 种涂装方法的选择。

1. 涂装工艺选择需要明确的内容

产品选择涂装工艺方法前，需要明确三方面的内容：

1）零部件表面质量要求：装饰性、耐腐蚀性、耐化学品性、耐候性、机械性能、功能性要求等。

2）零部件所处的工作环境。

3）零部件外形、尺寸、材质。

2. 涂装工艺选择原则

产品选择涂装工艺按以下原则执行。

1）性能目标　依据产品表面装饰性能、防护性要求确定需要的涂装工艺，各类涂装工艺性能对比见表 3-9。如单一涂装方法不能达到产品性能要求，可选用几种涂装工艺的复合涂层，如车身外观需较高的防腐性能和较好的外观性能，可选用电泳+喷漆的复合涂层；如刮水器需较高的耐候性能和防腐性能，可选用电泳+粉末或电泳+喷漆的复合涂层。

表 3-9 涂装工艺性能对比

涂装工艺		装饰性能	耐腐蚀性能	耐老化性能
电泳		一般的装饰环境（以黑色为主）	高级防腐性	低级耐候性（一般用在阳光照射区）
粉末		优良的装饰环境（适合不同颜色）	高级防腐性	高级耐候性（一般用在阳光照射区）
喷漆		高级装饰性（适合不同颜色，高亮外观）	低级防腐性	高级耐候性
涂胶	焊缝密封胶	—	有效防水防腐	—
	抗石击胶	—	有效防石击、防腐蚀	—

（2）形状、材质　依据产品形状、材质，选择最合适的涂装工艺，见表3-10。

表 3-10 涂装工艺对材质、形状的选用对比

选择因素		工件材质	形状（极限）
电泳		适用铁、铝等耐高温金属	存在复杂结构、较多内腔、深槽
粉末		适用钢铁、铝材等金属，并开始扩展到木材、塑料等耐高温非金属	单一工件，形状简单，型面单一
喷漆		适用钢材、塑料等多种材料	
涂胶	焊缝密封胶	适用铁、铝、复合材料等耐高温材料	零件搭接面的边和缝隙
	抗石击胶		形状简单的型面

（3）生产、环境、成本　根据产品生产组织和规模、环境安全友好型、成本效益，选取最优的涂装工艺，见表3-11。

表 3-11 涂装工艺对生产组织和规模、环境安全友好型、成本效益的选用对比

生产施工性能		生产组织和规模	环境安全友好程度	成本
电泳			友好	相近
粉末			极友好	
喷漆		均适合大规模生产	不友好	偏高
涂胶	焊缝密封胶		友好	—
	抗石击胶		友好	—

二、电泳工艺

电泳工艺分为阳极电泳工艺和阴极电泳工艺。由于阴极电泳涂料的泳透力、效率、涂膜性能等比阳极电泳涂料高，汽车行业主要采用阴极电泳工艺，所以本文重点介绍汽车行业常用的阴极电泳工艺。

1. 阴极电泳工艺

阴极电泳用水溶性树脂和有机酸中和后，形成阳离子和阴离子。在直流电场的作用下，

阴极的被涂膜和阳极的阳极管之间产生电位差，离子发生定向移动，阳离子向阴极的被涂膜移动，在阴极表面上得到电子沉积于阴极表面；而阴离子向阳极的阳极管移动，在阳极的阳极管处失去电子，氧化成酸，如图3-8所示。

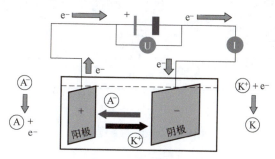

图 3-8　电泳原理图

以上为电泳基本原理，包括电解、电泳、电沉积和电渗四个过程。

（1）电解　水溶液存在电流情况，水会发生电解反应，在阳极放出氢气，在阴极放出氧气，如图3-9所示。

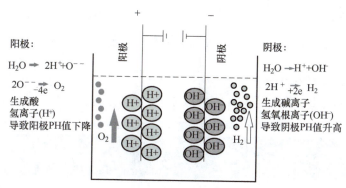

图 3-9　电泳水解图

（2）电泳　槽液中的阳离子和阴离子在直流电场的作用下发生定向移动，阳离子向阴极的被涂膜移动，而阴离子向阳极的阳极管移动，如图3-10所示。

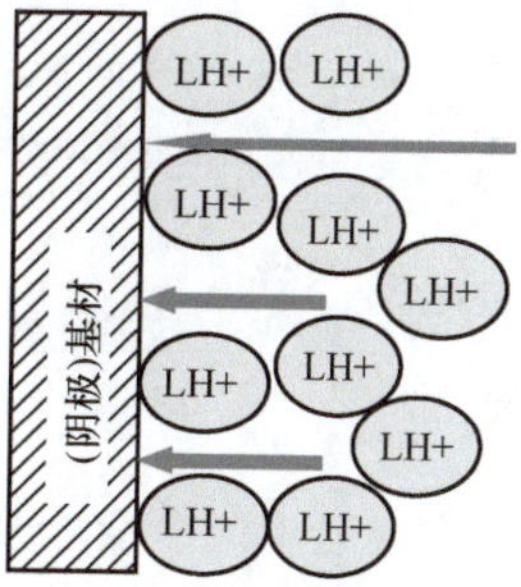

（3）电沉积　电泳涂装过程中的主要反应，通过电泳的阳离子向阴极的被涂膜移动后发生化学反应，形成沉淀物，即在阴极表面形成不溶于水的漆膜，此过程称为电沉积。

（4）电渗　电泳的最后一个过程，通过电泳的阳离子向阴极的被涂膜移动后发生化学反应形成沉淀物吸附于阴极上，介质（水）在电场作用引起的内渗力的作用下，从阴极一侧表面的沉淀物中穿过，进入漆液，如图3-11所示。

图 3-10　电泳过程示意图

电泳完成的涂膜为湿膜，需加热固化为干膜。电泳固化成膜为热固性成膜，涂料加热到固化温度（一般170~200℃），小分子电泳漆通过交联剂作用形成大分子聚合物，如图3-12所示。

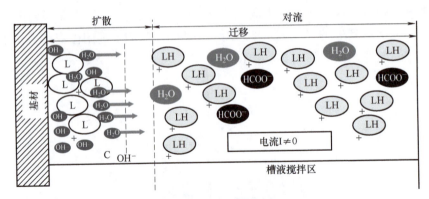

图 3-11 电泳电渗过程

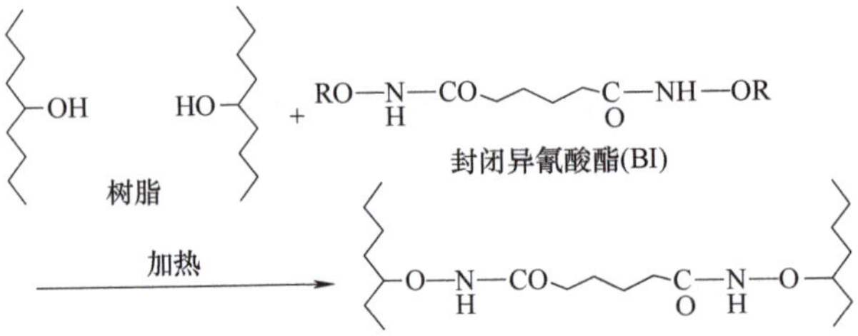

图 3-12 电泳固化成膜示意图

2. 典型阴极电泳工艺流程

以常见的汽车车身电泳涂装为例，阴极电泳工艺流程见表 3-12。

表 3-12 汽车车身常见的电泳工艺流程

工序	名称	处理功能	典型工艺要求		
			时间/s	温度/℃	方式
	前处理	—	—	—	—
1	电泳	生产湿电泳膜	120	27~29	浸泡
2	新鲜超滤液清洗	清洗电泳过程中的气泡、杂质	通过	室温	喷
3	超滤液清洗 No.1	清洗电泳过程中的气泡、杂质	通过	室温	喷
4	超滤液清洗 No.2	清洗电泳过程中的气泡、杂质	通过	室温	浸-喷
5	新鲜超滤液清洗	清洗电泳过程中的气泡、杂质	通过	室温	喷
6	纯水洗	清洗电泳过程中的气泡、杂质	通过	室温	浸-喷
7	新鲜纯水	清洗电泳过程中的气泡、杂质	通过	室温	喷
8	固化	生成干电泳膜	1800	室温	喷

为保证阴极电泳涂膜品质，需要重点控制的内容包括固体成分（NV）、槽液温度、pH 值、中和酸浓度（MEQ）、电导率、灰分、颜基比、破坏电压、涂装电压等。各项控制内容的要求和测定方法按涂料企业提供的要求、方法设定与实施。

（1）固体成分（NV） 槽液的固体含量就是成膜物质的含量。固体含量直接影响到涂膜膜厚和外观性能的变化，一般电泳固体含量 20%~30%。

（2）槽液温度　槽液温度应控制于一定的范围内（一般是 27~29℃，具体设定按涂料企业要求）。漆液温度过高会导致漆膜较厚、表面粗糙，有流挂、堆集现象；漆液温度过低会导致外观电泳漆膜较薄，泳透力低引起内腔深凹、表面漆膜薄，同时产生漆膜粗糙、无光等缺陷。

（3）pH 值　pH 是表示阴极电泳涂料主要的游离酸含量的特性值。阴极电泳涂料的 pH 值通常按 5.0~6.0 设定。漆液的 pH 值偏高就会导致涂料分散，稳定性下降，需要加弱酸降低 pH；漆液 pH 值偏低就会导致库仑效率和泳透力下降，需要排放槽液加以调整。

（4）中和酸浓度（MEQ）　MEQ 是指含 100g 固体成分的涂料进行滴定所需的酸的毫克数（mg），它是涂料（树脂）中和用酸量的表示指标。

（5）电导率　电导率是用 1cm 间隔槽内涂料电阻值的倒数来表示电流流通难易，通常用单位 μS/cm 表示。电导率是由槽内电解质的浓度和溶解度来控制的。电泳涂料的电导率范围是由涂料设计和建浴浓度（固体成分）决定的。在涂装生产过程中会存在导致电导率值上升的因素，包括中小分子量树脂在槽内的残留、O_2 的吸收、前处理杂质离子的带入、涂料的变质分解。因此，应使用 UF 超滤系统去除杂质离子及低分子量物质。

电导率上升明显时，正常电泳现象以外的电分解等会产生电流增加、膜厚降低、涂膜粗糙、变色、涂装效率降低等副作用。

（6）灰分、颜基比　灰分是指涂料的固体成分在坩埚中及高温煅烧后剩下的无机物。通常用涂料的颜料浓度表示，为做到正确计算补给用涂料、生产线管理标准化，灰分值应控制在管理限界内。

颜基比是指电泳涂料的颜料和基料（树脂）之比。

（7）破坏电压　产生的过多氢气会破坏涂膜的绝缘，使涂面短路，此电压被称为破坏电压。电泳应在低于破坏电压的电压下进行。

（8）涂装电压　在工艺时间条件下，达到标准膜厚（通常汽车外观膜厚在 20~30μm 之间）时所需的电压。

3. 电泳涂膜性能要求

电泳涂膜性能包括外观、弹性、冲击强度、附着力、光泽、表面粗糙度、杯突、耐碱性、耐酸性、耐湿性、耐汽油、耐机油、耐柴油、耐盐雾、锐边防腐性、抗石击、交变腐蚀试验等，具体检测要求和方法参考 JB/T 10242—2013《阴极电泳涂装通用技术规范》以及各企业的标准。

三、喷漆工艺

喷漆工艺分为空气喷涂、高压无气喷涂、静电空气喷涂、高速旋杯静电喷涂等，各工艺简介如下。

空气喷涂：涂料雾化主要依靠压缩空气的气流，雾化好的涂料采用喷枪喷涂到被涂物的表面上，此方法效率低，常见于汽车小批量试制涂装线，而量产的汽车涂装产线应用少。

高压无气喷涂：涂料的雾化主要依靠自身管道的高压力扩散，雾化好的涂料采用喷枪喷涂到被涂物的表面上，此方法适合于黏度高的涂料，汽车行业涂装线应用较少。

静电空气喷涂：涂料雾化主要依靠压缩空气的气流，雾化好的涂料采用喷枪喷涂到被涂物的表面上，为提高效率，被涂物通电，雾化好的涂料被电晕带电，常见于汽车小批量试制涂装线，而量产的汽车涂装产线应用少。

高速旋杯静电喷涂：涂料雾化主要依靠旋杯的强离心力，雾化好的涂料采用喷枪喷涂到被涂物的表面上，为提高效率，被涂物通电，雾化好的涂料被电晕带电，常见于量产的汽车涂装产线。

各类喷涂工艺效率对比：空气喷涂<高压无气喷涂<静电空气喷涂<高速旋杯静电喷涂。在汽车行业，人工喷涂一般采用静电空气喷涂，机器人喷涂采用高速旋杯静电喷涂，所以下面重点介绍静电喷涂。

1. 静电喷涂

被涂物接电成为阳极（一般需要接地），静电喷枪头部接电成为阴极（接高压电），阳极与阴极间形成高压静电场。电场在阴极产生电晕放电，漆雾液滴带电，在电场作用下带电漆滴被涂附在被涂物上，如图3-13所示。

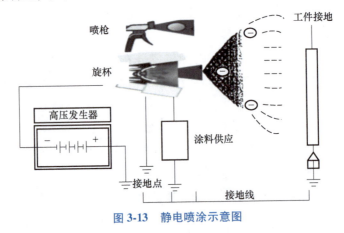

图3-13 静电喷涂示意图

静电喷涂存在两种效应，产品设计和工件喷涂需要注意：

1）环包效应：指在静电喷涂中，不仅被喷涂物的正面有涂装效果，而且侧面及背面也有涂装效果。

2）法拉第效应：有深腔的物体不适合静电喷涂，因为涂料将被吸引到物体的最外端，导致涂层不均匀。

2. 典型汽车喷漆工艺流程

以常见汽车车身和外饰件喷涂为例，常见的喷涂工艺流程见表3-13。

表3-13 汽车车身常见的喷涂工艺流程

工序名称	车身主流三种工艺			外饰件喷漆	方式
	3C2B	3C1B	B1B2		
中涂（底漆）	√	√	√	√	旋杯静电喷涂+人工静电补喷
烘干	√	√	—	√	—

（续）

工序名称	车身主流三种工艺			外饰件喷漆	方式
	3C2B	3C1B	B1B2		
面漆	√	√	√	√	旋杯静电喷涂+人工静电补喷
烘干	√	√	√	√	—
清漆	√	√	√	√	旋杯静电喷涂+人工静电补喷
烘干	√	√	√	√	—

注：
1)"√"代表需要采用的工序。
2) 以上各工序处理温度和处理时间按涂料企业提供的要求设定。
3) 各工序适用于产品生产、维修，对于外观要求不高的产品可适当减少中涂或清漆工序。

旋杯静电喷涂需要重点控制的内容包括旋杯转速、流量、空气压力、枪距、成型空气等。各项控制内容的要求和测定方法按涂料企业提供的要求、方法设定和实施。

（1）旋杯转速　旋杯速度是影响膜厚的因素之一，在其他因素不变的条件下，旋杯转速越大，漆膜越薄；反之，旋杯转速越小，漆膜越厚。汽车常见旋杯转速：金属清漆30000～35000r/min，厚度要求30～50μm；色漆35000～60000r/min，厚度要求10～25μm。

（2）流量　流量是影响膜厚的因素之一，在其他因素不变的条件下，供漆管道流量越大，漆膜越厚；反之，供漆管道流量越小，漆膜越薄。

（3）枪距　枪距是指喷枪与被涂物之间的距离，是影响喷涂范围的因素之一，在其他因素不变的条件下，枪距越大，喷幅越大；枪距越小，喷幅越小。有效距离可保证漆膜品质和喷涂效率，一般为200～300cm。

（4）成型空气　旋杯喷涂需要提供压缩空气，合适的压力可促进漆膜的雾化和喷涂效率。压缩空气需要有效过滤、除湿、保证压力，一般压力控制在0.2～0.4MPa。

成型空气是影响喷涂范围的因素之一，在其他因素不变的条件下，空气压力越高，喷幅越小；反之，压力越小，喷幅越大。

3. 喷漆涂膜性能要求

喷漆涂膜性能包括膜厚、橘皮、鲜映性、光泽、硬度、抗刮擦性、耐弯曲性、附着力、抗冲击性、杯突、抗石击性、过烘烤性、重涂性、耐水性、耐中性盐雾、循环交变腐蚀、耐湿热性、耐温变性、耐酸性、耐碱性、耐汽油性、耐机油性、光透过率、人工老化等，具体检测要求和方法参考各企业标准。

四、涂胶工艺

涂胶主要应用于车身的边缘防腐、干湿区的密封、车底的抗石击。涂胶工艺相对简单，见表3-14。

1. 涂胶原理

抗石击胶和焊缝密封胶主要是以热塑性材料PVC为主要材料，通过人工或机器人涂覆在工件上,如图 3-14 所示。加热到 80~140℃时,PVC 全体膨润到中心部,同时融化、流动。粒子间产生强的络合,形成一体化,产生最大的物理强度。

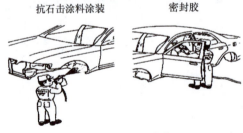

图 3-14 人工涂胶

2. 常见的涂胶工艺流程

常见的涂胶工艺流程见表 3-14。

表 3-14 汽车车身常见的涂胶工艺流程

工序名称	工作温度	方式	应用
焊缝密封	25℃	人工打胶后毛刷刷胶	非主要外观区
		人工打圆胶	主要外观区
		人工打扁胶	
		人工打胶后刮胶	
		机器人打胶	设置机器人条件下,机械手可达部位
车身抗石击胶	25℃	人工喷胶	车底
		机器人喷胶	设置机器人条件下,机械手可达部位
烘干	140℃	—	—

3. 涂胶性能要求

涂胶性能包括膜厚、抗拉强度、伸长率、耐水性等,具体检测要求和方法按各企业标准执行。

五、粉末工艺

由于粉末涂装在各类涂装方法中最环保,同时具有较好的防腐、装饰功能,所以粉末涂装广泛用于各类行业,在家电和 IT 行业应用较为广泛、在汽车零部件行业也逐步取代部分电泳和喷漆。

粉末涂装工艺较多,包括流化床法、滚涂法、热喷涂法、静电喷涂法,其中汽车行业采用较多的为静电喷涂法,本节重点介绍粉末静电喷涂。

1. 粉末静电喷涂

与静电喷漆相似,主要差异点为粉末静电喷涂的涂料为固体颗粒。被涂物接电为阳极(同时接地),静电喷枪头部接电为阴极(接高压电),阳极与阴极间形成高压静电场,空气雾化的粉末涂料从枪口(阴极)产生电晕放电,固体颗粒带电,在电场作用下固体颗粒被涂附在被涂物上,粉末静电喷涂如图 3-15 所示。

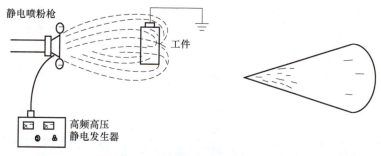

图 3-15　粉末静电喷涂示意图

静电喷涂也存在两种效应：环包效应和法拉第效应，产品设计与制造过程需要规避这两种效应。

2. 粉末静电喷涂工艺

汽车采用粉末喷涂的零件较多，比如刮水器、轮毂、驱动轴、减振器弹簧等。以刮水器举例，常见的粉末静电涂装工艺流程见表 3-15。

表 3-15　汽车刮水器常见的粉末静电涂装工艺流程

工序名称	功能	典型工艺要求		
		时间/s	温度/℃	方式
前处理	—	—	—	—
电泳	—	—	—	—
喷粉	粉末上粉，弥补电泳耐候性不足	通过	室温	往复机喷
烘干	固化成膜	20	180~200	中远波热辐射

在粉末静电涂装施工中，影响涂膜质量的因素包括喷涂电压、供粉气压、喷粉量、喷涂距离、粉末粒度、粉末体积电阻、屏蔽保护、喷涂方式、固化温度和时间等，其要求和测定方法按涂料企业提供的要求、方法设定和实施。

（1）喷涂电压　喷涂电压是影响膜厚的因素之一，在其他因素不变的条件下，喷涂电压越大，粉末附着量增加，漆膜越厚；反之，喷涂电压越小，粉末附着量减少，漆膜越薄。

喷涂电压并非越大越好，喷涂超过一定数值后，电压对粉层厚度增长率的影响变小。各种粉末涂料喷涂时选用的电压电流参数按涂料企业要求或调试设定。

（2）供粉气压　供粉气压是保证喷粉量的关键参数，如控制喷粉量不变，在其他因素不变的条件下，增大供粉器的供粉气压，粉末运动速度过快，会导致粉末在被涂物上的沉积效率下降。

（3）喷粉量　喷粉量是指单位时间喷涂的出粉量，喷粉量是影响膜厚的因素之一，在其他因素不变的条件下，初始阶段喷粉量越大，漆膜越厚。随着粉层厚度增厚，喷粉量对粉层厚度影响变小，喷涂效率降低，因此合理控制喷粉量是提供喷涂效率的关键，一般喷粉量控制在 100~200g/min 较合适。

（4）喷涂距离　喷涂距离是影响膜厚的因素之一，在其他因素不变的条件下，喷涂距离越大，粉末附着量越小，喷涂效率越低，漆膜越薄；喷涂距离越小，粉末附着量越大，喷涂效率越高，但较小的喷涂距离较难控制膜厚，因此需要根据工艺条件选择合理距离，以保证在工艺时间内达到设定膜厚。

（5）粉末粒度　粉末粒度，即固体涂料的粒径，不同大小颗粒对喷涂工艺性能的影响见表3-16。

表3-16　粉末粒度对喷涂工艺的影响

喷粉工艺性能	粒度
	大→小
粉末流动性	好→差
涂装施工性	好→差
粉末雾化性	差→好
设备堵塞可能	好→差
膜厚控制	好→差

（6）粉末体积电阻　粉末涂料的体积电阻率指单位体积粉末的电阻，是粉末导电带电能力的主要影响因素，体积电阻率越高，绝缘性越好；反之，越容易导电。粉末涂料的体积电阻率对涂装施工的影响见表3-17。

表3-17　粉末体积电阻率对涂装施工的影响

体积电阻/(Ω/cm^3)	涂装施工性能
$<10^9$	粒子易放出电荷，粒子容易脱落
$10^{10} \sim 10^{14}$	施工好，可得到厚膜涂膜
$>10^{15}$	粒子不易放出电荷，很难得到厚涂膜

（7）屏蔽保护　由于产品存在不允许涂装的部位，如螺栓和螺母的螺牙，零件安装面等，粉末喷涂前需要遮蔽这些部位。

（8）喷涂方式　粉末喷涂方式主要包括人工喷涂和自动喷涂，两类喷涂方式施工过程需要的控制要求包括：控制喷涂行程，保证工件充分喷涂，减少无效位置喷涂；保持喷枪与工件表面等距离；均匀往复喷涂；均匀地移动速度；先喷凹槽和边缘，最后喷凸面；一次喷涂厚度不能太厚。

（9）固化温度和时间　由于粉末的成膜物质存在性能差异，导致各类粉末涂料的固化温度和时间各不同。为保证涂膜性能，通常各类粉末涂料均有相应的温度和时间窗口，涂料在固化过程中必须满足温度和时间窗口的要求。

3. 粉末涂膜性能要求

涂膜的外观与喷漆相比略差，喷粉涂膜性能包括膜厚、橘皮、光泽、硬度、抗刮擦性、耐弯曲性、附着力、抗冲击性、杯突、抗石击性、过烘烤性、重涂性、耐水性、耐中性盐雾、循环交变腐蚀、耐湿热性、耐温变性、耐酸性、耐碱性、耐汽油性、耐机油性、光透过率、人工老化等，具体检测要求和方法参考各企业标准。

第四节　涂装材料

一、预处理材料的选用

本节主要讨论汽车常用的液体处理工序的材料选择，包括水洗、除锈、脱脂除油、表调+磷化、硅烷和锆化处理。

1. 预处理工序——水洗材料选择

预处理水洗主要采用工业水和纯水，其要求和选择如下。

工业水：汽车涂装常用的水主要是自来水（即：江河、水库、地下水等经过水厂沉砂、过滤、消毒后的水）。虽然各地区均满足国家自来水水质标准，但是各类水源水质存在较大差异，同时水处理工艺存在不同，导致各地区的自来水的水质不一样，所以需要控制自来水品质，必要时需对自来水进行二次处理。一般适用于工业涂装的自来水的水质要求：pH 为 5~7；电导率小于 $200\mu\Omega/cm$；Cl^- 或 SO_4^{2-} 在 20mg/L 以下（或 $SO_4^{2-}+Cl^-$ 在 35mg/L 以下）；总硬度（以 $CaCO_3$ 计）在 100mg/L 以下；蒸发残量在 100mg/L 以下。

纯水（又称去离子水）：涂装的关键工序如硅烷和锆化前处理和电泳前后水洗、喷漆前擦洗，对水洗质量要求较高，需要严格控制水质。这些工序用水的电导率在 $5\mu\Omega/cm$ 以下，部分要求更严格，为获得这类水质，需对自来水进行二次处理，通常经过砂过滤、碳过滤、RO 反渗透获得，这类水涂装材料统称为纯水或去离子水。

2. 预处理工序——除锈材料选择

预处理除锈主要涉及酸洗除锈、喷砂抛丸，其材料选择如下。

（1）酸洗除锈材料　涂装行业常见的酸为盐酸、硫酸、磷酸。材料选用的一般要求：一般低温（≤5℃）清洗选用盐酸，中高温（50~80℃）选用硫酸，常温（常温~80℃）清洗选用磷酸，另外，采用混合酸可互补酸洗性能，如盐酸-硫酸混合酸、磷酸-柠檬酸混合酸。

酸洗过程需要补充缓蚀剂抑制金属腐蚀和防止"氢脆"，缓蚀剂选用、酸洗的温度、处理时间、材料浓度按药剂供应商要求。

（2）喷砂抛丸材料　常用的金属磨料有铸钢丸、铸铁丸、铸钢砂、铸铁砂和钢丝段，这些磨料在硬度、化学成分、粒度和显微结构上应符合相应的规定。铸钢丸应符合 YB/T 5149—1993 的规定；铸钢砂应符合 YB/T 5150—1993 的规定；铸铁丸应符合 YB/T 5151—1993 的规定；铸铁砂应符合 YB/T 5152—1993 的规定；钢丝段可参照 SYJ4007—1986 的规定。

3. 预处理工序——脱脂除油材料选择

预处理脱脂除油主要分为化学除油和机械除油，而机械除油主要是喷砂抛丸，其材料同除锈材料，本节主要介绍的是化学法除油脂的材料选择。

（1）强碱液清洗　采用强碱液除油脂，主要成分为氢氧化钠，各企业药剂配比存在差异，实际选用时需要向药剂企业确认各成分。常用强碱液清洗配方举例见表3-18。

表3-18　常用强碱液清洗配方要求（举例）

成分	占比
氢氧化钠	8%
硅酸钠	5%
磷酸钠（或碳酸钠）	6%
表面活性剂（磺酸类）	3%

（2）溶剂乳化清洗　乳化液组成包括水、有机溶剂和表面活性剂，一般为乳白色液体，实际选用时需向药剂企业确认各成分。

（3）低碱液清洗　采用低碱液除油脂，主要成分为碳酸钠、硅酸钠等弱碱不含氢氧化钠强碱，各企业药剂配比存在差异，实际选用时需要向药剂企业确认各成分。常用低碱液清洗配方要求举例见表3-19。

表3-19　常用低碱液清洗配方（举例）

	浸泡型	喷淋型
三聚磷酸钠	5g/L	5g/L
硅酸钠	5g/L	0
碳酸钠	3g/L	5g/L
表面活性剂	10g/L	1g/L
消泡剂	0	1g/L
表面调整剂	1g/L	1g/L
游离碱度	10 点	8 点
处理温度	常温~80℃	60℃
处理时间	10min	3min

（4）酸性清洗剂清洗　酸性除油既可除油也可除锈，具备双重功能，常称之为"二合一"脱脂液。酸性清洗剂包括表面活性剂、无机酸和缓蚀剂三部分，各企业药剂配比存在差异，实际选用时需要向药剂企业确认各成分，常用酸性清洗剂要求举例见表3-20。

表3-20　常用酸性清洗剂（举例）

工艺	低温型	中温型	高温型
工业盐酸（浓度31%）	40%	0	0
工业硫酸（浓度98%）	10%	14%	0
工业磷酸（浓度85%）	0	0	40%
表面活性剂	1.0%	0.5%	1.0%
缓蚀剂	适量	适量	适量

汽车零部件除锈除油应用最为广泛的是盐酸和硫酸，主要因为成本低和效率较高，但酸

洗残留后的酸根对产品和设备腐蚀危害大；而磷酸效率不高，同时成本较高。需要根据生产需求和设备耐腐蚀能力选用合适的药剂。

4. 预处理工序——表调+磷化材料选择

（1）表调材料　汽车磷化预处理工艺中，一般需要选用表调处理，锆系或硅烷处理则不需要表调。表调主要分为两类，一种是酸性表调剂，如草酸；另一种是胶体钛盐。

酸性表调剂和胶体钛盐表调剂均在汽车涂装行业中应用广泛。如考虑去除零件除油或水洗表面产生的轻锈，可选用酸性表调剂，如表调前表面无锈，可选用胶体钛盐表调剂。

（2）磷化材料　主要按成膜物质分为5类。

1）锌系。广泛应用于汽车磷化处理，磷化槽液主要成分包括 Zn^{2+}、PO_4^{2-}、NO_3^-、H_3PO_4、促进剂（NO_2^-）、Mn、Ni 等。钢铁表面形成的磷化膜主要组成：$Zn_3(PO_4)_2 \cdot 4H_2O$、$Zn_2Fe(PO_4)_2 \cdot 4H_2O$，其中 $Zn_3(PO_4)_2 \cdot 4H_2O$ 耐碱性不足，$Zn_2Fe(PO_4)_2 \cdot 4H_2O$ 耐酸碱较好，所以磷化过程应尽量提高 $Zn_2Fe(PO_4)_2 \cdot 4H_2O$ 含量；镀锌钢铁碱表面形成的磷化膜只有 $Zn_3(PO_4)_2 \cdot 4H_2O$，所以后续工艺一般增加钝化以封闭磷化膜的微孔，减少后续工序中磷化膜损坏。

2）锌钙系。汽车涂装行业应用较少，它的槽液主体成分包括：Zn^{2+}、Ca^{2+}、NO_3^-、$H_2PO_4^-$、H_3PO_4 和添加物等。

3）锌锰系。广泛应用于汽车磷化处理，主要是对锌系的补充，提高磷化膜防腐蚀性能，尤其是锌系只能生产出 $Zn_3(PO_4)_2 \cdot 4H_2O$ 的镀锌钢板，而锌锰系能增加耐腐蚀锰系磷化膜比例，以提高耐腐蚀能力。它的槽液主体成分为：Zn^{2+}、Mn^{2+}、NO_3^-、$H_2PO_4^-$、H_3PO_4、添加物。钢铁表面形成的磷化膜组成：$Zn_2Fe(PO_4)_2 \cdot 4H_2O$、$(Mn,Fe,Ni)_5H_2(PO_4)_4 \cdot 4H_2O$、$Zn_3(PO_4)_2 \cdot 4H_2O$。

4）锰系。汽车车身涂装行业应用较少，主要用于零件润滑或者无后处理零件的防腐，比如底盘衬套、仅考虑运输防锈的转向管柱等。磷化槽液主要成分为：Mn^{2+}、NO_3^-、$H_2PO_4^-$、H_3PO_4 和添加物；钢铁件上形成的磷化膜成分为 $(Mn,Fe)_5H_2(PO_4)_4 \cdot 4H_2O$，其磷化膜厚度大（可达 $10\mu m$）、孔隙少，但处理时间长（一般 10min）。

5）铁系。同锰系，汽车车身涂装行业应用较少，主要用于零件润滑或者无后处理零件的防腐，比如底盘衬套、仅考虑运输防锈的转向管柱等，锰系和铁系应根据产品的防腐能力选用。它的磷化槽液主要成分为：Fe^{2+}、$H_2PO_4^-$、H_3PO_4 和添加物。钢铁件上的磷化膜成分为 $Fe_5H_2(PO_4)_4 \cdot 4H_2O$，磷化膜厚度大，磷化温度高，处理时间长，膜孔隙较多，防腐能力弱于锰系。

5. 预处理工序——薄膜工艺：硅烷/锆系材料

参考本章第二节"涂装前工件表面预处理"中的"一、预处理的意义及主要方法"。

6. 预处理工序——钝化材料选择

钝化材料工艺主要分铬酸盐钝化和无铬钝化（锆盐类、植酸类等）。由于铬酸盐钝化废水中含有重金属，无铬钝化工艺成为行业研究、选用的重点。

二、电泳材料的选用

电泳涂料按被涂物接电形式分为阳极电泳涂料、阴极电泳涂料,其中阳极电泳涂料主要应用于被涂物为阳极,阴极电泳涂料主要应用于被涂物为阴极。相对于阳极电泳涂料,阴极电泳涂料的泳透力、效率、涂膜耐腐蚀等性能高,汽车行业主要采用阴极电泳,所以本节重点介绍汽车行业常用的阴极电泳涂料。

1. 阴极电泳涂料的组成

电泳涂料由树脂、颜料、填料、助剂、溶剂组成。各成分的常见组成举例见表 3-21。

表 3-21 阴极电泳涂料常见的组成(举例)

项目		主要组成
树脂		丙烯酸树脂类、环氧树脂类和聚氨酯类
颜料		酸性颜料(主要成分:钛白粉、炭黑、磷酸锌颜料、高岭土)
助剂	固化剂	封闭异氰酸酯树脂
	中和剂	有机酸
	抗缩孔、耐油性	丙烯酸聚合物
	…	…
溶剂		中、高沸点的有机溶剂(几种物质的混合物)

电泳漆的主要差异在于树脂,其特点如下:

(1)丙烯酸树脂类电泳漆　常用丙烯酸酯和甲基丙烯酸酯及其他类树脂合成的丙烯酸树脂电泳漆,其形成的电泳膜在太阳光谱范围内吸收不高,所以丙烯酸树脂漆形成的电泳膜耐光性较好,不易老化和粉化。

丙烯酸树脂分子式:$(C_3H_4O_2)n$。

常见电泳采用热固性丙烯酸树脂,其丰满度、耐溶剂性、耐候性好,广泛应用于汽车存在光照的零部件,但考虑到丙烯酸树脂防腐能力弱于环氧树脂,在高防腐的车身、车底零件上应用较少。

(2)环氧树脂类电泳漆　环氧树脂是有两个或两个以上环氧基团的高分子有机化合物,与其他类树脂合成后形成环氧树脂类电泳漆。

环氧树脂类电泳漆由于具有较高的耐冲击性和耐腐蚀性,在汽车零部件上应用最广,但环氧树脂类电泳漆耐候性极差(一般阳光暴晒 3 个月后漆面就开始粉化,1 年后零件会大面积生锈),所以汽车上应用环氧树脂类电泳漆的部位主要是车底、机舱、车内等无光照的零件,对于汽车外观存在暴晒的位置则需要再增加其他涂层防止光直接照射在电泳膜上,如刮水器电泳后增加丙烯酸粉末处理、车身电泳后增加含有紫外线吸收剂的油漆处理。

(3)聚氨酯类电泳漆　由于聚氨酯类电泳漆技术仍不成熟,汽车行业应用较少,但其优秀的性能可以有效弥补环氧树脂类电泳漆和丙烯酸树脂类电泳漆的不足,很多企业开始加大相关电泳漆的研发。

2. 阴极电泳涂料的主要控制内容

电泳涂料的主要控制内容包括固体成分（NV）、灰分、MEQ、pH、溶剂含量、铅离子，其成分要求和测定方法按涂料企业提供的要求和方法设定和实施。

三、喷漆材料的选用

汽车行业常用的喷漆涂料按分散介质（溶剂）分为溶剂型涂料、水性涂料。

溶剂型涂料是采用有机溶剂作为分散介质，施工性能方便，涂膜性能良好，外观易控制，成本低，但是有机溶剂有毒，同时施工过程中会产生大量的VOC，汽车涂装行业正逐步淘汰此类涂料。

水性涂料是以水作为分散介质，施工性、涂膜外观等性能方面相对溶剂型涂料差，但毒性小、VOC产生少。由于国家逐步提高汽车涂装VOC排放要求，在汽车涂装行业中，越来越多的企业选用此类涂料以满足环保的要求。

1. 涂料的组成

涂料由树脂、颜料、溶剂、助剂组成。

（1）树脂 汽车上主要采用热固性树脂，通过加热发生的化学反应、交联与固化，冷却后不可逆，如三聚氰胺树脂、丙烯酸树脂、聚酯树脂、无油聚酯、醇酸树脂和聚氨酯等。

（2）颜料 常用的颜料参考本章第一节"涂料的基础知识"中的"二、涂料的基本组成"。

（3）溶剂 根据溶剂沸点，溶剂性涂料可分为3类：低于100℃沸点溶剂如丙酮、甲乙酮等；100~150℃沸点溶剂如甲苯、二甲苯、醋酸丁酯等；150℃以上的高沸点溶剂如乙二醇丁醚、二丙酮醇等。

水洗涂料主要采用去离子水作为溶剂。

汽车行业常用的溶剂参考本章第一节"涂料的基础知识"中的"二、涂料的基本组成"。

（4）助剂 助剂是调整涂料某些性能的补充化学品，如防止涂料储存中变质、增加施工流平或提高涂料分散效果等化学品。

汽车行业常用的助剂参考本章第一节"涂料的基础知识"中的"二、涂料的基本组成"。

（5）车身涂料的组成举例 车身涂装包括底漆（一般商用车代替电泳，以环氧树脂为主）、中涂、面漆、清漆，其中涂料组成举例见表3-22和表3-23；面漆涂料组成举例见表3-24和表3-25；清漆涂料组成举例见表3-26。

表3-22 典型抗石击中涂涂料组成（举例）

	选用原料	预期作用及特性
树脂	聚酯树脂、多羟基改性丙烯酸树脂	提供柔韧性，良好的抗石击性
	封闭型异氰酸酯	交联剂

（续）

选用原料		预期作用及特性
助剂	聚丙烯酰胺	分散剂
	聚甲醛衍生物	防沉剂
	聚乙烯衍生物	加强交联
	丙烯酸聚合物	分散剂（防止导电炭黑絮凝）
	锡化合物	催化剂
	二氧化硅	流变控制、闪蒸快，应用于湿碰湿作业
	膨润土	流变控制
颜料	钛白	
	导电炭黑	为中涂静电喷涂提供导电性

表 3-23　典型中涂涂料组成（举例）

选用原料		预期作用及特性
树脂	提供柔韧性的无油聚酯	柔韧性，对颜料有良好的分散性
	提高交联密度的无油聚酯	更高的交联密度（涂膜韧性），良好的附着力
	丁醚化三聚氰胺树脂	交联剂（交联温度：140℃左右）
	环氧树脂	与密封胶的附着力
添加剂	丙烯酸聚合物	湿碰湿施工性
	氨基树脂改性丙烯酸聚合物	湿碰湿施工性
	甲醇	储存稳定性
	卡必醇类溶剂	流平性、抗爆孔性
	安息香	抗爆孔性
颜料	钛白	
	炭黑	
	体质颜料	抗石击性、抗流挂性

表 3-24　典型面漆涂料组成（举例）

采用原料		预期作用和特性
树脂	高分子量热固性丙烯酸树脂	高沉积黏度对铝粉具有良好的定向能力，用作颜料分散
	中等分子量热固性丙烯酸树脂	加强涂膜性能和施工性、耐石击性、耐水性、流平性
	丁醚化三聚氰胺树脂	交联剂（交联温度：140℃左右）
助剂	脂肪酸/氨基化合物	流变控制
	聚乙烯衍生物	流变控制
	聚氧乙烯衍生物	流平性、抗尘性
	丙烯酸聚合物	抗缩孔及面漆/清漆界面调整
	微凝胶	流变控制、面漆/清漆界面调整
	丙烯酸磷酸盐	钝化铝粉表面（防漏电性）

(续)

采用原料		预期作用和特性
铝和云母浆	铝粉、云母粉	提升光泽/抗氧化，延缓漆膜老化
色浆	颜料	呈现不同颜色

表 3-25　典型色素漆涂料组成（举例）

	选用原料	预期作用和特性
树脂	30%油度改性醇酸树脂（三聚氰胺甲醛改性）	好的颜料分散性，防止旋杯雾影产生
	油/合成油改性醇酸树脂	好的耐久性
	丁醚化三聚氰胺	交联剂（交联温度：140℃左右）
助剂	聚酯氨基/丙烯酸混合物	抗缩孔性
	胺	储存稳定性
	正丁醇	储存稳定性
	卡必醇醋酸酯溶剂	流平性和防爆孔性
	紫外线吸收剂	好的耐久性
	位阻胺光稳定剂	好的耐久性
	微凝胶	抗流挂性
颜料	钛白	
	色浆	

表 3-26　典型清漆涂料组成（举例）

	采用原料	预期作用和特性
树脂	高交联、高固含热固性丙烯酸树脂	高交联密度形成坚韧涂膜，高固含得到好的外观
	中等分子量热固性丙烯酸树脂	加强硬度和光泽
	丁醚化三聚氰胺树脂	交联剂（交联温度：140℃左右）
助剂	紫外线吸收剂	好的持久性
	位阻胺光稳定剂	好的持久性
	含硅溶液	流平性和抗污染性
	丙烯酸聚合物	流平和抗污染
	微凝胶	流变控制，面漆/清漆界面调整

2. 喷漆涂料主要性能

喷漆涂料主要性能包括固体成分（NV）、密度、黏度等，其要求和测定方法按涂料企业提供的要求和方法设定和实施。

四、涂胶材料的选用

车身涂装涂胶材料主要分为两类，一类是用于焊缝密封的焊缝密封胶，另一类是用于车底抗石击的抗石击涂料。两类涂胶材料的基材成分都为 PVC 塑溶胶，通过高压涂胶设备输送至喷枪人工或机器人涂布。两类涂胶材料由于功能不同，性能存在差异。

焊缝密封的目的是保证钣金搭接边缘有效密封,所以焊缝密封胶需要保证相应的性能:更加突出的触变性,堆积一定厚度不产生流淌(一般车身焊缝密封胶厚度为1~5mm);固化后的胶需要有弹性、不开裂、平整;与电泳、中涂、面漆匹配。

抗石击涂料主要用于车底区域,目的是防止石击损坏漆膜,延迟汽车车底腐蚀寿命,同焊缝密封,抗石击涂料需要保证相应的性能:不产生流淌(一般抗石击涂膜厚度为0.5~1mm);固化后的膜需要有韧性,石击不易损坏;与电泳匹配。

1. 车身涂胶材料

(1)常用的涂胶材料　涂胶材料由聚氯乙烯树脂(简称PVC)、增塑剂、填充料、附着力增强剂、稳定剂、防止发泡剂等构成,汽车上使用的密封材料是一种高黏度的聚氯乙烯塑料溶胶。

(2)涂胶材料的发展趋势　车身密封和车底涂装材料的发展主要趋向轻量化需求,使用低相对密度(0.05~0.5g/cm^3)的填料来部分代替高密度填料(其相对密度为2.7~2.9g/cm^3),使用PVC系密封,车底涂料的相对密度可以由1.4~1.5g/cm^{3}降到1.2g/cm^{3}以下。

2. 车身涂胶材料的主要性能

涂胶材料的主要性能包括外观、密度、不挥发物含量、灰分、细度、表观黏度、压流黏度、抗流淌性、存储稳定性等,其要求和测定方法按涂料企业提供的要求、方法设定和实施。

五、粉末材料的选用

粉末涂料属于固体涂料,不含溶剂。粉末涂料具有优秀的漆膜性能、环境友好性和材料利用率达95%以上等优点,但粉末涂料外观仍不能达到油漆层的外观品质,并且不能对空腔进行涂装。在汽车涂装行业中车身基本未采用,主要用在零件防腐,少量用于外观要求不高的外观件,如刮水器、轮毂等。

1. 粉末涂料的组成

粉末涂料没有溶剂,其组成结构比较简单,由成膜物质、助剂、颜料和如导电、阻燃等特殊功能的组分组成。粉末涂料按成膜原理分成热固型和热塑型两类,如图3-16所示。

2. 粉末涂料的主要性能

粉末涂料的主要性能包括粒径(粒度)分布、体积密度、安息角、流动层、爆炸界限、摩擦荷电,其要求和测定方法按涂料企业提供的要求、方法设定和实施。

(1)粒径(粒度)分布　粉末粒子的粒度是指粉末粒子的直径,而粒度分布是指粒度的分布范围。根据工艺需求,可筛除去粉末涂料粉碎后不需要的粒度的颗粒,得到需求粒度的粒子。

(2)体积密度　体积密度是指充填某体积的粉末质量的比值,是选用容器时必须考虑的参数。

(3)安息角　安息角是指粉末堆积形成的夹角,是考察堆积难易程度的标准,主要是供料设备设计和确定风管内风速的参数。

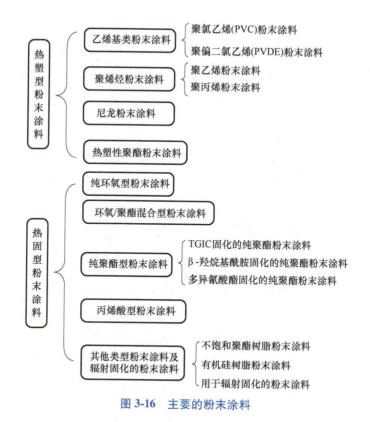

图 3-16 主要的粉末涂料

（4）流动层 流动层是指粉末被压缩空气吹起流动的呈浮游状态层，是流动槽、供给槽、静电流动槽等设备设计时需要考虑的参数。

（5）爆炸界限 爆炸界限是指可燃物与空气混合的比例（表示其爆炸燃烧范围），它与粉末材质相关，是设计喷粉室排气量时需要考虑的参数。

（6）摩擦荷电 摩擦异种物质而带电的性质在粉末涂装中得到了应用。涂料是树脂、颜料等的混合物，不同涂料的带电性有差异。

第五节 涂装设备

一、预处理设备

预处理的方式主要为液体处理，包括水洗、除锈、脱脂除油、表调+磷化、硅烷和锆化、钝化处理等；其他处理方式包括喷砂抛丸、静电除尘、火焰处理等。

汽车部件表面的预处理主要为液体处理，本节对它进行重点介绍。其他处理可参考相关资料。汽车的磷化处理工艺如图 3-17 所示。

1. 液体处理的主要方式

汽车工业上，液体处理主要采用浸泡、喷淋、浸泡-喷淋相结合的方式处理，三种方式的设备如图 3-18 所示。

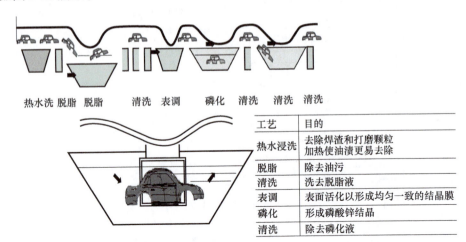

图 3-17　汽车的磷化处理工艺示意图（以液态处理为主）

图 3-18　液体处理的设备

2. 液体处理设备选择

液态处理预处理用到的主要装置包括：槽体、密封室、化工循环管路，简介如下。

（1）槽体　工作槽体是各类液体处理药剂的承载体，需要合理地设计。

1）槽体形式。根据预处理的工艺和物流方式，预处理常用的槽体有 3 种类型：矩形槽、船形槽、喷淋槽。

矩形槽：主要应用于浸泡或槽内喷淋处理，适合物流为翻转系统连续生产及物流为悬挂输送间隙生产。

船形槽：主要应用于浸泡或槽内喷淋处理，适合物流为悬挂输送连续生产，常见 30°入槽和 45°入槽。

喷淋槽：喷淋槽仅计算其体积，满足供给喷淋管路槽液即可。

2）槽体防腐。根据槽液的化学性能，槽体均需要采用防腐设计，主要有两种方式。以 Q235 等碳钢制造的槽体，涂覆玻璃钢防腐，一般根据腐蚀介质的腐蚀能力确定厚度（常见磷化槽和酸洗槽涂 6mm，水洗和脱脂槽涂 4mm）。以不锈钢制造的槽体，通过不锈钢自身材质防腐（常见磷化槽 SUS316，水洗和脱脂槽 SUS304）。

3)槽体保温。根据槽液的温度控制要求,部分槽液需要加热或冷却,为了降低能量消耗,需要在槽体四周设置一定的保温层,一般为50mm厚的岩棉材料层。

(2)密封室 密封室建于槽子上形成封闭的室体,主要作用是形成密闭的喷淋室,防止预处理的水、蒸汽、其他有毒气体扩散至车间,影响到涂装工序的进行,室体主要形式如图 3-19 所示。

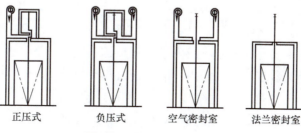

图 3-19 前处理室体形式

1)防止串液。密封室内是连续通过式的工序,为防止各槽药剂串液,槽与槽之间均需设置沥水时间为 0.5~1min 的沥水段。

2)室体防腐。密封室需防腐,主要有三种形式:第一种是涂覆 2~3mm 厚的玻璃钢热轧钢板,骨架采用型材;第二种是壁板为 1.2~1.5mm 厚的不锈钢板,骨架采用型材;第三种是壁板为 2mm 厚的不锈钢板,不需要骨架。

3)室体保温。脱脂、磷化、热水洗均有大量的热量散发,为减少热量的消耗,密封室需要设保温层,一般为 50mm 厚的岩棉材料层。

(3)化工循环管路 预处理的槽液需要不断搅拌处理产品,同时需要抽出喷洗产品,所以需要设置一套满足需求的化工管路,如图 3-20 所示。

化工管路组成如下。

1)槽液循环。根据浸泡处理工序要求,与工件表面接触的槽液需不断更新,为加快处理、减小浓差影响、提高工件的处理质量,需要有效搅拌槽液,搅拌量一般采用槽液循环次数计算(一

图 3-20 预处理化工管路

般水洗或酸洗槽液循环为 1~2 次/h;脱脂、磷化、锆系、硅烷槽液循环为 2~3 次/h。)

2)槽液喷淋。根据喷淋处理工序要求,为使槽液有效喷洗工件,需要采用喷嘴。喷嘴的类型主要有 V 形、W 形和混流型。采用 V 形喷嘴的槽液喷淋工位如图 3-21 所示。

V 形喷嘴喷射外形为扇形,由于流量和冲击力大,多用于脱脂和水洗。

W 形喷嘴喷射外形为锥形,由于雾化好,多用于磷化槽上喷淋和预处理段加湿。

混流型喷嘴喷射类似于文丘里管,其原理为高速液体通过水管进入喷嘴喷出后,在喷嘴周边形成负压区,负压区的槽液进入喷嘴与水管中进入喷嘴的液体混合,这样提高了液体的循环总量,促使溶液均匀混合,多用于各工序槽液搅拌。

喷嘴的压力和流量应根据工艺要求和材料选用。

3）泵。预处理常用的泵主要包括用于搅拌喷淋的单级单吸卧式离心泵，加料用的隔膜泵、柱塞泵、计量泵等，用于提供高压的多级单吸立式泵，用于管道加压的管道泵，用于排污的液下泵。水泵主要根据管道扬程和流量选择，预处理的水泵多采用不锈钢的泵体和叶轮，密封形式主要为单机封（用于液体颗粒少的工序，如水洗）和双机封（用于液体颗粒多的工序，如磷化）。

图3-21　采用V形喷嘴的槽液喷淋工位

4）加热装置。部分预处理需要加热，如除油前的水洗、脱脂、磷化。加热方式主要有3种：槽液内直接通热源，比如槽液直接注入蒸汽；换热器直接放入槽内，热源通过换热器换热，比如槽内安装蛇形加热管（管内通蒸汽等热源）；换热器安装于槽外，热源通过连接的槽液循环管路加热，图3-22所示为板式换热器间接加热装置。

5）油水分离器。工件表面的油污被脱脂剂处理后，槽液内形成两种油：乳化油和分散油。其中，分散油可以上浮槽液表面去除，而乳化油不会上浮，时间长了会影响脱脂效果，所以必须去除乳化油。

工业上主要采用油水分离器去除乳化油，常见的有加热分离器、超滤（UF）除油器、过滤器等。其中加热分离器因设备投资小，处理简单，为目前除油的主要方式，一种常用的除油加热分离器如图3-23所示。

图3-22　板式换热器间接加热装置

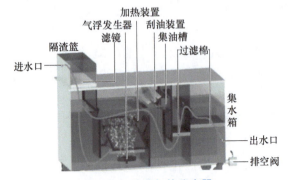

图3-23　除油加热分离器

6）过滤器。汽车车身、零部件部件经过冲压、焊接、机加工等工序后，表面存在着大量的铁粉、焊球、灰尘等杂质。这些杂质随被涂物一起进入预处理，被清洗流入槽内，会造成化工管道系统设备的堵塞等故障。所以，需要清除掉槽液杂质，清除的过程统称为过滤，涉及的设备主要包括旋液分离器、纸带过滤机、磁分离器、袋式过滤器四种，具体如下。

旋液分离器：液体由上部圆筒切线方向进入，在分离器中旋转产生离心切力，致使固体被抛向器壁，然后沿器壁螺旋下滑至槽内。生产中定时打开分离器下部阀门，可以排除杂质。旋液分离器结构如图3-24所示。

纸带过滤机：主要通过过滤纸过滤，被处理槽液通过水泵流入过滤纸上过滤，过滤纸自动卷起，一方面杂质随过滤纸移动入杂质收集器，另外一方面补充新的过滤纸，纸带过滤机结构如图3-25所示。

图3-24 旋液分离器结构

图3-25 纸带过滤机结构

磁分离器：主要利用磁铁吸引铁粉、焊球，铁粉去除效果较好，但磁分离器价格较高，磁分离器结构如图3-26所示。

袋式过滤器：是一种结构简单，使用最早且最普及的过滤器，用不同过滤精度的滤袋过滤。袋式过滤器结构如图3-27所示。

图3-26 磁分离器结构

图3-27 袋式过滤器结构

7）磷化除渣装置。钢铁表面锌盐磷化成膜过程中，产生较多的磷酸铁沉渣，需要有效去除以保证磷化质量。磷化除渣的方法也很多，常用的有斜板沉淀法+板框式压滤机、斜板沉淀法+压滤机、PS过滤器+压滤机三种形式，具体如下。

斜板沉淀法+板框式压滤机：此种方法在老式的涂装产线上可见，新的涂装线很少采用，主要原因是板框除渣清理难，环境污染大。如图3-28所示，含磷化渣的槽液通过除渣系统的水泵送至斜板沉淀池，依靠水处理的浅池原理，磷化渣落入斜板，清液上升回流至磷化槽，而落入斜板的磷化渣滑落到斜板沉淀池底部，底部形成磷化渣浓缩液，定期打开斜板沉淀池底部阀门，浓缩液送至板框式压滤机压缩，压缩清液回流至磷化槽，压缩形成的渣饼，定期打开板框去除。

斜板沉淀法+压滤机：广泛应用于现代涂装线中。如图3-29所示，含渣的磷化液先通过水泵抽到斜板沉淀池中，下部成渣流入压滤机处理，清液流回磷化槽；压滤机的沉渣压缩后，停止过滤，用滤纸将沉渣带出压滤机。

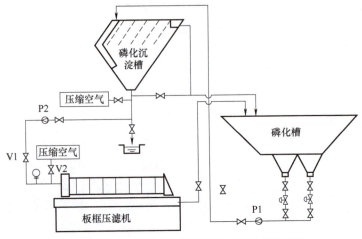

图 3-28　磷化除渣：斜板沉淀法+板框式压滤机

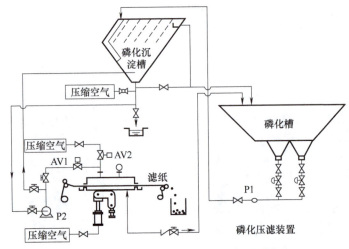

图 3-29　磷化除渣：斜板沉淀法+压滤机

PS 过滤器+压滤机：广泛应用于现代涂装线中，成本比斜板沉淀法+压滤机高。如图 3-30 所示，相对斜板沉淀法+压滤机，此法是采用反向的袋式过滤器代替斜板沉淀法，磷化渣过滤在过滤袋的外面，滤液从袋中滤出返回磷化槽中，滤袋外沉积的磷化渣用压缩空气清洗掉，流入压滤机压滤，清液流回磷化槽；压滤机的沉渣压缩后，停止过滤，纸带将沉渣带出压滤机。

二、电泳工艺设备

根据本章第三节，电泳方式主要为阴极电泳、超滤清洗、纯水洗，主要为液体处理，处理方式同预处理方式，为浸泡、喷淋、浸泡-喷淋相结合方式，其主要装置有：电沉积槽、电泳密封室、电泳槽主循环系统、温控系统、超滤装置、阳极装置、导电系统、电泳后冲洗系统、纯水装置等。典型电泳及后超滤清洗如图 3-31 所示。

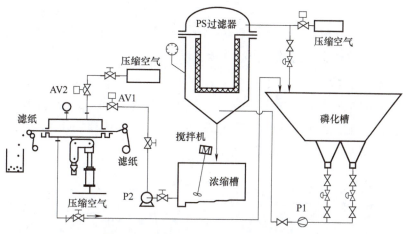

图 3-30　磷化除渣：PS 过滤器+压滤机

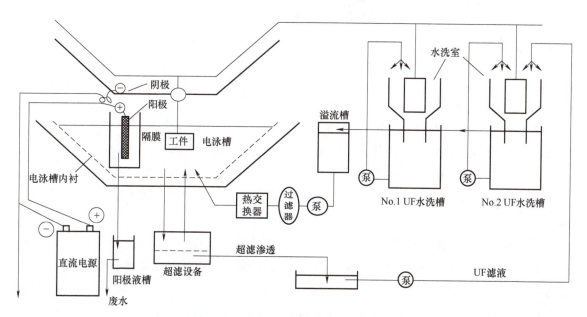

图 3-31　典型电泳及后超滤清洗示意图

电泳工艺的主要设备如下。

1. 电沉积槽

电泳槽体结构与预处理相同，两者的主要差异是电泳槽内部必须要绝缘，一般涂覆玻璃钢，使其耐击穿电压达到 20kV。涂玻璃钢前应对槽内进行喷砂处理，彻底将铁锈、氧化皮清理干净。

与电泳槽相连的管道，在接近槽 1m 左右处也要进行绝缘处理，大口径钢管也可涂覆玻璃钢，小口径管可用 PVC 管。

电泳需要设置转移槽，用于维修电泳槽时，将电泳液转入此槽。其形状不定，但容积要略大于电泳槽。

2. 电泳密封室

电泳密封室与预处理密封室的结构基本相同，壁板一般多采用不锈钢板，如用碳钢板内涂玻璃钢也可。需设玻璃观察窗及工作门，顶上设排气装置，一般换气次数为 15 次/h。

3. 电泳槽主循环系统

一般，电泳液的循环次数应为 5~6 次/h。为了保持槽液均匀，防止固体成为沉淀，电泳槽必须设主循环系统，且泵应 24 小时不停运转，如果偶尔需要停止，不允许超过 2h。汽车行业一般采用两种循环系统如图 3-32 所示。

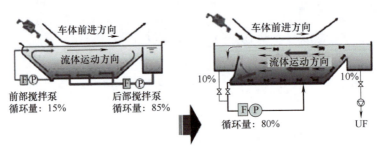

图 3-32　电泳循环系统示意图

主循环系统主要由泵、阀门、过滤器、管道、喷嘴等组成。

（1）泵　电泳和超滤所用的泵的材质为不锈钢，采用双机械密封。转速为 1450r/min，如转速为 2900r/min，则会破坏电泳涂料的成分。泵的扬程为 30~40m。

（2）阀门　阀门在电泳系统的循环管路中用得很多，如闸阀、截止阀、球阀、蝶阀、气动三通阀等，其中蝶阀应用最多。信号传递系统、槽液排放多用球阀，温控系统用三通阀。

（3）过滤器　过滤器有袋式、滤芯式两种，现广泛应用的是袋式。袋式过滤器是用网孔为 50~100μm 的无纺布制成的，更换方便。与预处理的差异是，电泳滤袋必须为除油滤袋。

4. 温控系统

电泳液的最佳工作温度为 (28±1)℃，不过在 20~30℃均可正常工作。由于电泳过程中电流产生的热量、泵的机械转动产生的热量、工件带入的热量会促使电泳液温度不断上升，因此为保证系统正常的工作温度，必须设置热交换器，用冷却水降温，电泳冷却水生产设备如图 3-33 所示。

5. 超滤装置

用孔径为 10~200Å（1Å = 10^{-10}m）的超滤膜来过滤溶液，滤除大于孔径的分子或粒子的过程称为超滤。

超滤（Ultra-Filtration，UF）是一种压力驱动的膜分离过程，超滤膜是一种半渗透膜，既可截留高分子量的电泳液的颜料、树脂，又可通过无机杂质离子及低分子量的树脂、溶剂、水，通过的液体就是干净的 UF 水。用它来冲洗工件表面的浮漆，使其再返回电泳槽。

因为干净的 UF 水中含有溶剂，所以工件表面的浮漆冲洗得较彻底。UF 装置由膜组件、泵、阀、过滤器、管道等组成。UF 装置如图 3-34 所示。

图 3-33　电泳冷却水生产设备

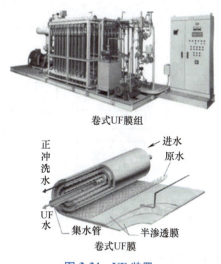

图 3-34　UF 装置

6. 阳极装置

阳极有管式（包括弧形和圆形）、板式两种，现多用管式。它的阳极管由阳极棒（不锈钢，一般采用 SUS316L）、极膜、阳极罩组成。阳极罩不导电，内装有离子选择性的隔膜，也称半渗透膜。从以上电极反应中可见，不断有 Fe^{2+} 离子（杂质）及 H^+ 离子生成，这些离子是不能返回电泳槽的。因此，阳极液的电导率将越来越高，超过一定值后就需要放掉一部分，补充干净的去离子水。

阳极系统主要组成包括阳极隔膜、泵、槽体、电导控制仪、循环管道、去离子水供给管道。阳极循环管道应耐酸，一般用塑料管道制成。阳极液的循环量为 $6\sim10L/(m^2\cdot min)$，必须保证阳极液的接地措施，如图 3-35 所示。

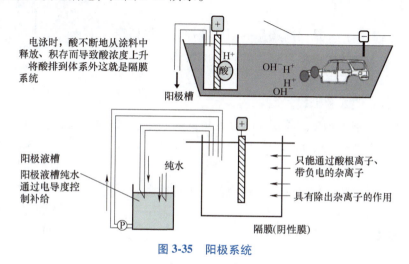

图 3-35　阳极系统

7. 导电系统

电泳过程采用直流电，直流电源由整流器提供。

直流电压通常的要求：电压脉冲幅度不超过平均直流电压的 5%，满负荷情况下电压脉动率小于 5%。电泳导电系统原理如图 3-36 所示。

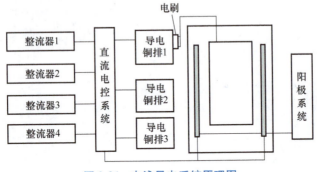

图 3-36　电泳导电系统原理图

8. 电泳后冲洗系统

电泳后冲洗系统主要有超滤清洗、纯水洗等，主要设备组成同预处理水洗。

9. 纯水装置

电泳槽液中不允许有杂质混入，因自来水中含有金属和非金属离子，必须使用纯水（也称去离子水）稀释原漆。工件在磷化后进入电泳槽前的清洗也必须使用纯水。对电泳涂膜的最后清洗，也不能带入杂质，以免影响面漆的表面质量。

纯水的制备，有电渗析、树脂交换及 RO 反渗透三种方式。现在多用 RO 反渗透，如水质很差，可附加电渗析进行预处理或后加阴阳离子树脂混合柱处理。纯水机组如图 3-37 所示。

图 3-37　纯水机组示意图

三、喷漆工艺设备

涂装的目的有两点：一是提高产品的耐腐蚀性，以保证产品有较高的寿命；二是使产品具有长久的较好的装饰性。前处理电泳线完成了前者，后者靠喷涂工艺设备来完成。

喷漆室可分为：湿式和干式。

常见的湿式喷漆室为水旋式喷漆室、文丘里式喷漆室、水帘式喷漆室。水旋式或文丘里式喷漆室多用于大型被涂物，如车身、保险杠；水帘式喷漆室多用于小型被涂物，如车灯、刮水器等。

干式喷漆室或无泵喷漆室：只有产量很低且工件很大时采用。各种喷漆室的组成及工作原理基本上是一致的。

1. 水旋式喷漆室

水旋式喷漆室如图 3-38 所示。

图 3-38 水旋式喷漆室结构

(1) 喷漆室室体

喷漆室室体由动压室、静压室、作业室及格栅底板、水槽等组成。动压室中装有风向导流板及底板。底板向着静压室的方向装有多叶调节风阀或袋式过滤器,能使空调器送来的风均匀地流向静压室。

(2) 送排风系统

喷漆室送排风系统为上送风下排风。送入的风应保证一定的洁净度和温度,同时应尽量减少噪声。

(3) 排风系统

排风系统采用风压高、风量大的离心风机。废气排放有分段单点排放与集中排放两种方式。分段排放按喷漆室长度,一般 5~6m 设一台排风机。烟囱的高度要达到二级排放标准的要求,一般高于车间顶部 2~5m。大型涂装线多采用集中排放,即废气单点高空排放,烟囱的高度为 40~60m,排气速度 6~7m/s。

(4) 漆泥处理系统

漆泥处理系统由漆雾捕集装置(旋风动力管、文丘里器及漩涡装置等)、循环水槽、泵管道及漆泥处理池组成。喷漆室的废气,借助排风机形成负压,高速向下方流动。通过漆雾捕集装置,充分与水混合,然后流入漆泥处理池。在漆泥处理池内加入漆雾凝聚剂,使水中的漆凝结成块状,经过过滤的水通过泵打回喷漆室底部,漆泥自动或人工清除掉。

2. 文丘里式喷漆室

文丘里式喷漆室是漆雾捕集装置做成文丘里式,即喷漆房底部为宽敞的捕漆液槽,槽中间设置狭长的水槽。捕漆液在喷漆底部的捕漆液槽缓慢流动,当流至中间水槽时,过流面积减小,水流加大,同时风吹至水槽阻挡物时,导致空气、捕漆液、漆雾充分混流,捕漆液有效地捕捉漆雾。喷漆室文丘里结构如图 3-39 所示。

3. 水帘喷漆室

水帘喷漆室是漆雾捕集装置做成水帘,水帘一侧为喷漆系统,一侧为抽风系统,漆雾在抽风系统作用下经过水帘与水混合,漆雾被捕捉流入水槽。此类喷漆室应用较少,适于小工件喷涂,水帘喷漆室结构如图 3-40 所示。

图3-39 喷漆室文丘里结构

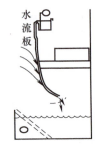
图3-40 水帘喷漆室结构

4. 无泵喷漆室

无泵喷漆室其室体及送排风系统与水旋式捕捉采用了卷吸式结构。含漆雾的空气在送风的压力下进入室体下的水槽，在排风的引力作用下进入卷吸口，水被充分雾化，漆雾混入水中。这种喷漆室仅适用于低产量下体积大的工件。无泵喷漆室如图3-41所示。

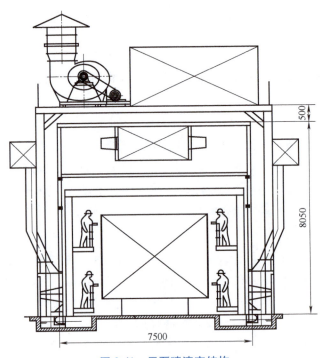
图3-41 无泵喷漆室结构

5. 干式喷漆室

有些产品体积很大，但产量较少，如果采用湿式喷漆室设备，能耗大，很浪费，可采用干式喷漆室。

干式喷漆室的室体区别于湿式喷漆室的室体，为漆雾捕集装置。漆雾捕集分两步，首先在喷漆室格栅板上开沟槽，放入用无纺布做成的过滤板，此过滤板可定期更换。其次在风机的入口处，设一活性炭过滤罐，进一步吸收漆雾。活性炭失效后，需进行再生处理。干式喷漆室如图3-42所示。

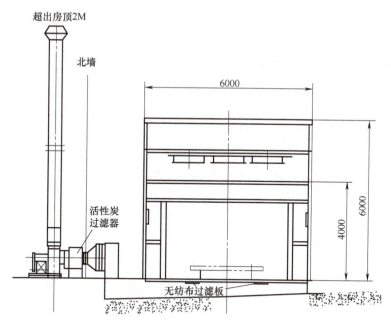

图 3-42 干式喷漆室结构

由于环保越来越严格，国外开发了干式漆雾捕集装置，采用石灰捕捉漆雾，国内部分企业已经应用，如图 3-43 所示。

6. 水性漆喷漆室

水性漆与油性漆的喷漆室结构是一样的，但是水性漆的空调送风湿度需严格控制。水性漆在湿度过大时会引起涂层流挂现象；湿度过低，则水分挥发造成固体成分增大，影响涂层的光泽。一般湿度控制在 20% 左右，但是控制湿度的设备成本较高，占空调器成本的一半以上，且耗能量也相当大。其次，水性漆对温度的要求也比油性漆严格，喷漆室的室温需控制在 10~35℃ 的范围内。另外，水性漆易发泡，喷漆室水槽的容积要适当加大，水面落差要小一些。

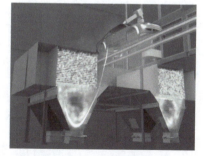

图 3-43 干式漆雾捕集

7. 照明

喷漆室内需要良好的照明，以保证喷漆品质的施工和检查。喷漆室各区段的照明度要求是不一样的，具体见表 3-27。

表 3-27 喷漆室照明度

区段名称	照明度（LX）	照明电力（W/m²）
一般装饰性	500~800	25~35
自动静电	300~500	20~25
高级装饰性	1000	40~45
擦净及流平	300	20~25

8. 集中供漆系统

大型汽车车身涂装线均应设置中央供漆系统,既便于管理水性漆又可节省油漆,并能保证涂层质量。集中供漆系统由加料系统、循环泵、过滤器、热交换系统、液位显示器、稳压器及料桶等组成。

集中供漆系统按照循环方式的不同分为两线式及三线式两种系统。

(1) 两线式集中供漆系统 两线循环是在主管中增加了支路循环,这一系统要求油漆的流量低、压力低、耗能低。该系统适于高质量涂层的喷涂,也可用于水性漆的喷涂,喷枪换色清洗也很方便,是目前比较理想的集中供漆方式,两线式集中供漆系统如图3-44所示。

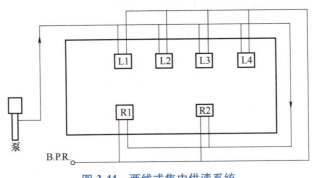

图 3-44 两线式集中供漆系统

(2) 三线式集中供漆系统 三线式集中供漆系统主要在大型涂装生产线上应用,该系统包括高压供漆管路、高压回漆管路和低压回漆管路。主管路供给高压油漆;高压回漆管路是喷漆工位的分支管路;低压回漆管路通过背压调节器的调整将未使用完的油漆输回至循环罐中。系统流程简图如图3-45所示。

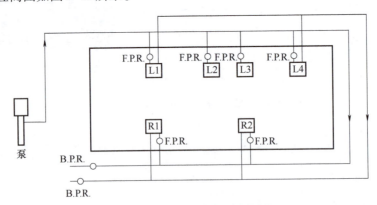

图 3-45 三线式集中供漆系统

9. 防火

喷漆室的灭火系统常见有自动喷水系统、水喷雾系统、干粉系统、泡沫灭火系统和CO_2自动灭火系统。大型涂装线主要采用CO_2自动灭火系统,其他系统均需满足当地消防部门的要求。

10. 废气处理

上面已讲到，喷漆室中的漆雾已有98%~99%的被漆雾捕集装置所吸收，实践经验证明，常年使用以来，排风机及排风管内不积漆，屋顶的排风口也看不到漆色，这说明不管是水旋式还是文丘里式等均具有环保功能。另外，由于喷漆室的排气量很大，溶剂含量又很低，国内外至今对喷漆室内的废气无很好的处理方法，只好采用集中或分散高空排放，以达到国家环保排放标准。

11. 静电喷漆

静电喷涂已在汽车涂装上广泛应用，它有人工手动喷涂、高速旋杯式静电喷涂、往复式静电喷涂、机器人组成的静电喷涂站。机器人喷涂大大提高了喷杯的有效利用率和喷涂作业的柔性。机器人喷涂设备组成如图3-46所示。

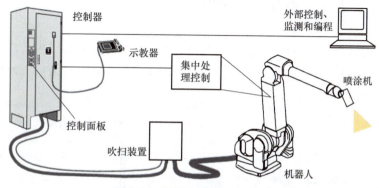

图3-46 机器人喷涂设备组成

选用喷漆（喷粉）及喷胶机器人，需考虑以下几个因素。

（1）工作轨迹 机器人的工作轨迹范围必须能完全覆盖被涂物相关表面或内腔，能适应连续式或间歇式两种运动方式。

（2）重复精度 对喷胶机器人其重复精度达到0.5mm即可，而对喷漆或喷粉机器人重复精度可低一点。

（3）运动速度 机器人的最大运动速度及加速度越大，则空行程时间越短。可提高机器人的使用率。但要考虑机器人的造价，速度能满足生产节拍即可。

（4）喷枪的喷涂流量 喷枪的喷涂流量与被涂工件单件油漆（或胶）的消耗量、生产节拍、涂料传送速度等有关。

（5）机器人数量的配置 了解机器人的喷涂流量，主要是在涂装工艺设计中，正确选择机器人的台数。对普通的静电高速旋杯而言，其喷涂流量控制在300~400mL/min，即可达到最佳的雾化及喷涂效果，依据喷涂量和移动速度确定机器人数量。

四、涂胶工艺设备

根据本章第三节，涂胶包括焊缝密封胶和车底的抗石击胶。两种工艺设备相近，主要都包括涂胶室、供胶系统。

1. 涂胶室

涂胶室由室体、送排风系统、照明等组成。

（1）室体　抗石击胶喷涂室体：结构大概有两种类型，一种是室体全部安装在地面上，被涂车身吊起，操作人员和机器人在工作室内向上喷涂。喷涂完毕后，车身再放到地面物流设备上；另一种是室体的工作室在地面上，操作人员或机器人在地坑内向上喷涂。

焊缝密封室体：由两类组成，一种是室体全部安装在地面上，操作人员和机器人在工作室内对车内、开闭件、机舱、车顶、后流水槽涂胶、刮胶等；另外一种，车吊起或增加地坑，操作人员或机器人在车底对车身底部涂胶。

（2）送排风系统　上送风，两侧下排风，风速为 0.25m/s，保证室内空气洁净。

（3）照明　与前述喷漆设备照明要求相同。

2. 供胶系统

供胶系统是以压缩空气为动力，通过高压管道输送到密封胶的各操作工位。供胶系统的主要设备组成包括气动马达、升降机、管道、泵、过滤器、调压阀及电加热系统等，供胶系统如图 3-47 所示。

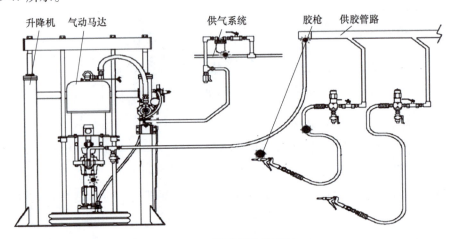

图 3-47　供胶系统示意图

（1）气动马达　气动马达是供胶系统的动力装置。

（2）升降机机构　升降机负责保证自动化运行。

（3）胶枪　焊缝密封胶胶枪需要配合不同的枪嘴使用，实现不同位置、不同形状涂胶。对抗石击胶，胶枪按一定扇形喷涂（一般喷涂宽度控制在 80~150mm）。涂胶是涂装产线人员最多的工位，胶枪与机器人组合可实现自动化涂胶，可减少操作人员的数量。

五、粉末工艺设备

根据汽车涂装业的现状，本节重点介绍粉末静电喷涂工艺。粉末静电喷涂设备组成如图 3-48 所示。

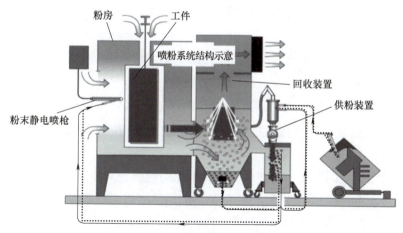

图 3-48 粉末静电喷涂设备组成

1. 静电喷粉枪

静电喷粉枪是喷涂系统的主要设备，通常喷粉枪、高压静电发生器和供粉器一起购买，统称喷枪系统。其主要的功能是将粉末带电雾化后喷射至工件表面上。

静电喷粉枪在选择时需要考虑的性能包括：保证粉末充分带电、出粉均匀、雾化程度高、喷粉量可调整、喷粉图形可调节；轻巧方便，安全可靠；便于自动化设备和多喷枪安装设计。

2. 高压静电发生器

高压静电发生器是粉末电晕的关键设备，属于喷枪系统的一部分，分为电子管式、晶体管式。

高压静电发生器在选择时需要考虑的性能包括：输出电压可调节数显；输出最高电压和最大允许电流；有安全保护措施（包括接地保护、短路自动保护、声光信号报警、工作状态显示等）；使用寿命长。

3. 供粉器

供粉器也属于喷枪系统的一部分，主要作用是将粉末涂料连续、均匀、定量地供给静电喷粉枪。

供粉器一般选用抽吸式流化床供粉器，需要连接压缩空气，压缩空气经过底部流化床，保证粉末处于沸腾状态，利用文丘里泵的抽吸作用来输送粉末。

4. 喷粉室

喷粉室是喷粉的主要场所，可采用不锈钢（SUS304）制作，也可采用塑料（PP）。喷粉室需要考虑空气流通情况，其尺寸大小考虑以下参数：被涂物的大小尺寸、喷涂方式（人工/自动）、运动速度、单位时间涂装面积。在喷粉室，空气运动有 3 种方式：空气由上而下、空气水平方向、前两种方式的结合。

空气由上而下：室体底部为漏斗状，下设吸风口，多余粉末通过吸风口进入粉末回收系统，适用于大型工件的喷粉室。

空气水平方向：室体侧面为粉末收集系统，多余粉末通过侧面吸风口进入粉末回收系统，适用于中小型工件的喷粉室。

空气由上而下与空气水平方向结合：设备复杂，但粉末流动均匀。

5. 粉末回收装置

粉末回收装置是保证粉末利用率高达95%的关键，主要作用将喷粉室中落入底部或侧面的粉末吸收，经过过滤、筛选，将合适粒度的粉末输送至喷枪系统的供粉罐中，继续使用。

各类粉末回收装置的主要差异在于过滤，常见回收装置为袋式过滤、旋风式过滤、滤芯过滤。大型喷粉线选择袋式回收器（或滤芯过滤）和旋风式回收器组合，小型喷粉线一般单独选用袋式回收器（或滤芯过滤）。

六、涂膜的固化设备

涂膜的固化包括自干型涂料固化和加热涂料固化两类。

（1）自干型涂料固化　自干型固化分为三种形式。

1）溶剂挥发型：依靠溶剂的自然挥发，无化学反应，即可固化成膜，比如过去常用的汽车硝基漆、过氧乙烯等。

2）氧化聚合型：靠吸收氧气产生氧化聚合反应而自然固化，在室温下需24h，如醇酸树脂涂料等。

3）双组分型：在涂装前按一定比例将分装的涂料混合后，依靠双组分的化学反应交联固化成膜，如双组分的环氧树脂底漆、聚酯原子灰等。

（2）加热涂料固化　在常温下是不能固化的涂料，必须在一定的温度下，经过一定时间，方可固化成膜，如电泳涂料、氨基树脂涂料等。

汽车行业生产广泛应用加热性固化，本节重点介绍。

1. 加热涂料固化的加热方式

加热方式有两种：辐射与热风对流。

（1）辐射加热　辐射加热是依靠中远红外线，从热源辐射呈电磁波辐射到被加热物体内部，使其吸收而转换为热能。这种方式加温速度快、热效率高，且与被加热物体的距离有很大关系，其热能与被加热物体的距离的平方成反比。这种加热方式适用于小件或形状简单的平板物体。对大件或形状复杂的物件，会造成加热温度极大的不均匀。致使被加热工件的涂膜，有的地方不干，有的地方会因过烘而变色。常见的辐射加热烘干室如图3-49所示。

（2）热风对流加热　热风对流加热烘干室是以热空气为媒介对物体的涂膜进行加热，是涂装烘干的主要加热方式，加热温度均匀（上下温差最大为±10℃），如图3-50所示。

以上两种加热方式各有利弊，可以取长补短。例如，可在烘干室加热段部分采取辐射加热，而在保温段采取对流加热。这样既可以节省部分热量，又可加快涂膜的表面干燥，并可以防灰尘落入，影响涂膜质量。

图 3-49　辐射加热烘干室示意图

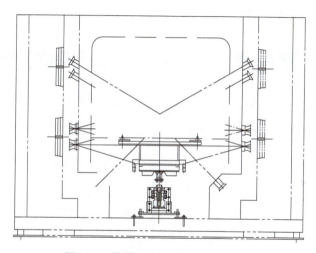

图 3-50　热风对流加热烘干室示意图

2. 热源的选择

用于涂装烘干的热源很多，常见的有天然气、煤油、电及煤等。其中天然气广泛应用于对流加热和燃气辐射加热，电主要用电辐射器。

3. 烘干室形式

烘干室必须满足以下三点：室内温度要均匀；室体要密封，不能漏气；室内热风尽量不要外溢。常用的烘干室有三种形式：直通式、桥式、龙门式，如图 3-51 所示。

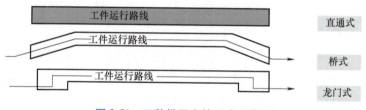

图 3-51　三种烘干室的形式示意图

4. 烘干室组成

烘干室由室体（含进出口端）、加热装置、热风循环系统及温控系统组成。

（1）室体　烘干室结构主要有两种：插接式与框架式。

1）插接式。按烘干室的尺寸、温度要求及材料的规格预先做好各种规格的壁板，两壁板的连接端为凹凸形，在型钢的骨架内，插接而成。连接缝处需涂耐高温密封胶，以防气体溢出。这种结构制造安装较方便，缺点是几年后密封胶老化变硬开裂，造成室内气体外溢，既浪费了能量，又污染了车间的空气，现在采用这种结构的较少。

2）框架式。先用型钢制成一框架，内壁板为满焊，中间加隔热材料，外壁板为彩色波纹板。这种结构可预先在工厂制成一定长度的室体模段，运往现场焊接成整体。为避免室体受热后膨胀，在室内要考虑伸缩段。这种结构克服了插接式存在的缺点，现在应用较为广泛。

室体材料是由型材及板材制成的，型材选用各异，板材一般近似，见表3-28。

表3-28　烘干室室体材料种类（举例）

烘干温度/℃	保温厚度/mm	内壁板厚度/mm	外壁板厚度/mm	风管厚/mm	保温/mm
100~120	100岩棉	镀锌板1	彩板0.6~0.8	镀锌板1.5	50岩棉
140~150	100玻璃棉	镀锌板1	彩板0.6~0.8	镀锌板1.5	50岩棉
160~180	150玻璃棉	镀锌板1	彩板0.6~0.8	镀锌板1.5	50岩棉

（2）热风循环系统　热风循环系统由加热装置及循环风管组成。

1）加热装置。辐射加热方式，其热源为电，设备简单，造价低。

对流加热方式其热源多为天然气、煤气、柴油或煤油，其加热装置比较复杂，由燃烧系统、内置式风机、热交换器组成，称为三元体。如果再增设废气燃烧系统，称为四元体。

2）循环系统。烘干室温度的均匀程度与循环管风道的进出口方向及风管的调节阀门控制有关。风的循环方向分为两种，一种是上送上吸式，另一种是下送上吸式。循环风量越大，升温时间越短，温度越均匀，但考虑综合因素，一般烘干室的热风循环为4~5次/min较合适，以此来决定其风量。

（3）温控系统　温控系统由温度传感器、温度调节器和热源来实施控制。

传感器即常用的热电偶，安装在烘干室的正中间位置，如室体长需要多设几个点。温控调节有三种方式：开关控制、位置控制及比例控制。开关控制使用得较多，适于温差大的场合；位置控制可用两位控制、三位控制，多适用于枪型燃烧器的场合，温差可控制在±10℃；比例控制温差更小。

5. 烘干室的分区

工件刚进入烘干室时，由于工件本身温度很低，又因钢铁的导热性强，则必然要较快地吸收热量，以达到与烘干室内的工艺温度平衡，故在大型的烘干室内应设升温区。工件经过升温区后，进入涂膜烘干所需的温度，并保持其固化时间，此区称保温区。

对于薄壁钢件，如汽车车身，工件在升温区的持续时间一般是5min，温度可比保温区高10℃左右，总的烘干时间为30min。对于厚钢板件如汽车车架、汽车钢圈，其升温的时间应为7~10min，总的烘干时间为40min。升温区与保温区供给的热量是不同的，在大型烘干室中，其加热装置及热风循环系统应分开设置。

6. 水分烘干室

以上介绍的主要是溶剂型涂料所采用的烘干室。而水分烘干室是采用热风吹工件表面，促使工件表面的水分尽快蒸发掉。水分烘干室的室体与涂料烘干室相同，只是在热量、风量及烘干时间上存在差异。

7. 强冷室

依靠强制吹冷风，促使刚出烘干室的工件迅速降温，达到40℃以下。强冷室由室体、风箱、送排风机、送排风管、喷嘴等组件构成。冷空气从室外引入，一般设过滤器，送风机将冷空气送到两侧的风箱，经喷嘴吹向工件，热空气从强冷室顶部被排风机排出，一般强冷室的换气次数为6次/min。强冷室如图3-52所示。

图3-52 强冷室示意图

8. 废气处理

废气处理是采用焚烧法，需单独设置一套焚烧系统。烘干室废气焚烧处理装置主要有两种类型：直燃式和蓄热燃烧式。

（1）直燃式的焚烧系统 烘干室内电泳、喷漆时加热挥发的废气先采用焚烧炉的预热器加热，将温度升至350℃以上，再经文丘里式混合通道进入炉中火焰区进一步升温至650~760℃，废气中的有机物被分解。热气经风机送入烘干室供热的热交换器。

特点：直燃式废气焚烧的优点是废气处理量大（1500~20000m^3/h），产生的热量可回收90%，同时设备价格低；直燃式废气焚烧的缺点是消耗燃料量大［0.02m^3（天然气）/m^3（废气）］。

（2）蓄热式焚烧系统 蓄热式焚烧系统的组成包括陶瓷蓄热床、燃烧室、控制系统。工作过程为蓄热床储存了燃烧室产生的高温气体的热量，烘干室内电泳、喷漆时加热挥发的废气先在蓄热床预热，超过760℃后开始在燃烧室内发生氧化反应，废气得到净化。

特点：蓄热式焚烧装置的优点是处理量最大（10000~40000Nm^3/h），低浓度的废气可处理，废气处理彻底（净化率达98%），能源回收率达95%，废气处理燃料使用少；蓄热式焚烧装置的缺点是价格高，是直燃式的1.3~1.5倍。

9. 废气余热利用装置

从废气燃烧炉排出的烟气在550℃左右，烟气首先返回烘干室的加温区，从烘干室出来的烟气在350℃左右，再经过通往加热炉的燃烧室的新鲜空气预热室，出预热室的烟气在200~220℃。为节省能源，可设置换热器加热水、空气等，避免能源浪费。

七、物流输送设备

输送机可分为两大类：空中输送机和地面输送机。

涂装车间常用的空中输送机包括：普通悬挂输送机、积放式悬挂输送机、摆杆式输送机、全旋反向输送机、多功能穿梭机、龙门自动行车输送机和自行葫芦等。

涂装车间常用的地面输送机包括：普通地面推式输送机、地面反向积放输送机及滑橇输送机、摩擦输送机等。

以下涂装典型的输送机的特点及用途简介，了解更多内容可查看相关涂装车间设计手册或非标机械手册。

1. 空中输送机

（1）普通悬挂输送机　普通悬挂输送机由牵引链条、滑架、吊具、空中道轨、驱动装置、张紧装置及安全装置等组成。牵引链条按节距分100mm、160mm两种，其单挂承载能力不同。

普通悬挂输送机的特点：结构简单，稳定性强，能在水平面和垂直面作任意回转。

普通悬挂输送机涂装线应用于中小型规模的涂装线上，大型涂装线（如年产20万~30万辆/年的农用车车身）也在用这种普通悬挂输送机，既经济又可靠。

（2）积放式悬挂输送机　积放式悬挂输送机具有双层轨道，上层为牵引轨道，下层为载荷轨道。积放式悬挂输送机的运行如图3-53所示，牵引链条沿牵引轨道运行，载荷小车沿载荷轨道通过牵引链上的推钩或推杆拨动而向前运行。

积放式悬挂输送机的特点：可以实现自动装卸工件、快速运输、积放储存；可以将几条输送机组成一个积放式悬挂输送系统。

积放式悬挂输送机涂装线的应用场景为大型涂装线空中运输，其中在前处理电泳涂装线中，出入槽一般为30°，可按工艺节拍运行，也可变节距运行。

图3-53　积放式悬挂输送机运行示意图

（3）摆杆式输送机　摆杆输送机是用以代替自行葫芦和推杆链的双链输送系统，由传动装置、拉紧链轮、回转链轮、链条轨道、前后摆杆等组成。

摆杆输送机的特点：消除了对工件表面及槽液的污染；出入槽的角度为45°，从而减少了槽体的长度；可与滑橇配套使用，滑橇固定在U形摆杆的支撑杆上，带撬入槽。

摆杆式输送机涂装线的应用场景为代替积放式悬挂输送机，用于大型涂装线中的前处理电泳线。由于设备造价较高，它多在高质量要求的轿车前处理电泳线中应用。目前，国内使用较广泛的摆杆式输送机如图3-54所示。

（4）全旋反向输送机　全旋反向输送机是在摆杆的基础上开发出来的，其差异为全旋反向输送机让车身入槽时可旋转180°，车底向上，尾部在前，出槽旋转180°后，车身摆正

图 3-54　摆杆式输送机运行示意图

前进。输送机的道轨和承载牵引链在一条直线上，链条上安装有滑橇支撑托架支座，用锁紧机构锁紧。

全旋反向输送机的特点：工艺性能好，车身在电泳槽内翻转，可排出车身底部的气泡，提高涂层质量；电泳槽为矩形，缩小了槽体，减少了投漆量，降低了运行费用；输送长度缩短。

全旋反向输送机涂装线的应用场景为大批量、单品种的轿车车身的前处理电泳涂装线。由于设备造价高，在国外早已被采用，国内推广稍晚。目前国内使用较广泛的全旋反向输送机如图 3-55 所示。

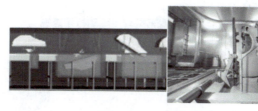

图 3-55　全旋反向输送机

（5）多功能穿梭输送机　多功能穿梭输送机的运行方式类似于全旋反向输送机，多功能穿梭机数量由产线设定节拍和产量决定。多功能穿梭机设置三个驱动装置包括行走驱动装置、摆动驱动装置、旋转驱动装置，其轨道跨越设备的两侧构成一环形的闭合线路。

多功能穿梭输送机的特点：产品浸入角度、翻转方式和前进速度可根据产品需要的沥水、排气、外形尺寸、工艺时间调整，选择最佳处理方式以得到最好的质量。

多功能穿梭输送机涂装线的应用场景为车身涂装线前处理电泳，设备投资较高，国内应用较少。多功能穿梭机如图 3-56 所示。

图 3-56　多功能穿梭输送机

（6）自行葫芦　自行葫芦输送系统属于空中输送设备，机电一体化和自动化程度较高。

设备组成包括轨道、供电滑线、集成电器、小车、电动环链葫芦、道岔、电控柜、操作站、控制线路等部分组成。

自行葫芦输送系统的特点：控制简单，小车无电控箱，可通过控制柜中 PLC 集中或单独控制，实现葫芦升降、小车运行和停止，满足生产过程各项参数的实现；可靠的生产安全；利用道岔实现分流和合流；某一工位单独调整而不影响全线自动运行；自行葫芦可通过 PLC 与地面设备实现联动。

自行葫芦输送系统涂装线的应用场景为步进式自动化涂装线。自行葫芦车身前处理电泳运行如图 3-57 所示。

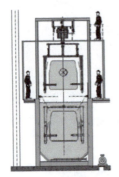 

图 3-57　自行葫芦车身前处理电泳运行示意图

（7）龙门行车输送机　龙门行车输送机由行走机构及升降装置组成，也可自动控制，龙门行车的台数可根据生产量来确定。

龙门行车输送机的特点：结构简单，设备投资小。

龙门行车输送机涂装线的应用场景为步进式涂装线，适合产量低而尺寸又很大的工件，如汽车车架。龙门程控行车如图 3-58 所示。

2. 地面输送机

（1）普通地面输送机　普通地面输送机分为环形地链与垂直地链，均是由驱动装置、张紧装置、牵引装置、导向轨道和安全装置组成的。

图 3-58　龙门行车输送机

普通地面输送机的特点：结构简单、造价低；垂直地链用于单向输送，空链条从地下垂直方向返回；环形地链，工件在地平面上环形输送，返回链条也可装载着工件。

普通地面输送机涂装线的应用场景为中小型涂装线（不考虑自动转存的能力），其两种形式可根据生产要求去选定。

（2）地面反向积放输送机　地面反向积放输送机运行原理及组成与积放式悬挂输送机是一致的，其差异是牵引链条在下面，载荷轨道与小车在上面，与积放悬挂式相反，又因其安装在水平面上，故称为地面反向输送机。

地面反向积放输送机的特点：与积放式悬挂输送机特点相似，可以实现自动装卸工件、快速运输、积放储存。

地面反向积放输送机涂装线的应用场景为需要自动转存的大型涂装线。

（3）滑橇输送机系统　滑橇输送机系统由可升降滚床、移动机、滚床、滑橇、单排（或双排）输送机、升降机、滑橇堆垛机和卸垛机等多种设备组成。

滑橇输送机系统的特点：优点较多，包括能适应多变的工艺要求，分流、合岔均较方便；根据工艺需要，可随时改变工件的节距，如烘干室的工件节距可比喷漆室短，以节省设备造价及节能；利用升降机实现多层立体空间布置，适应π式烘干室工件升降的需要；空橇可实现堆垛储存，节省空间；除升降机外，其他设备均不需打地基，减少土建费用。

滑橇输送机系统广泛用于各类涂装线，尤其车身涂装线，其组成简介如下。

1）滑橇。滑橇是系统中的运载工具，由托盘、前托架及后托架组成，涂装滑橇如图 3-59 所示。滑橇是用工字钢或矩形管焊接而成，精度要求较高，焊接结束后应消除应力，使用过程中应经常检查、维修。滑橇在运行中到达接近开关处或离开时会发出感应信号，以防发生碰撞。在多种场合下，可做成组合滑橇，通过调换支撑托架来完成运载任务。

图 3-59　涂装滑橇

2）滚床。滚床由传动装置、托滚及支撑框架组成，是滑橇输送系统中用途最广的基本单元，既有输送作用，又有储存作用。在工艺输送机、积放输送机、升降机等设备的前后均设滚床，作为出入口的过渡，也称过渡机床。滚床如图 3-60 所示。

图 3-60　滚床

3）移行机。移行机是由传动装置、拉紧装置、牵引链条、链条道轨组成的。

横向移行机是与滚床组合，用于改变工件的运行方向，可把一条线的滑橇分为两条线运送，也可把两条线的滑橇变为一条线运送，整个滑橇输送系统是连续运行的，但横向移行机是间歇运行的。横向移行机如图 3-61 所示。

旋转移行机是与中心旋转滚床或偏心旋转滚床组合，可使工件旋转 180°或 90°，供工件调头用。旋转移行机如图 3-62 所示。

图 3-61 横向移行机

4) 单排链式输送机。单排链式输送机包括托滚轨道、拉紧装置及牵引链条、传动装置、轨道等部件。

单排链式输送机是指滑橇过程中，轨道一侧依靠牵引链条滚子运行，另一侧用托滚轨道来支撑，属于滑橇输送系统中应用较广的类型。主要用于工艺输送如涂胶、面漆线中的擦净室、流干室、中涂、烘干室及检查室等，同时大量用于电泳、中涂、面漆后的排空储存及工序间的连接输送。

图 3-62 旋转移行机

5) 双排链式输送机。双排链式输送机分两种：高温双排链式输送机和喷漆用双排链式输送机。

高温双排链式输送机，仅用在电泳烘干室内。这是由于滑橇通过电泳槽后，表面有一些黏附物，进入电泳烘干室时，采用双排链式输送机，运行比较平稳。双排式输送机其返回链条放置在烘干室外，另采用保温槽沟将其保护起来，以防热量散失到车间内。

喷漆用双排链式输送机与单排链式输送机的区别在于滑橇采用 C 型托架来支撑。C 型链条用于喷漆室中运行时，其牵引链条被喷漆室的盖板封闭起来，以免漆雾沾污链条。

6) 升降机。升降机由立柱、升降滑架、传动装置、升降链条（或传动带）、安全链条、平衡重块和滚床等标准部件组成。在应用中，分常温升降机和高温升降机。升降机的立柱多为双柱或四柱。

7) 滑橇堆垛机和卸垛机。在空滑橇返回储存时，如储存面积不足，可采用滑橇堆垛机及卸垛机来储存。滑橇堆垛机和卸垛机由升降机下降恢复到最低高度，接收第一台空滑橇的进入；第二台空滑橇进入滚床并停止后，升降机稍升起托住第一台滑橇，此时，可回转支座运动脱离第一台滑橇，剪式升降机继续升起至滑橇堆垛高度后，可回转支座又回转将第二台滑橇托住，如此循环，可堆至 3~5 层，一般选用 4 层。滑橇堆放结束后，滚床和剪式升降机将滑橇托住，可回转支座向外转动，脱离升降机，下降至最低位置，送往积放输送机上去储存。滑橇返回，卸垛机的动作与堆垛机相反。滑橇堆垛机如图 3-63 所示。

图 3-63 滑橇堆垛机

思考题

1. 判断题

（1）粉末涂料及辐射固化涂料一般不含溶剂。（   ）

（2）喷淋型清洗剂应加入足够的消泡剂，在喷淋时产生泡沫尤为重要。（   ）

（3）电泳极罩由导电材料制成，内装有离子选择性的隔膜，称为半渗透膜。（   ）

（4）汽车涂胶工艺主要包括抗石击胶和焊缝密封胶涂布工艺。（   ）

（5）辐射加热方式适用于小件或形状简单的平板物体。对大件或形状复杂的物件，会造成加热温度极大的不均匀。（   ）

（6）烘干室有机废气先在蓄热床预热，当废气温度超过760℃时，在燃烧室内会发生氧化反应生成二氧化氮和水，废气得到净化。（   ）

（7）辐射加热是依靠短红外线，从热源辐射呈电磁波辐射到被加热物体内部，使其吸收而转换为热能。（   ）

（8）供胶系统是以压缩空气为动力，通过高压管道输送密封胶到各操作工位。（   ）

（9）汽车喷漆室防火主要采用 CO_2 自动灭火系统。（   ）

（10）机器人喷涂随着旋杯转速的增大，漆膜变薄；反之，旋杯转速减小，漆膜变厚。（   ）

2. 单选题

（1）氨基树脂是汽车涂料广泛应用的树脂，在汽车涂料中主要用于（   ）。

A. 助剂　　　　　B. 交联剂　　　　　C. 颜料　　　　　D. 溶剂

（2）根据槽液的温度控制要求，部分槽体需要加热或冷却，为了降低能量消耗，需要在槽体四周设保温层，一般为（   ）厚的岩棉。

A. 5mm　　　　　B. 10mm　　　　　C. 50mm　　　　　D. 150mm

（3）电泳槽一般涂覆玻璃钢，使其耐击穿电压达到（   ）。

A. 220V　　　　　B. 380V　　　　　C. 10000V　　　　　D. 20000V

（4）电泳液的最佳工作温度为（   ）。

A. (9±5)℃　　　　　B. (15±1)℃　　　　　C. (28±1)℃　　　　　D. (60±3)℃

（5）粉末喷涂过程中，一般工件的粉率利用率约为（   ）。

A. 10%～15%　　　　　B. 30%～50%　　　　　C. 50%～70%　　　　　D. 90%～98%

（6）常见涂装烘干炉保温效果较好的结构形式是（   ）。

A. 桥式　　　　　B. π式　　　　　C. 回转式　　　　　D. 直通式

（7）摆杆输送机的特点是消除了对工件表面及槽液的污染，出入槽的角度为（   ）。

A. 15°　　　　　B. 30°　　　　　C. 45°　　　　　D. 90°

（8）喷漆过程中，被涂物为（   ），静电喷枪头部为（   ）并接高压电，两极间形成高压静电场，在电场作用下带电漆滴被涂附在被涂物上。

A. 阳极、阴极　　　　　B. 阴极、阳极　　　　　C. 阳极、阳极　　　　　D. 以上均错误

（9）pH 表示阴极电泳涂料游离酸含量的特性值。阴极电泳涂料 pH 值通常于（   ）之间。

A. 1.0~2.0　　　B. 2.0~3.0　　　C. 3.0~4.0　　　D. 5.0~6.0

（10）塑料件预处理除水洗、除油、水分烘干及静电除尘，还需（   ）处理。

A. 火焰　　　　B. 氧化　　　　C. 电泳　　　　D. 烘干

3. 多选题

（1）涂料及涂层的主要作用有（   ）。

A. 保护作用　　B. 装饰作用　　C. 功能作用　　D. 安全作用

（2）涂料由（   ）组分。

A. 成膜物　　　B. 颜填料　　　C. 分散介质　　D. 助剂

（3）彩色涂膜的三种特性分别是（   ）。

A. 色相　　　　B. 明度　　　　C. 鲜映性　　　D. 纯度

（4）船形槽主要应用于浸泡或槽内喷淋处理，常见的入槽角度有（   ）。

A. 15°　　　　　B. 30°　　　　　C. 60°　　　　　D. 45°

（5）常用湿式喷漆室有（   ）。

A. 文丘里式　　B. 纸盒式　　　C. 水旋式　　　D. 水帘式

（6）选用喷漆（喷粉）及喷胶机器人时，需考虑的因素有（   ）。

A. 机器人的选型　　　　　　　B. 运行速度

C. 重复精度　　　　　　　　　D. 喷枪的喷涂流量

E. 机器人数量配置

4. 简答题

（1）什么是"分散介质"？它的作用是什么？

（2）简述电泳超滤液的作用。

下 篇

初级工

第四章　汽车涂装准备

第一节　工艺准备

在 GB/T 4863—2008《机械制造工艺基本术语》中对工艺准备这样定义：产品投产前所进行的一系列工艺工作的总称。它的主要内容包括：对产品图样进行工艺分析和审查，拟定工艺方案，编制各种工艺文件设计、制造和调整工艺装备，设计合理的生产组织形式等。

涂装生产前的工艺准备也是涂装工作中的重要组成部分，也是顺利完成涂装工作任务的关键。

在涂装初级的学习中，操作工需要先了解工艺文件、工艺方案、制造和调整的工艺装备以及生产组织形式。要了解这些内容，我们需从相关的各类标准及标准化措施入手，逐渐学会识读工序工艺卡、工艺作业指导书等。通过学习，操作工可以在生产过程中更快地投入工作，合理利用资源，提高涂装质量，确保施工安全，减少工作浪费，由此获得较好的经济效益。

一、标准化

标准化是组织现代化生产的重要手段和必要条件，是合理发展产品、组织专业化生产的前提，所以标准化在工艺准备内也是非常重要的组成部分。

标准化是一门很年轻很有发展前途的学科。但是它的历史却可以追溯到几千年前，人们也对它并不陌生。标准化的产生和发展，大致经历了几个重要阶段，如：古代标准化、近代标准化、现代标准化。

1. 古代标准化

人类从原始的自然人开始，在与自然的生存搏斗中为了交流感情和传达信息，逐步出现了原始的语言、符号、记号、象形文字和数字，西安半坡遗址出土的陶钵口上刻划的符号足以说明它们的萌芽状态。随后由于物资交换的需要，人们又统一了度、量、衡单位和器具，随着生产技术的不断发展，人们为了提高生产效率，工具、技术的规范又得到了更进一步的发展。我国战国时代的技术专著《考工记》，如图 4-1 所示，此书中就有青铜冶炼配方和 30 项生产设计的规范和制造

图 4-1　考工记

工艺要求。

随后，在宋代毕昇发明了活字印刷术，运用了标准件、互换性、分解组合、重复利用等标准化原则，更是古代标准化的里程碑。

2. 近代标准化

近代标准化是以机器生产、社会化大生产为基础的。科学技术适应工业的发展，为标准化提供了大量生产实践经验，也为之提供了系统实验手段，摆脱了凭直观和零散的形式对现象的表述和总结经验的阶段，从而进入了工业标准化体系，成为提高生产率的途径。近代标准化的主要发展史如下。

1789 年美国艾利·惠特尼在武器工业中用互换性原理批量制备零部件，并制定了相应的公差与配合标准。

1834 年英国制定了惠物沃思"螺纹型标准"，并于 1904 年作为英国标准 BS84 颁布。

1897 年英国斯开尔顿建议在钢梁生产中实现生产规格和图纸统一，并促成建立了工程标准委员会。

1901 年英国标准化学会正式成立；1902 年英国纽瓦尔公司制定了公差和配合方面的公司标准——"极限表"，这是最早出现的公差制，后正式成为英国标准 BS27。

1906 年国际电工委员会（IEC）成立。

1911 年美国泰勒发表了《科学管理原理》（图 4-2），应用标准化方法制定"标准时间"和"作业"规范，在生产过程中实现标准化管理，提高了生产率，并创立了科学管理理论。

1914 年美国福特汽车公司运用标准化原理把生产过程的时空统一起来，创造了连续生产流水线。

1926 年在国际上成立了国家标准化协会国际联合会（ISA），标准化活动由企业行为步入国家管理，进而成为全球的事业，活动范围从机电行业扩展到各行各业，成为保障合理配置资源、降低贸易壁垒和提高生产力的重要手段。

1946 年国际标准化组织正式成立。

图 4-2　科学管理原理

3. 现代标准化

由于工业技术的不断发展，生产和管理高度集中，现代化、专业化、综合化的现代工业特性使一项工程过程、服务过程涉及几十个行业和几万个组织及许多门的科学技术。如"神舟飞船计划""北斗卫星计划"。等为适应现代化工业特性、经济全球化和市场全球化的需要，需摆脱传统的方式和观念，以系统的理念处理问题，更要尽快建立与全球化相适应的标准化体系。

在企业中，标准及标准化管理模式的推进是企业逐步改变传统管理模式的起点，是实现管理现代化的必经之路。它要求企业整个生产过程、各部门的各项工作及全体员工都要按标准工作。形成事事有人管,事事有标准,工作有检查,奖惩有依据,改进有目标。

(1)标准化　标准化是指在经济、技术、科学和管理等社会实践中,对重复性的事物和概念,通过制订、发布和实施标准达到统一,以获得最佳秩序和社会效益。公司标准化是以获得公司的最佳生产经营秩序和经济效益为目标,对公司生产经营活动范围内的重复性事物和概念,以制定和实施公司标准,以及贯彻实施相关的国家、行业、地方标准等为主要内容的过程。

(2)标准　标准是以科学、技术和实践经验总结的成果为基础,将重复事物和概念做统一规定,为了在一定的范围内获得最佳秩序,经过一定范围的协商一致,由主管机构批准发布,共同遵守的准则和依据。

(3)标准化作业　标准化作业就是对在作业系统调查分析的基础上,将现行作业方法的每一操作程序和每一动作进行分解,以科学技术、规章制度和实践经验为依据,以安全、质量效益为目标,对作业过程进行改善和统一,从而形成一种统一规范的作业程序,逐步达到安全、准确、高效、省力的作业效果。

二、标准化准作业文件

汽车制造中标准化作业文件通常包含工序工艺卡、工序作业指导书、岗位物料单、标准作业组合表、测时表和工时平衡墙。

1. 工序工艺卡

工序工艺卡用于规范和指导工位的工作内容、工序、时间,以及工作移动和物料位置的目视化工艺卡片,如图4-3所示。

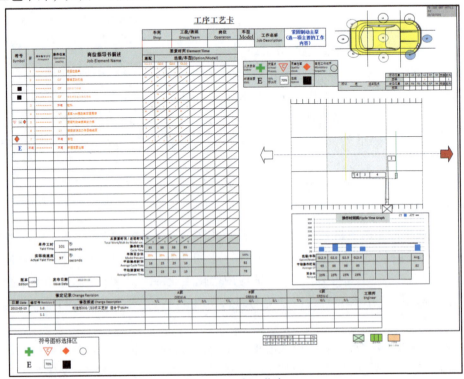

图4-3　工序工艺卡

工序工艺卡的要素主要分为工序、工段、工位、岗位、车型、工序操作内容（工作名称）、工位特性、工时、修定记录、版本号。下面我们学习一下如何识读工序工艺卡。

（1）工序、工位、工段、岗位　相关表格如图4-4所示

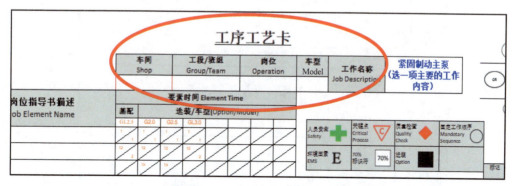

图4-4　工序、工位、工段、岗位

工序是指一个工人或一组工人在一个工作场地对一个（或几个）劳动对象进行连续生产活动的综合，它是组成生产过程的基本单位，例如：打磨工序、喷涂工序。

工位是指生产过程最基本的生产单元，在工位上安排人员、设备、原料、工具进行生产装配，根据作业项目布置工位现场，安排工作成员和人数。

工段是指工厂的一个车间内按生产过程划分的基层生产组织，有若干个工位组成。

岗位名称是指从事作业岗位的具体名称，用来说明这个岗位执行的作业程序。

（2）车型　车型如图4-5所示

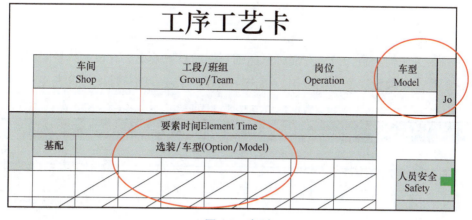

图4-5　车型

汽车产品的型号为识别车辆而对一类车辆指定的由拼音字母和阿拉伯数字组成的编号，用于识别作业对象，一般由企业简称+车辆数字识别号组成，如GB120、SY6120。

（3）工序特性　工序特性是指在不同的工序中的各类关键特性，包含安全、关键点、质量检查点、环境因素等，便于作业和管控人员识别和控制，如图4-6所示。

从图4-6我们可以发现，在工序工艺卡里会有很多符号图标，这些符号图标一方面明确

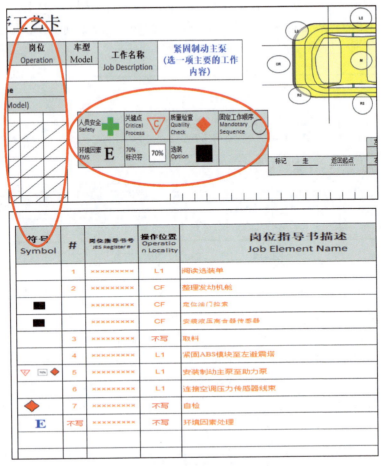

图 4-6 工序特性

工位特性中需要关注的步骤，另一方面可以达到更好的目视效果。有很多符号图标涉及工人的自身安全、产品的质量、操作的节拍、工作环境等，工艺卡的符号图标见表 4-1。

表 4-1 工艺卡的符号图标

序号	标识名称	标识解释						符号图标
1	工序位置标识	左边位置	CR	L3	L2	L1	CF	M	
		右边位置	CR	R3	R2	R1	CF	M	
2	方向标识	车前方向标识							
3	人员安全	为班组长和作业人员做好安全生产的日常看管、排查、点检、培训、整改、预防、除尘保洁、安检、防火、防盗、防爆、防中毒、设备维修保养管理、安全提示等工作，并持证上岗，做好定期与不定期的安全提示排查，保证安全和防止事故的发生							

（续）

序号	标识名称	标识解释	符号图标
4	关键点	关键点是指：对成品的质量、性能、功能、寿命、可靠性及成本等有直接影响的工序，对产品重要质量特性形成的工序；工艺复杂、质量容易波动、对工人技艺要求高，或总是发生较多问题的工序	▽C
5	质量检查	采用一定检验测试手段和检查方法测定产品的质量特性，并把测定结果同规定的质量标准作比较，从而对产品或一批产品作出合格或不合格判断的质量管理方法。此工序的目的在于，保证不合格的原材料不投产，不合格的零件不转下一工序，不合格的产品不出厂；并收集和积累反映质量状况的数据资料，为测定和分析工序能力，监督工艺过程，改进质量提供信息	◆
6	固定工作顺序	确定好最优的工作顺序。相邻两项工作同时开始，即为平行关系。如相邻两项工作先后进行，即为顺序关系。如前一工作结束，后一工作马上开始则为紧连顺序关系。如后一工作在前一工作结束后，隔一段时间才开始则为间隔顺序关系。在顺序关系中，当一项工作只有在另一项工作完成以后方能开始，并且中间不插入其他工作，则我们称另一项工作为该工作的紧前工作；反之，当一项工作只有在它完成以后，另一项工作才能开始，并且中间不插入其他工作，则我们称另一工作为该工作的紧后工作。两项工作只有一段时间是平行进行的则为搭接关系	○
7	环境因素 EMS	环境因素是指一个组织的活动、产品或服务中，能与环境发生相互作用的要素，包括那些造成实际的和潜在的、不利的和有利的环境影响的要素	E
8	选装	选装配置意指此配置不属于该款车型的标准配置，标准配置是必带配置，选装配置是可以在订车时根据购车人的自己喜好或需求，直接进行选择的配置。选装配置往往属于丰富性的配置，其本身不影响整车的安全性能、动力性能，会对舒适性、实用性和高科技体验等有相应的提升，如倒车雷达、数字抬头显示等配置	■
9	推/拉	推/拉选中工件的顶点、边或面，使之靠近（推）或远离（拉）	◇PP
10	目检	目检即目视检查，目的只有一点，即检查被目检物件的"0/1"性：要么通过，要么不通过。目检通过，可以进入下一流程；反之，进入修整流程	👁
11	听	通过听觉判断工序是否达到工艺要求，如达到工艺既定的数值后，听工具反馈的声音；如听气管是否漏气	👂
12	指点	以手指或其他工具点示	☝
13	设备测试	设备检测一般是指采用各类检测仪器对设备各项指标进行检测，以达到保障安全使用的目的。一般会伴随故障诊断、修复、点检、维护、修理、备件修复管理、改造等延伸服务	◇T

(续)

序号	标识名称	标识解释	符号图标
14	安灯物料	物料安灯系统可以在质量安灯系统的基础上建立起来，它是通过在生产工位旁安装一定数量的物料呼叫请求按钮，在车间现场和物料存储区设置信息显示板，实时反馈生产线上的物料呼叫请求，并指示和分配送料任务的一个辅助系统。通过共享网络、数据服务器等硬件系统，达到降低投资成本，并最大可能发挥效益的目的 物料安灯系统的整个流程：对物料按照装箱数多少进行一定的分类，不同大小的物料采用不同的呼叫方式。只要流水线旁物料剩余量达到触发条件（即最低剩余量时），及时发出物料需求呼叫，通过网络传递到数据服务器，由系统处理并自动分配给适合的物料配送人员，物料配送人员及时组织物料配送上线，完成配送后，将对应的呼叫信息进行复位，完成一次配送；系统会实时记录下每一次物料请求发生的时间、地点，以及对物料请求的响应情况，并对此进行分析	
15	看板物料	物料看板其实就是塑料或纸质的物料卡片，卡片上记录着物料的名称、编号、每包（盒）物料的数量以及配送的工位号等信息，有时也在物料看板上打印能识别该种物料的唯一条码。物料看板一般由汽车厂家的物流部门，根据自己的实际物料种类和工位数量情况自行设计和制作	
16	工作台或者随行工作台	工作台采用优质冷轧板精工制作而成，坚固的工作桌框架，牢固平稳，多种工作桌面选择，可配合不同使用的要求；工具吊柜（箱）、侧柜（箱）灯架、调节脚杯；外形美观；层板，抽屉质量上乘，承重大，抽屉内可根据需要任意分隔；节约空间，适用性强	

（4）工时　工时是指在一定标准条件下以一定的作业方法，由合格且受有良好训练的作业员，以正常的速度完成某项作业所需的时间，如图4-7所示。一般企业会测定一个标准工时（HPV——单车制造工时），作业人员应根据工时要求进行操作。

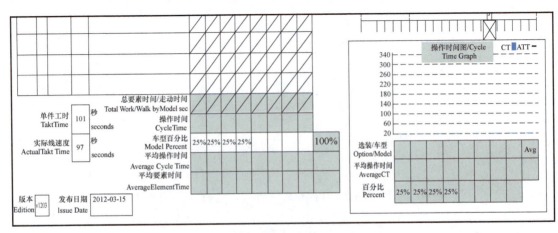

图4-7　工时

(5) 工序操作内容　工序操作内容是指工序内规定的操作步骤，其中包括注意事项、操作内容、步骤描述以及操作位置。图 4-8 所示为工序操作内容，工艺操作路线如图 4-9 所示。这部分内容是工序工艺卡的核心内容，是指导生产操作的核心要素。

符号	序号	工序作业指导书	操作位置	工序作业指导书描述	
	1	×××××××××	L1	阅读选装单	
	2	×××××××××	CF	整理发动机舱	
■		×××××××××	CF	定位油门拉索	
■		×××××××××	CF	安装液压离合器传感器	
	3	×××××××××	不写	取料	
	4	×××××××××	L1	紧固ABS模块至左避震塔	
▽ ◆	5	×××××××××	L1	安装制动主泵至助力泵	
	6	×××××××××	L1	连接空调压力传感器线束	
◆	7	×××××××××	不写	自检	
E	不写	×××××××××	不写	环境因素处理	

图 4-8　工序操作内容

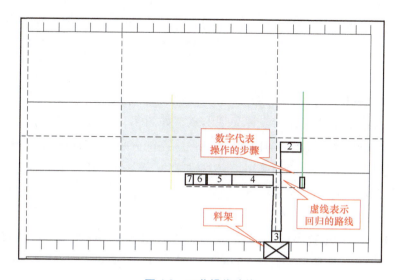

图 4-9　工艺操作路线

(6) 工序工艺卡版本号　工序工艺卡版本号是该记录卡的标识号，每一个工艺卡都会有一个版本号。一般在工艺卡的左上角或者右上角，如图4-10所示。

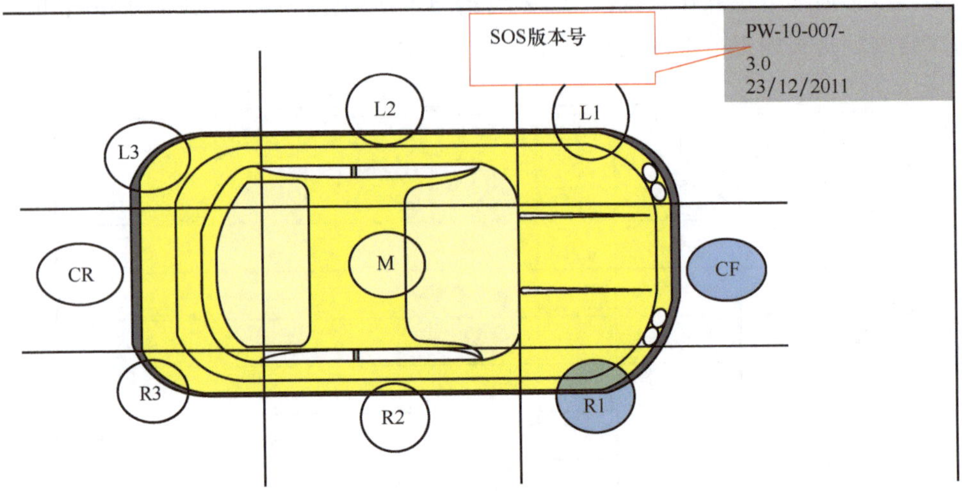

图4-10　工序工艺卡版本号

（7）修定记录　修定记录是指为在适应作业运行过程中因相关因素的变化导致相应工序工艺卡内容变更，工艺人员对工序工艺卡进行修改所留下的标注，如图4-11所示。

修定记录Change Revision			A班 CREW-A			B班 CREW-B			C班 CREW-C			工程师 Engineer
日期Date	修订号Revision#	修改描述Change Description	T/L	G/L	S/L	T/L	G/L	S/L	T/L	G/L	S/L	
2012-03-15	1.0	制造部SOS/JES版本更新 适合于35JPH										
	1.1											

图4-11　工序工艺卡修定记录

2. 工序作业指导书

工序作业指导书是工艺规程的一种表现形式，如图4-12所示。工序作业指导书是为了完成某一项工作或同一类型工作，根据设计图纸、制造说明书、验评标准、现场施工经验以及施工工艺所编写的指导性文件。另外，工序作业指导书也是质量管理体系文件的组成部分，它既是质量手册、程序文件的支持性文件，也是对质量手册和程序文件的进一步细化与补充。

工序作业指导书的要素主要分为作业指导书信息标签、作业指导书描述、工序操作内容、工序特性、作业内容、修定记录等，下面我们学习一下如何识读工序作业指导书。

（1）作业指导书信息标签　作业指导书信息标签是指支撑这份工序作业指导书的图纸、文件、作业指导书版本号、车型等内容，如图4-13所示。

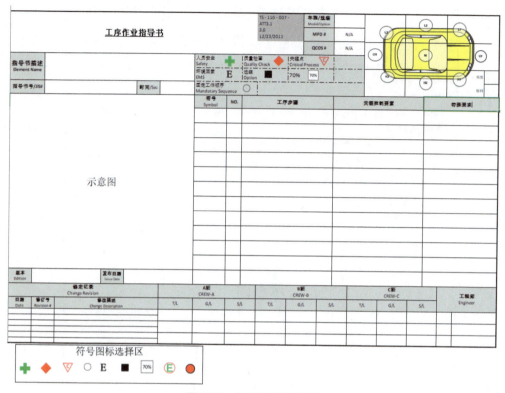

图 4-12 工序作业指导书

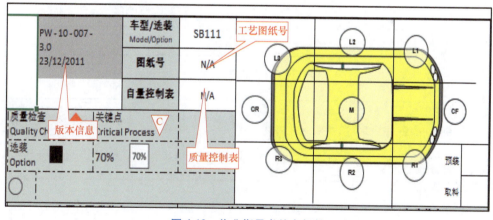

图 4-13 作业指导书信息标签

（2）作业指导书描述　作业指导书的描述包括工序名称、指导书编号、工序时间、示意图、与工序工艺卡对应的版本号，如图 4-14 所示。

（3）作业内容　作业内容是指在本工序内的工序步骤、工序特性、关键控制要素及特殊要求，如图 4-15 所示。关键控制要素主要是说明这个工序中具体操作的标准、要求、注意事项。特殊要求的标注主要是由一些工位需要特殊标注，或解释一些经验得出的要求组成的。在作业指导书中也会有一些符号的标注，是为了明确工序需要关注的步骤，以达到更好的目视效果，符号的意义和工序工艺卡是相同的。

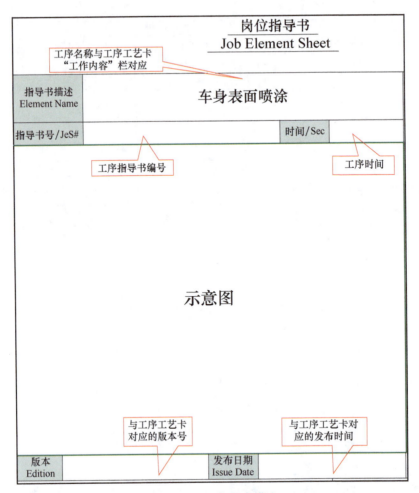

图 4-14 作业指导书描述

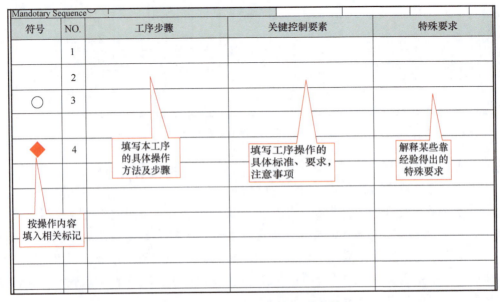

图 4-15 工序操作内容及工序特性

（4）修定记录　修定记录是指为适应现场作业的需要导致工序作业指导书内容进行变更而留下的标注，如图4-16所示。

		修定记录 Change Revision	
日期 Date	修定号 Revision #	修改描述 Change Description	

图4-16　修定记录

第二节　设备设施准备

一、喷漆室

喷漆室属于非标设备，它是根据各个企业的需要进行设计和建造的，目的是获得最佳的使用效果。它主要由主室体、漆雾捕捉系统、输调漆系统、消防系统、过滤系统、空调系统、电控系统等组成。

1. 喷漆室的分类

喷漆室可按排风方式和收集方式分类，具体如下。

（1）按排风方式分类　喷漆室按照排风方式分类可分为侧排风式和下排风式。侧排风式一般将排风口设置在喷漆室的侧面下部，它适合中、小工件的喷涂作业；侧排风式喷漆室如图4-17所示。

图4-17　侧排风式喷漆室

下排风式一般将排风口设置在喷漆室的格栅地板下部，一般适用大型工件的喷涂。下排风式喷漆室如图4-18所示。

图4-18　下排风式喷漆室

（2）按收集方式分类　喷漆室按照收集方式分类可分为干式喷漆室和湿式喷漆室。

1）干式喷漆室。干式喷漆室结构简单，通风量和风压均匀，涂料损耗小，涂覆效率高。它由于不使用水，不必进行废水处理，湿度控制能耗相对湿式喷漆室要低。比较有代表性的干式喷漆室有三类。

① 石灰石干式喷漆室。石灰石干式喷漆室是使用石灰石捕捉漆雾，使漆雾失去黏性，随后使用过滤模组分离空气和失去黏性的漆雾。随后，过滤后的空气通过风管进入后续的环保处理设备内或者循环空调内。

② 静电式干式喷漆室。静电式干式喷漆室由正极板和负极板组成，正极板的高压电会把旁边的空气离子化，离子化的空气与经过的漆雾结合，使漆雾带上正电。带有正电荷的漆雾在电场力的作用下向负极板移动，最终被负极板表面的液体捕获，从而实现漆雾与空气分离。

③ 纸盒干式喷漆室。纸盒干式喷漆室是用纸板制作的立方体纸盒代替液体或石灰粉，利用重力、离心力和惯性力的原理对喷漆室漆雾颗粒进行收集。纸盒干式喷漆室的能耗成本在各类干式喷漆室中是最低的，废渣处理费用比湿式喷漆室要低。需要注意的是，纸盒干式喷漆室由纸盒收集废漆，贮存、转移和处置过程中必须保证除废过程的安全可靠。纸盒干式喷漆室的结构如图4-19所示。

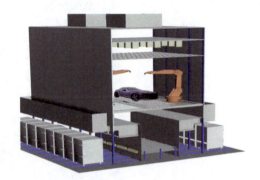

图4-19　纸盒干式喷漆室

2）湿式喷漆室。湿式喷漆室是通过水和风的混合来捕捉漆雾，通风量和风压均匀，安全防火性好。比较有代表性的湿式喷漆室有三类：水旋喷漆室、文丘里喷漆室、水帘喷漆室。

① 水旋喷漆室。水旋喷漆室是目前比较常见的喷漆室，水旋式喷漆室如图 4-20 所示。工作原理为漆雾被气流压在栅格板上形成均匀的水膜，在抽风机的吸引下，漆雾缓慢流向水旋筒内。在冲击水和冲击板的作用下，漆雾与水的混合物被收集到水池中。通过在水中加入的漆雾凝结剂，漆雾与水混合后凝结成漆渣，通过刮渣机从水中分离。

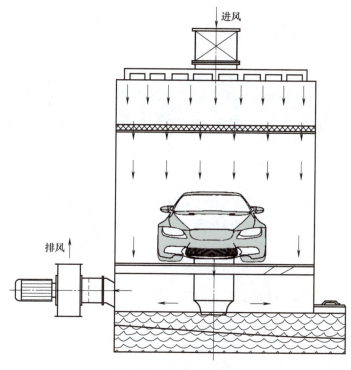

图 4-20　水旋式喷漆室

② 文丘里喷漆室。文丘里喷漆室是目前较常使用的一种湿式喷漆室，有捕捉漆雾效果好、不容易堵塞、低噪声等优点，常被应用在喷漆量大的场合。它的工作原理是喷漆室送风系统将一定温度、湿度和洁净度的风送入喷漆室内。沉降风均匀向下，将喷漆过程中产生的漆雾带入喷漆室下部的文丘里系统处，当来自喷漆区的富含漆雾的空气，被引导经过文丘里系统时，被雾化的水与弥漫在废气中的油漆颗粒充分混合，随后漆雾与空气分离。气体被废气风机抽取进入环保废气处理设备。而混合后的漆雾和水的混合物通过水中加入的漆雾凝结剂凝结成漆渣，通过刮渣机从水中分离。

③ 水帘式喷漆室。水帘式喷漆室又称为瀑布式喷漆室，是在喷漆室室体正面方向的内壁上制造一道水帘，喷漆时漆雾一碰撞到水帘，就会被水吸附、冲刷至下部水槽当中保存。

2. 喷漆室的主要作用及基本要求

（1）喷漆室的主要作用

1）收集漆雾、涂料尘埃、溶剂。

2）防止漆雾污染周围环境和工件。

3）确保涂装场地的安全可靠。

4）创造最佳的涂装环境和作业条件（如：照明良好、恒温、恒湿、洁净的环境）。

（2）喷漆室的基本要求

1）密闭的室体要求。喷漆室需要一个完全封闭或半封闭的、具有良好机械通风和照明设备的、专门用于喷涂涂料的房间或围护结构体。室内气流组织能防止漆雾、溶剂蒸气向外逸散，并使其集中安全引入排风系统。

2）通风除废要求。喷漆室内部为涂漆区，必须设置通风系统，它的控制风速应参照表4-2中的规定。

表4-2 喷漆室的控制风速

操作条件(工件完全在室内)	干扰气流/(m/s)	类型	控制风速/(m/s)	
			设计值	范围
静电喷漆或自动无空气喷涂（室内无人）	忽略不计	大型喷漆室	0.25	0.25~0.38
		中小型喷漆室	0.50	0.38~0.67
手动喷涂	≤0.25	大型喷漆室	0.50	0.38~0.67
		中小型喷漆室	0.75	0.67~0.89
手动喷涂	≤0.50	大型喷漆室	0.75	0.67~0.89
		中小型喷漆室	1.00	0.77~1.30

注：专门喷涂含铅或铬等涂料的喷漆室，控制风速应适当增大。

喷漆室在设置时应设置通风装置和去除漆雾装置。

3）温度湿度要求。对目前的油漆施工而言，特别是水性漆施工，喷漆环境要求较高，一般均采用恒温恒湿空调送风，对提高油漆施工质量是非常有帮助的。特别是在夏季高温高湿环境以及冬季低温环境和南方梅雨季节，如不采用恒温恒湿送风，则油漆施工质量会受到较大的影响，产生较多的漆膜弊病。建议喷漆室在采用恒温恒湿设备支持的情况下，将温度控制在（23±5）℃，湿度控制在RH（65%±5%）。没有恒温恒湿设备支持的喷漆室必须配置送风系统，冬季送风温度不得低于12℃。

二、空气压缩机

空气压缩机是喷涂工艺的必要设备，是所有空气系统的最主要部件，就像是人的心脏。它的功能是将空气的压力从普通的大气压升高到某一更高的压力值。

1. 分类

空气压缩机可按气缸数和工作方式来分类。按气缸数来分有单缸、双缸和三缸三种；按工作方式来分有一级压缩式和二级压缩式两种。

一级压缩式空气压缩机和二级压缩式空气压缩机的结构原理基本相同。一级压缩式空气压缩机工作时，空气经过空气滤清器过滤后，由气缸压缩直接进入储气筒。二级压缩式空气压缩机工作时，空气经过空气滤清器进入一级气缸，在一级气缸内压缩到0.2~0.4MPa后排入中间冷却器，经冷却后再进入二级气缸，在二级气缸内压缩到0.8MPa后排到储气筒内。

一级压缩式空压机如图 4-21 所示，二级压缩式空压机如图 4-22 所示。

图 4-21　一级压缩式空压机

图 4-22　二级压缩式空压机

2. 使用和维护

为了供气系统能有效地工作，延长系统部件的使用寿命，要按规定的维护方案进行维护，有日维护、周维护和月维护等三种。

（1）日维护　为了保证空气压缩机的正常工作，每天工作前要检查空气压缩机油面的高度。如油面过低要及时加油，可通过曲轴箱上的呼吸管口加入，加至油尺中标线与下标线之间。

每天需放掉储气罐、油水分离器内的冷凝水。特别是在空气湿度比较大时，每天要放几次；检查曲轴箱的机油油面，油面应尽量保持充分的水平，但注意不要过高，以避免机油消耗过多。

（2）周维护　拉开安全阀上的拉环，使其打开。检查安全阀能否工作正常，能否自动排气。若安全阀装在储气罐或单向阀上，则在罐内存有高压气时排气；若安全阀装在压缩机内置冷却器上，则在压缩机工作时排气。

用手指将安全阀上的拉环推回去。当安全阀不能正常工作时，应立即维修或更换。清洁空气滤清器的毛毡或海绵等过滤件，用防爆溶剂清洁干净后，晾干重新装好；空气滤清器太脏会降低压缩机的效率，增加机油的消耗。清洗或吹掉气缸、气缸头、内冷器、后冷器及其他容易集灰尘或脏东西的压缩机及其附属设备的部件上的小颗粒。干净的压缩机工作时的温度较低，而且使用寿命也较长。

（3）月维护　月维护要做好以下几点：

1）添加或更换曲轴箱内的机油。在干净的工作环境下，机油应每工作 500h 或每 6 个月换一次（满足两个条件之一就应更换）。如果工作环境不够干净，应增加更换的频度。

2）调节压力开关的关机/开机设定点。

3）检查每次关掉电动机时泄放阀或 CPR 的排气压力是否正常。

4）上紧带轮以防打滑。如果 V 带过松，电动机带轮在工作时就会打滑发热。但当 V 带上得过紧时，就会使电动机负载过重，从而导致电动机和压缩机轴过早磨损。

5) 检查并调整松动的电动机转轴和压缩机飞轮。注意：进行操作时必须取下 V 带防护罩的前半部分。

6) 上紧压缩机上所有的阀芯或气缸罐，确保每个气缸不会松动以免损坏气缸或活塞。

7) 检查压缩机附件和供气管道系统有无空气泄漏。

8) 关闭储气罐排气阀，检查泵气时间是否正确。

9) 检查是否有异常的噪声出现。

三、油水分离器

因为空气中含有水分，经压缩机压缩后的气体中会带有水分和油气，若直接用于喷涂作业，这些水分和油气会随飞漆一起喷涂到工件表面上，使涂膜表面产生水泡和麻点，影响喷涂质量。为确保获得高质量的修补涂层，除了涂料品质、涂装工艺、施工技术都要合格外，在空气压缩机的输送管道上必须安装油水分离器，以保证压缩空气干净、无水、无油、干燥。

油水分离器又称为水分分离调节器或空气转换器，是一种多功能的仪器。它可将油、脏东西和水从高压气体中分离出来；过滤和分离空气；显示调节后的空气压力；以及为诸如喷枪、吹尘枪、打磨机等气动工具提供多头空气输出口。

1. 分类

油水分离器一般分为圆柱形气筒油水分离器和叶片旋风式油水分离器，如图 4-23 所示。

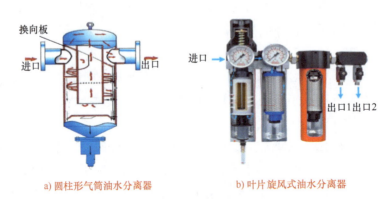

a) 圆柱形气筒油水分离器　　b) 叶片旋风式油水分离器

图 4-23　油水分离器分类

圆柱形气筒油水分离器是一种有气密性顶盖的圆柱形气筒，一般安装在排量较大的空气压缩机上。气筒内放着几层薄薄的毛毡，在毛毡之间装满活性炭或金属网、PVC 海绵等空气滤清器，当压缩空气通过时能去除细微的粉尘。水、气、油在筒内膨胀所导致的降温，使水分、油气成为水滴、油滴，水滴、油滴可由筒底部的排放开关排出。

叶片旋风式油水分离器利用叶片旋转产生离心力，将油水从压缩空气中分离出去，从而确保纯净而干燥的空气输送到喷枪。叶片旋风式油水分离器和微孔过滤器结合使用，效果会更好。

2. 使用方法

在使用时应注意保养，每日打开放水阀 1~2 次，将积存于杯中的油、水放掉。特别是在喷涂前要打开放水阀，以保证滤气器正常工作。过滤杯和存水杯要定期清洗。圆筒式空气滤清器要定期更换活性炭，或清洗金属网和 PVC 海绵。

3. 维护保养

1）设备由专人管理和使用。定期、定时检查设备的电流值及绝缘是否正常。
2）定期检查设备各部位是否有渗漏。
3）定期清理杂物提篮中的杂物，更换杂物桶。
4）带自动格栅机的设备需定期检查自动格栅机上是否有杂物淤积，或被坚硬物卡住。
5）应定期清理箱体底部淤泥。
6）定期检查箱体内部曝气管路是否曝气均匀。如曝气不均匀，应检查曝气管是否有泄漏或堵塞。

思考题

1. 判断题

（1）工艺准备是指每日生产前所进行的一系列工艺工作的总称。（   ）

（2）工序是指一个工人或一组工人在一个工作场地对一个（或几个）劳动对象进行连续生产活动的综合，是组成生产过程的基本单位。（   ）

（3）工位是指生产过程最基本的生产单元。（   ）

（4）工段是指车间内按生产过程划分的基层生产组织，有若干个工位组成。（   ）

（5）作业内容是指在本工序内的作业步骤、工序次序、所有控制要素及特殊要求等。（   ）

（6）喷漆室的主要作用是收集漆雾、涂料尘埃、溶剂；防止漆雾污染周围环境和工件。（   ）

（7）空气压缩机按气缸数分有单缸、双缸和三缸等三种。（   ）

（8）空气压缩机按规定有日维护、周维护和月维护等三种，是为了供气系统能有效工作、延长系统部件的使用寿命。（   ）

2. 单项选择题

（1）标准化是组织现代化生产的（   ），是合理发展产品、组织专业化生产的前提。

A. 重要条件和必要途径　　　　B. 需要的方式和关键的要素
C. 重要手段和必要条件　　　　D. 重要手段和可选条件

（2）标准是以科学、技术和实践经验总结的成果为基础，将（   ）做统一规定，在一定范围内获得最佳秩序，在一定范围内协商一致，由主管机构批准发布且共同遵守的准则和依据。

A. 重复事物和概念　　　　　　B. 日常工作和经验

C. 重复事务和经验　　　　　　D. 工艺工作和概念

(3) 工时是指在（　　）下以一定的作业方法，由合格且受有良好训练的作业员，以正常的速度完成某项作业所需的时间。

　　A. 一定标准条件　　　　　　　B. 规定条件
　　C. 一定条件　　　　　　　　　D. 复杂条件

(4) 工序操作内容是指工序内规定的操作步骤，包括注意事项、操作内容、步骤描述以及操作位置等，是工序工艺卡的（　　）和指导生产操作的（　　）。

　　A. 关键内容\核心要点　　　　　B. 主要内容\关键要素
　　C. 重要内容\要求　　　　　　　D. 核心内容\核心要素

(5) 为了完成某一项工作或同一类型工作，根据设计图样、制造说明书、验评标准、（　　）以及施工工艺等编写的指导性文件就是工序作业指导书。

　　A. 作业记录　　　　　　　　　B. 现场施工经验
　　C. 持续改进成果　　　　　　　D. 操作说明

(6) 根据标识选择正确的选项（　　）。

　　A. ①工位位置标识　②人员安全　③质量检查　④关键点
　　B. ①人员安全　②工位位置标识　③质量检查　④关键点
　　C. ①工位位置标识　②关键点　③人员安全　④质量检查
　　D. ①工位位置标识　②人员安全　③质量检查　④关键点

(7) 手动中小型喷漆室喷涂风速控制范围在（　　）m/s。

　　A. 0.4~0.4　　B. 0.67~0.89　　C. 1.2~1.5　　D. 0.1~0.12

(8) 恒温恒湿喷漆室一般建议将温度控制在（　　），湿度控制在（　　）RH。

　　A. (29±5)℃/85%±5%　　　　B. (23±5)℃/65%±5%
　　C. (30±5)℃/85%±5%　　　　D. (10±5)℃/95%±5%

3. 多项选择题

(1) 工艺准备包括对产品图样进行（　　）等内容。

　　A. 工艺分析和审查　　　　　　B. 拟定工艺方案
　　C. 编制各种工艺文件设计　　　D. 制造和调整工艺装备
　　E. 设计合理的生产组织形式

(2) 标准化是指在（　　）等实践中对重复性的事物和概念制订、发布和实施标准达到统一，以获得最佳秩序和社会效益。

　　A. 经济　　　　　　B. 技术　　　　　　C. 科学
　　D. 管理　　　　　　E. 创新

（3）汽车制造中标准化作业文件通常包含（　　）等。

A. 工序工艺卡　　　　　　　　B. 作业指导书

C. 岗位物料单　　　　　　　　D. 标准作业组合表

E. 测时表和工时平衡墙

（4）工序工艺卡用于规范和指导工位（　　）以及工作移动、物料位置的目视化工艺卡片。

A. 工作内容　　　　B. 工序　　　　C. 时间

D. 工艺设备　　　　E. 关键设备

4. 问答题

什么是标准化作业？

第五章 汽车涂装

第一节 涂装工具、辅具的操作

一、涂装工具及操作

在汽车涂装生产过程中,工具及其操作是保证产品质量的关键因素,懂得工具的操作是操作人员必须掌握的技能,下面通过本节的学习简单了解一下汽车涂装工具及操作。

汽车涂装工具大致可以根据操作方式分为五种,分别是刷涂工具、滚涂工具、刮涂工具、打磨工具、喷涂工具,汽车涂装工具(简版)见表 5-1。

表 5-1 汽车涂装工具(简版)

序号	涂装工具				
	刷涂工具	滚涂工具	刮涂工具	打磨工具	喷涂工具
1	硬毛刷	滚筒	硬刮涂工具	盘式打磨机	虹吸式喷枪
2	软毛刷	—	软刮涂工具	板式打磨机	重力式喷枪
3	—	—	—	打磨手刨	压力式喷枪
4	—	—	—	打磨块	静电喷枪
5	—	—	—	抛光机	空气辅助无气喷枪
6	—	—	—	—	无气喷枪

1. 刷涂工具

刷涂是一种既古老简单又普遍采用的涂装手工工具。在汽车生产及维修中,漆刷主要应用于刷涂胶和漆料。刷涂不需要复杂设备,施工简单,浪费较少,刷涂时的机械用力能使涂料渗入底材,起到增强涂膜附着力的作用。常用各种规格的漆刷如图 5-1 所示。

图 5-1 常用各种规格的漆刷

(1) 种类　漆刷的种类很多。按形状可分为圆形、扁形和歪脖子形；按毛刷的硬度可分为硬毛刷、软毛刷。

(2) 选择原则　涂装质量的高低除受涂装方法、操作技术等因素的影响外，漆刷的选择也是重要的一环。选择漆刷一般应以鬃厚、口齐、根硬头软为好，同时应根据使用涂料品种、被涂工件形状大小、涂层质量要求等实际情况而定。

选用漆刷的一般原则为：

1）涂料黏度高应选用硬毛刷。

2）被涂面积大应选用宽而长的毛刷。

3）被涂物件小且质量要求高应选用细软的小毛刷。

4）黏度低而快干的涂料应选用细软的毛刷。

(3) 施工工艺要求

1）直握漆刷柄（类似直握乒乓球拍时的手势），靠手腕的转动配合手臂的来回摆动进行操作。

2）漆刷毛浸入涂料的部位不应超过毛长的 2/3，蘸涂料不宜太多；漆刷蘸涂料后要在桶口边缘靠刷一下，以减少过多的涂料液。

3）应将选择好的涂料用配套的稀释剂搅拌均匀，调制到适合涂装的黏度，一般温度在 25℃时，以 40~100s（涂—4 黏度计）为宜。

4）刷涂路线应先斜后直、从上到下、由左到右刷涂，以形成均匀的薄膜层。

5）刷涂工件是垂直形状的，最后一次刷涂应从上到下进行修饰刷涂。

6）刷涂工件是水平形状的，最后一次刷涂应按光线照射的方向进行修饰刷涂。

7）对于形状复杂、有内外之分的被涂工件，应先刷内部和较难的部位，后刷外部和容易的部位。

(4) 维护保养　新漆刷使用前要先清除杂毛和易脱落的鬃毛，以避免产生刷痕及脱毛现象。

刷涂凹弯部位时不要用力捅，以免损坏漆刷鬃毛。

每次使用完毕后，若短时间内不用时，应甩干漆刷上的涂料液，垂直悬挂在水中或溶剂中，不要让鬃毛露出液面，也不要接触底面，需要使用时甩干水或溶剂即可。若长期不用，应用溶剂把漆刷彻底清洗干净，晾干后用油纸包好并存放在干燥处。切忌刷涂使用完毕后，把漆刷随意放在漆桶内或水、溶剂槽内，这样会使刷毛变硬或变形，影响下次刷涂质量。

2. 滚涂工具

滚涂工具中最具代表性的是滚筒，它是一种直径不大的空心圆柱，其表层由羊毛或合成纤维做成多孔吸附材料而构成。

滚涂的涂面有一定的局限性，即只能滚涂平面。但因其工作效率高，对操作人员的技术要求低，在大型商用车的生产中会有一定的应用。滚筒涂装最适用于水性乳胶涂料，但也适用于油性涂料及合成树脂涂料的涂装。

滚筒的宽度有多种尺寸，常用的宽度有 18cm 和 23cm；滚筒标准直径是 4cm，若滚涂量大也可用直径 6cm 的滚筒，以增加蘸涂料量而提高工作效率。各种不同尺寸、材质的滚筒如图 5-2 所示。

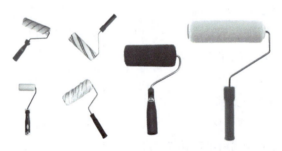

图 5-2　各种不同尺寸、材质的滚筒

滚筒由滚筒本体和滚套组成。滚套由滚刷毛和芯材组成，可以自由地装卸，滚刷毛黏结在芯材上，其材料可以是纯羊毛、合成纤维或两者的混合物。一般纯羊毛因耐溶剂性强，适用于油性涂料及合成树脂；合成纤维因耐水性好，适用于水性涂料。

施工工艺要求如下：

1）涂料放在容器中，将未蘸涂料的滚筒一半浸入涂料中，然后在容器的专用滚动板上来回滚动几次，使滚筒完全浸透涂料。

2）滚涂前需在试涂纸上试滚，让滚套充分蘸匀涂料，蘸浸均匀后，即可开始涂装。

3）在滚涂操作中，应使滚筒按 W 形轻轻滚动，将涂料大致分布到被涂物表面上；然后上下来回滚动，将涂料扩展开；最后再按一定方向在该表面上轻轻地进行修饰性滚动。

4）在滚动时滚套蘸满涂料时用力要轻，以后逐步加力。

3. 刮涂工具

在很多大型商用车的生产和维修的过程中，原子灰（俗称"腻子"）的刮涂还是普遍存在的。在腻子刮涂过程中需要用到合适的刮涂工具。而刮涂工具一般都较简单，绝大部分是自制的，按其材料可分为牛角刮涂工具、塑料刮涂工具、橡胶刮涂工具；按其软硬程度可分为硬刮涂工具和软刮涂工具。

（1）硬刮涂工具　硬刮涂工具的材料大多为金属，也会有塑料及其他材料。它适用于刮涂大的缺陷和有平整度要求的施工位置，如凹坑、大的平面缺陷部位。由于其刮口有一定的硬度，故刮涂平整、工效高、材料省。常见硬刮涂工具如图 5-3 所示。

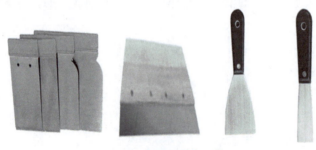

图 5-3　常见硬刮涂工具

1) 金属材质刮涂工具。金属材质刮涂工具有钢片刮板和轻质铝合金刮板及其他金属材料制成的刮板。金属刮板具有一定的弹性，其弹性程度可根据个人使用习惯、刮涂原子灰的对象来选择。例如一般钢片刮板的厚度以 0.3~0.4mm 为宜，大的刮板的刮口宽度一般以 12~15cm 为宜，小的刮板的刮口宽度可根据施工要求灵活制作。

金属刮涂工具制作方便、性价比高，是目前汽车维修行业和大客车制造业中使用最多的一种刮涂工具。

2) 塑料材质刮涂工具。目前使用较广泛的塑料材质刮涂工具有硬聚氯乙烯及环氧树脂板，也可根据需要选择稍软一点的材料制成半硬刮板。

塑料材质刮涂工具材料来源广、价格低，但耐磨性较差，并且温度对其柔软性影响较大。

3) 牛角刮涂工具。牛角刮涂工具是以水牛角为原料制成的。牛角刮涂工具要求牛角纹理清晰、角质透明、弹性良好、无杂痕等。

由于牛角来源及宽度有限且易变形，使用后需要用夹具保管，故牛角刮涂工具现已被其他材料替代。

(2) 软刮涂工具　软刮涂工具主要用于刮涂圆弧形、圆柱形和曲面形状，以及要求以光滑度为主的部位。软刮涂工具如图 5-4 所示。

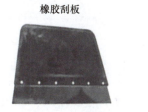
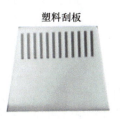

图 5-4　软刮涂工具

1) 软塑料材质的刮涂工具。软塑料材质的刮涂工具一般用软性塑料板制成，刮口面磨成斜口，形状大小根据需要制作。它的优点是刮涂的表面比较光滑，缺点是刮涂平面不太合适。

2) 橡胶材质的刮涂工具。橡胶材质的刮涂工具是用耐油橡胶板制成，刮口面磨成斜口。橡胶刮板一般自行制作。大的橡胶刮板厚度为 6~8mm，刮口宽度以 100mm 为宜；小的橡胶刮板厚度为 3~4mm，刮口宽度根据施工需要制作。

(3) 施工工艺要求

1) 刮涂工具要求有一定的弹性，刮口要平直、光滑，不能有齿形、缺口、弧形、弓形等。

2) 刮涂工具使用完毕后，要立即用溶剂清洗干净，以免原子灰聚集于刮板上固化后不易清洗，影响下次使用效果。

3) 每次使用刮涂工具前，应检查刮口是否平直。如有原子灰残渣，可用 P400 砂纸打磨清除。

4) 目前使用较普遍的聚酯原子灰，对于平面缺陷或凹坑较大的部位应用硬刮板。

二、涂装辅具

汽车涂装的工装辅具是指车身在涂装时，为了满足生产需要而开发的一些辅助性的器具，这些辅具可以更好地满足生产需要，提高生产效率，提升产品质量。它们的特点是多样性、可循环使用、数量多。

1. 涂装辅具的分类

涂装工装辅具可以从四个方面进行分类，分别是工序分类、形状分类、材料分类、应用分类，涂装工装辅具的类别见表5-2。

表 5-2　涂装工装辅具的类别

序号	工序分类	形状分类	材料分类	应用分类
1	前处理电泳类	夹板类	不锈钢	电泳前后盖
2	油漆喷涂类	撑杆类	镀锌钢	电泳四门
3	—	卡扣类	碳素钢	面漆前后盖
4	—	—	弹簧钢	面漆四门
5	—	—	—	面漆油箱口盖

2. 涂装辅具的作用

（1）前处理电泳辅具的主要作用　固定车身车门、舱门、车盖等可动件，防止其在车身翻转过程中晃动、开合导致设备与工件碰损，如图5-5所示；确保车身上需要保证开度的位置能根据要求保留一定的开度，其目的是保证车身出槽过程中快速滤液。

图 5-5　车门、舱门、车盖固定辅具

（2）面漆喷涂辅具的主要作用　面漆辅具分为两种，一种是车身内腔喷涂时，方便员工快速开启需要打开的活动件，提高作业效率，减少碰擦，提高产品质量。快速开启舱门辅具如图5-6所示。

图 5-6 快速开启舱门辅具

另一种辅具是避免车身活动件与车身主体接触后造成碰损,如图 5-7 所示;最大限度缩小车身活动件与车身主体之间的开度间隙,促使整车得到均匀的漆膜。另外,需要避免边缘部位在喷涂过程中存在的油漆堆积及缺漆等质量问题。

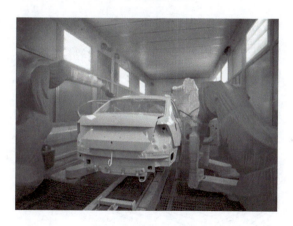

图 5-7 防止碰损辅具

3. 辅具的管理

涂装辅具是关系车间生产效率、保证产品质量、提升劳动生产效率的必要装备。需要制定一定的管理规章制度进行规范的管理,包括工装辅具存放管理规定、工装辅具安装指导书、工装辅具转运规定、工装辅具保养手册等。另外,辅具的管理还要注意定期盘点、持续改进,只有不断持续地改进、优化才能达到更好、更优的效果。

4. 工装辅具设计要求

在工装辅具的设计中,要注意工装辅具必须是在满足现有设备正常使用的前提下进行设计的,在选择辅具材料时需要考虑涂装生产过程中环境因素对辅具的作用,如高温、腐蚀、溶剂等的作用。另外,在辅具设计中还要考虑到辅具的通用性,尽可能综合考虑多款车型的适用性。辅具的结构方面需着重考虑紧固性、操作便利性等,确保拆装方便,减小工人的劳动强度。

第二节 密封操作

一、密封工艺及质量控制要求

1. 密封工艺的发展

汽车的密封工艺最初是采用焊接后刮涂原子灰的方法进行。从20世纪60年代开始,随着汽车向美观性、豪华性、舒适性的方向发展,汽车密封生产工艺需要满足更多的要求。目前,汽车用的密封材料一般是以聚氯乙烯材料为主,这种材料从20世纪70年代末开始出现在汽车密封胶的工艺应用中,替代了氯丁橡胶、丁腈橡胶和醇酸树脂等。此工艺的改进有效减少了因为材料收缩产生的密封不严密缺陷,更主要的是减少了对操作工人的毒物伤害。

2. 密封工艺的应用

密封工艺在车身上的应用主要有焊缝密封胶工艺、车底阻尼胶工艺、降噪阻尼胶工艺、裙边胶工艺等。一般汽车上的密封应用区域如图5-8所示。

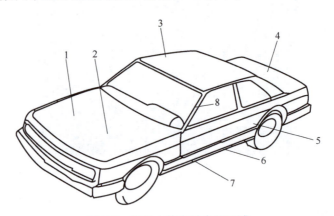

图 5-8 汽车上的密封应用区域

1—发动机罩减振　2—发动机变速器密封、锁紧　3—顶篷密封　4—行李舱内衬密封
5—防振胶　6—裙边抗石击胶　7—车底阻尼涂料　8—焊缝密封胶

3. 密封工艺流程

密封涂装工序一般安排在电泳底漆干燥后,中涂涂装工序前,由于现在整个工序都采用PVC系列材料,故又被称为PVC涂装线。

其整个密封工艺流程有密封遮盖工序、焊缝密封胶工序(粗密封)、底部阻尼胶工序、去除密封遮盖工序、降噪阻尼胶工序、门边及盖区域密封胶工序(细密封)、裙边胶工序、烘干工序、强冷工序,如图5-9所示。

4. 密封工艺质量控制要求

1)密封胶质量控制要求见表5-3(此参数各主机厂略有差异,此处仅作为学习参考用)。

表 5-3　密封胶质量控制要求

项目	通用要求	图示及规格
门、盖密封胶	1. 涂胶要求连续、均匀；焊缝、拐角处压平并封严 2. 胶宽 6~10mm，厚 2~3mm 3. 胶条与边缘距离 2~4mm	门、盖边涂胶
粗密封	1. 涂胶要求连续、完整无遗漏、封严焊缝 2. 粗密封厚度 1~2mm，宽度现场根据工艺要求合理布置 3. 车身内外无 PVC 残胶，焊缝周围的各类总装装配工艺孔、安装面、螺栓内外表面应无残留胶	
细密封	1. 涂胶要求连续、完整无遗漏、封严焊缝。 2. 密封胶尺寸现场可根据工艺要求合理布置。 3. 车身内外无残胶，焊缝周围的各类总装装配工艺孔、安装面、螺栓内外表面应无残留胶。	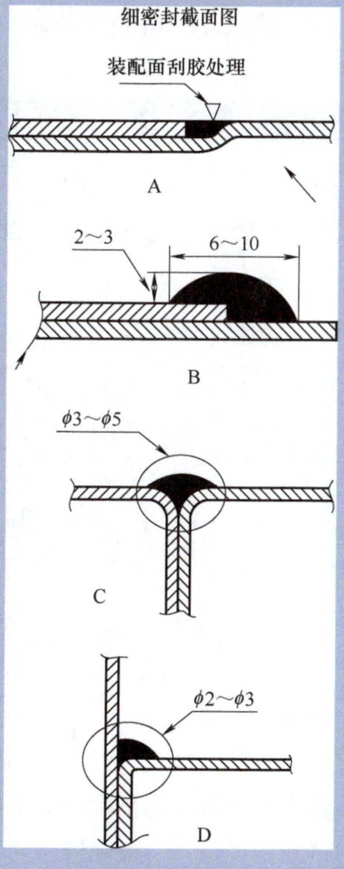 细密封截面图 装配面刮胶处理 A B C D

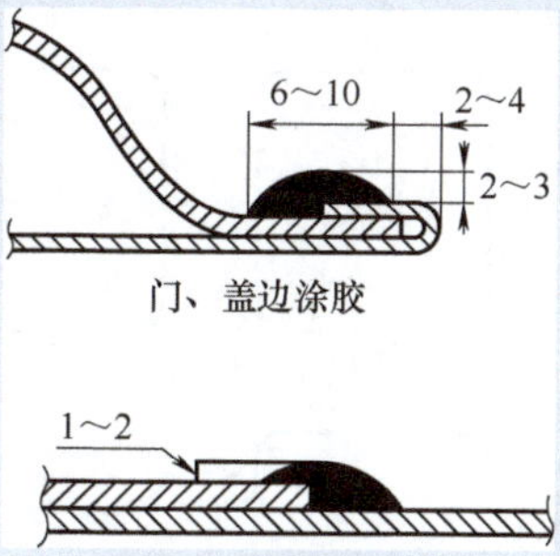

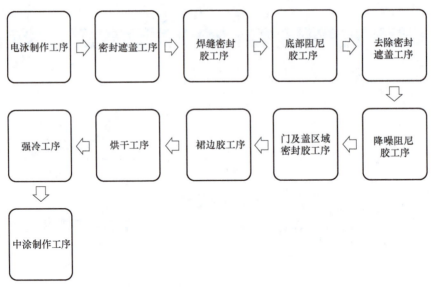

图 5-9 密封涂装工艺流程

2）底盘阻尼胶及车内降噪阻尼质量控制要求见表 5-4。

表 5-4 底盘阻尼胶及车内降噪阻尼质量控制要求

项目		通用要求
车底阻尼胶	车底阻尼胶	1. 涂胶要求封严缝隙，打胶后刷屏且连续、均匀 2. 车底阻尼胶厚度 1~2mm，宽度根据工艺要求 3. 油箱、后地板等区域不需要喷涂 4. 工艺孔、螺栓、出水口、装配面需遮蔽，避免被污染
车内降噪阻尼	黏弹阻尼材料（沥青贴片）	1. 要求贴片粘贴牢固，不脱落 2. 不允许单块缺损总面积的 1/5 3. 不允许单个沥青板气泡，长度<5cm，高度<2cm 4. 严禁沥青板错装、漏装
	液态可喷涂阻尼涂料（可喷涂型隔声阻尼 LASD）	1. 宽度最少 68mm，厚度 3~4mm 2. 位置无偏离，无缺失、分叉、开裂、鼓包和翘边

二、密封材料的基本性能

1. 焊缝密封胶

汽车车身在制作后，焊缝是不可避免的，而焊缝的密封性直接关系到车辆的耐蚀性，是整车质量中十分重要的指标。如果缝隙没有采取有效的密封措施，很容易造成漏水、透风、漏尘、锈蚀等现象。一般焊缝密封的工艺分为粗密封和细密封，前者对车身内腔的所有缝隙进行密封，对外观要求较低；细密封是指对外观要求高的车身外表的缝隙的密封，此方法采用先压涂密封胶后，再对压涂后的密封胶条外观进行修饰的密封操作。

通常焊缝密封胶是以涂布方式进行操作，如图 5-10 所示，有时为了提升生产效率或解决特殊区域涂胶也会使用粘贴的方式施工。

图 5-10　涂布焊缝密封胶

粘贴方式是以焊缝密封胶带作为材料进行施工，由一种预先成型的带状密封材料，粘贴在需要施工的工件表面，随汽车车身烘烤工序一起烘烤固化。有施工简便快捷，外表美观，对环境无污染等优点，是一种可以提升涂装效率、解决特殊区域涂胶，并且更环保的施工方式。

2. 底部阻尼胶

底部阻尼胶是喷涂在汽车底部的涂装材料，用于解决汽车发动机噪声、路噪、胎噪等结构噪声的一种材料，还可以提高车身。底部抗腐蚀能力，延长使用寿命。

阻尼材料是指可以阻碍物体相对运动，并能把振动化为热能耗散的一种材料，其主要目的是降噪。一般材料的阻尼性越大结构振动就会越弱，噪声就会越小。施工中阻尼材料都是涂布在结构件表面，得到复合阻尼材料（钢板+阻尼材料），由于复合阻尼材料复合阻尼因子大、温域宽，导致减振降噪的效果更明显，如图 5-11 所示。

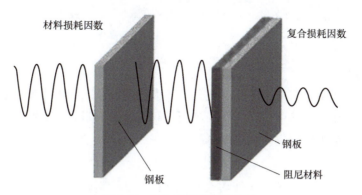

图 5-11　复合阻尼的降噪效果

3. 降噪阻尼胶

降噪阻尼材料顾名思义就是可降低噪声的材料，包括黏弹阻尼材料和液态可喷涂型阻尼材料。其中黏弹阻尼材料中，沥青阻尼片应用较为广泛。它是以沥青为主的薄片状材料，用于大面积壳体减振降噪，粘贴后状态如图 5-12 所示。其类型分为磁性型、自黏型和热熔型三类。它的特点是成本低、机械强度低、温域窄、复合阻尼因子低、污染严重。

图 5-12 沥青阻尼片

液态可喷涂型阻尼即可喷涂型隔声阻尼（Liquid Applied Sound Deadener，LASD）材料，是一种高分子功能涂料，特别适合用于空间曲面结构。它在降噪性能、降低成本、降低整车重量以及环保方面表现优秀，并且可以兼容机械臂进行操作，如图 5-13 所示。LASD 材料的操作以喷涂为主要施工手段，其优异的环保、消声、降噪的特点使其成为目前最优秀的降噪阻尼材料。

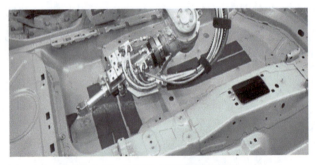

图 5-13 LASD 材料的喷涂操作

4. 指压密封胶

指压密封胶主要用在车身工艺孔、通孔、较大缝隙以及凹凸不平处。它其实是一种密封原子灰，无毒、无味、不粘手、不流淌，与板材间有较好的附着性。此种材料在客车、越野车、重型货车等车型中应用较多。

5. 裙边胶

裙边胶指在车辆两侧的下边缘处喷涂的一种抗石击涂料，它利用固化后自身优异的耐候性、耐盐雾性和良好的抗石击性能的特点，对车身裙边进行保护，并提升车身的防腐和降噪减振的性能。因此，裙边胶工艺是涂装工艺中一种重要的应用工艺。

三、密封工艺参数

1. 手工喷涂密封胶参数要求

在密封工艺中合适的手工涂胶方式是降低成本和不影响装配的主要因素，因此需要根据车身的焊接接头形式和车身状态制定相应的涂胶工艺参数。

手工涂胶设备由供给胶管路(胶泵)、调压阀、球阀、挤胶枪和软管等组成,涂胶工具有尖嘴枪、胶条枪、铰链枪、折边枪和毛刷枪等,并且每种胶枪的使用方法各有不同。

一般手工涂胶时,胶枪与焊缝的角度应在20°~45°,如图5-14所示。

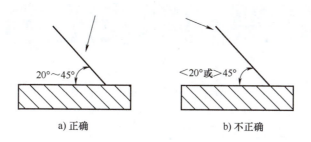

图 5-14　手工胶枪与焊缝的角度

手工涂胶设备工艺参数见表5-5(此参数各主机厂略有差异,此处仅作为学习参考用)。

表 5-5　手工涂胶设备工艺参数(参考)

操作描述	生产设备	特性		工艺参数	
		产品	过程	产品规范	测量技术
涂胶	—	—	温度	25~35℃	面板显示
	—	—	黏度	100000~150000cP⊖	旋转黏度计
	尖嘴枪	—	压力	130~160bar⊜	压力表
	胶条枪	—	压力	170~200bar	压力表
	铰链枪	—	压力	170~200bar	压力表
		胶条宽度	—	(8±2)mm	游标卡尺
		胶条厚度	—	(2±1)mm	游标卡尺
	前后盖折边枪	—	压力	80~120bar	压力表
		胶条宽度	—	(8±2)mm	游标卡尺
		胶条厚度	—	(2±1)mm	游标卡尺
	毛刷枪	—	压力	120~150bar	压力表
	四门折边枪	—	压力	100~130bar	压力表
		胶条宽度	—	(8±2)mm	游标卡尺
		胶条厚度	—	(2±1)mm	游标卡尺

注:⊖ cP=1×10^{-3}Pa·s。
　　⊜ 1bar=100kPa。

需要注意尖嘴枪的胶条呈圆柱状,需左右对称,胶条从头至尾的直径必须目视均匀,其他胶枪所打出的胶只需保证其密封性能,不影响装配即可。

2. 机器人喷涂密封胶参数要求

(1)车底焊缝胶参数要求　机器人喷涂密封胶一般负责车身底部、车身内腔的所有缝隙、车身裙边、LASD 降噪阻尼。自动涂胶时胶条的形状（宽度和厚度）需要与车辆质量需求相匹配，而胶条形状主要受到枪嘴、涂胶流量、压力等工艺参数的影响，在工艺规划设计时需要充分考虑，以便获得良好的涂胶质量，机器人喷涂密封胶参数见表 5-6（此参数各主机厂略有差异，此处仅作为学习参考用）。

表 5-6　机器人涂胶工艺参数（参考）

操作描述	特性		参数要求	
	产品	过程	产品规范	测量技术
底部焊缝密封胶	—	温度	25～35℃	设备显示
	—	黏度	100000～150000cP	旋转黏度计
	—	压力	120～240bar	压力表
	涂胶宽度	—	10～25mm	游标卡尺
	涂胶厚度	—	1～3mm	梳规
	表面质量	—	喷涂无遗漏、不得污染非涂胶部位	目视
	干膜外观	—	有弹性、无变色、气泡、开裂	目视

（2）抗石击涂料工艺参数　在喷涂车身的抗石击涂料时，其工艺参数见表 5-7（此参数各主机厂略有差异，此处仅作为学习参考用）。

表 5-7　抗石击涂料工艺参数

序号	项目	检验方法	标准要求
1	外观	目测	灰色糊状，表面光滑，无开裂、颗粒和杂质
2	密度	GB/T 533—2008	1.20～1.50g/mL
3	黏度	Brookfield 旋转仪，转速 10r/min，温度：25℃	*
4	压流黏度	直径 2mm 出胶口，胶温（23±2）℃，0.5MPa	通过 1min 出胶量制定，单位是 g/min
5	不挥发物含量	GB/T 2793—1995	≥95%
6	储存稳定性	(30±2)℃，储存 20 天	无凝胶，黏度变化率不大于 25%

抗石击涂料一般也由机器人喷涂，为了使机器人喷涂的质量达到最佳状态，需要对喷涂参数进行设定，一般会根据表 5-8（此参数各主机厂略有差异，此处仅作为学习参考用）进行设定。

表 5-8　抗石击涂料机器人喷涂工艺参数（参考）

操作描述	特性		参数要求	
	产品	过程	产品规范	测量技术
底部焊缝密封胶	—	温度	25~35℃	设备显示
	—	黏度	100000~150000cP	旋转黏度计
	—	压力	120~240bar	压力表
	涂胶宽度	—	10~25mm	游标卡尺
	涂胶厚度	—	1~3mm	梳规
	表面质量	—	喷涂无遗漏、不得污染非涂胶部位	目视
	干膜外观	—	有弹性，无变色、气泡、开裂	目视

抗石击涂料对汽车车身保护非常重要，其干膜需要满足高抗石击性、耐蚀性、耐候性及外观高装饰性的涂装要求；其干膜后的要求需达到抗石击涂料干膜性能要求（此参数各主机厂略有差异，此处仅作为学习参考用），见表 5-9。

表 5-9　抗石击涂料干膜性能要求

序号	项目	单位	要求
1	干膜外观	—	有弹性，无变色、气泡、开裂
2	干膜密度（140℃/30min 烘干）	g/mL	≤1.6
3	硬度（邵氏）	—	40~70
4	附着力	—	内聚型破坏合格
5	剪切强度	MPa	≥1.0
6	断裂拉伸强度	MPa	≥1.0
7	断裂拉伸率	%	≥100
8	柔韧性	nm	轴的直径为10mm。轴面和铰链座板之间的缝隙为（0.55±0.05）mm。测定时，插入试板，并使涂层面朝座板，随后便可弯曲，操作应在1~2s内，平稳而不是突然地合上仪器，使试板在轴上转180°。然后，立即用正常视力或用10倍放大镜检查涂层是否开裂或从底板上剥离（不记离板边小于10mm的涂层）。
9	高温稳定性（180℃/45min 烘干）	—	无气泡、无裂纹、无焦化
10	抗低温冲击	—	-40℃/2h 后冲击，在室温下放置24h后观察，允许有轻度裂纹、外观无变化

(续)

序号	项目	单位	要求
11	抗冲击性	kg·cm	评价一种涂料产品的耐冲击性时，其底材应采用50mm×120mm（0.2~0.3）mm的（镀锡）钢板，测试时将干燥后的涂漆样板涂层朝上平放在仪器下部的铁砧上，将若干千克重的重锤提升到若干厘米的高度，然后使重锤自由下落冲击样板（重量×高度≥50kg·cm）。试验应在恒温、恒湿的条件下进行，同一试板进行三次冲击试验。
12	耐酸性（0.05mol/L H_2SO_4 浸入式）	—	24h，附着力为内聚型破坏，无起泡、开裂
13	耐碱性（0.10mol/L NaOH 浸入式）	—	24h，附着力为内聚型破坏，无起泡、开裂
14	耐水性（40±2）℃，10天	—	无显著的发白、软化、膨胀、起泡、脱离
15	阻燃性	—	10s内自灭
16	耐湿热性（30℃@80%@96h，厚2mm）	—	无起泡、开裂、变色，附着力为内聚型破坏
17	抗石击（5bar@1kg，10次）	—	0/1级
18	耐候性（400h）	—	无脆化、无裂纹，附着力为内聚型破坏，无明显变色
19	耐盐雾（35℃，720h）	—	横截面单边扩蚀最大值≤2.5mm

第三节 修磨操作

一、辨别常见缺陷的方法

1. 电泳涂层常见缺陷

（1）车身变形（Deformation） 外表面件在焊装车间焊接以及转运过程中发生磕碰，使得被焊接件产生变形的现象。车身变形如图5-15所示。

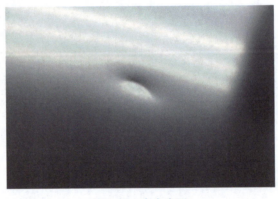

图5-15 车身变形

产生原因：

1）焊接前在运送冲压件的过程中与转运器具发生磕碰，导致板件发生变形。

2）焊接过程中，放置被焊接件时，与夹具发生磕碰，导致板件发生变形。

3）夹具/转运器具保护垫破损。

（2）车身划痕（Scratch） 外表面件在焊装车间焊接以及转运过程中被其他异物划伤表面，产生痕迹。划痕如图 5-16 所示。

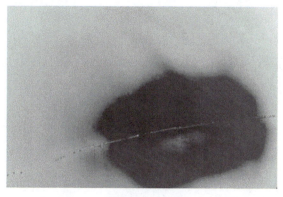

图 5-16　划痕

产生原因：

1）操作人员带有坚硬异物，触碰车身导致板件表面产生划痕。

2）使用打磨工具或者装配工具时造成外表面件产生划痕。

3）安装人员安装过程中，被安装件划伤车身已安装件。

4）安装辅具过程中，辅具划伤车身外表面件。

（3）车身刨痕/打磨痕（Scrape/Buff Marks） 打磨机打磨外表面以及刨刀处理变形过程中产生痕迹。车身刨痕/打磨痕如图 5-17 所示。

图 5-17　刨痕/打磨痕

产生原因：

1）打磨或者刨刀处理后未抛光。

2) 打磨后表面不平整。

3) 打磨过程中处理不圆滑。

(4) 车身胶残留（Spot Welding Adhesive/ Expansion Rubber/Folding Plastic） 前门/后门/发动机舱盖/行李舱门/顶盖涂胶过程中造成折边胶/点焊胶/膨胀胶等溢出以及残留。点焊胶/膨胀胶/折边胶如图5-18所示。

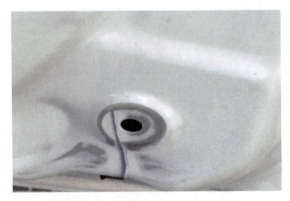

图5-18 点焊胶/膨胀胶/折边胶

产生原因：

1) 涂胶直径超出工艺要求上限，导致焊装胶外溢。

2) 胶条距离牙合边过近，焊装胶外溢。

3) 涂胶过程中焊装胶粘到车身可视表面。

(5) 颗粒（Grain） 在烘干后电泳涂膜表面上存在手感粗糙或肉眼可见的较硬颗粒。颗粒如图5-19所示。

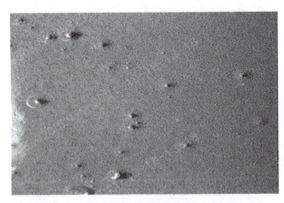

图5-19 电泳涂层颗粒

产生原因：

1) 电泳槽液有凝聚物、沉淀物或其他污物，槽液过滤不良。

2) 电泳后冲洗槽液脏或冲洗槽液中含涂料浓度高。

3) 烘干炉脏，落上颗粒状污物。

4）进入电泳槽液中被涂物及吊具不干净，磷化后水洗不净。
5）涂装环境脏。
6）树脂与色浆溶解析出。
7）过滤袋规格不符。
8）槽液更新率低。
9）循环泵经常停止运转，管道内部沉积物吹到电泳槽。
10）循环泵转速过快。
11）槽液细菌增生。
12）槽液 pH 值偏高。
13）膜厚不足。
14）槽液电导率偏高。
15）槽液温度偏高。
16）碱性物质带入槽液。

（6）缩孔（Shrink Hole） 电泳漆膜烘干后，表面产生火山口状的凹坑，直径一般在 0.5~3mm，露出底材的称为缩孔。缩孔如图 5-20 所示。

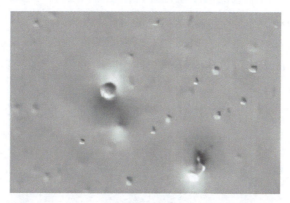

图 5-20 缩孔

产生原因：
1）电泳槽液颜基比失调。
2）补给涂料或者树脂溶解不良。
3）烘干室内不净或循环风内含油。
4）前处理脱脂不良，磷化膜上有油污。
5）电泳后冲洗时清洗液中混有异物，去离子水的纯度差。
6）槽液中混有异物，油漂浮到电泳槽液表面或者乳化在槽液中。
7）被涂件污染（灰尘、机油、铁粉、尘埃等）。
8）被涂件在冲压—涂装过程中被硅酮污染。
9）溶剂含量低。
10）电流密度大。

（7）针孔（Pinhole） 在涂膜上产生针状小凹坑的现象。针孔如图 5-21 所示。

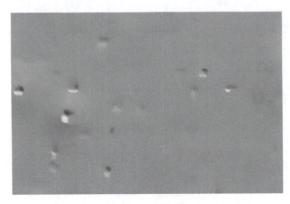

图 5-21　针孔

产生原因：

1）再溶性针孔：电泳后湿涂膜冲洗不及时，被浮漆液再次溶解产生针孔。

2）气体针孔：在电泳过程中，由于电解反应激烈，产生气泡过多，脱泡不良；因槽液温度偏低或搅拌不充分，造成气泡被涂膜包裹，在烘干过程中气泡破裂而产生针孔。

3）带电入槽阶梯式针孔：发生在带电入槽阶段弊病程度严重的场合下。针孔沿入槽斜线露出底板。气泡针孔发生在带电入槽场合下，由于槽液对物体表面湿润不良，使一些气泡被封闭在涂膜内或者槽液表面泡沫附着在被涂件表面上形成针孔气泡，这种针孔易产生在被涂件下部。

（8）水迹（Water） 电泳涂膜烘干后局部被涂面表面出现凹凸不平的水滴斑状的缺陷。水迹如图 5-22 所示。

图 5-22　水迹

产生原因：

1）在烘干前湿电泳涂膜表面有水滴，水洗后附着水滴未挥发掉或者未吹掉。

2）烘干前吊具上滴落的水滴。

3）电泳水洗后，被涂物上有水洗液积存。

4）去离子水洗量不足。

5）湿电泳涂膜抗水滴性差。

6）进入烘干室升温过快。

（9）异常附着物（Abnormal Adhesion） 被涂物表面或者磷化膜导电性不均匀，电泳时电流密度集中于电阻小的部位，使涂层在此部分集中生长，呈现出堆积的状态。异常附着物如图 5-23 所示。

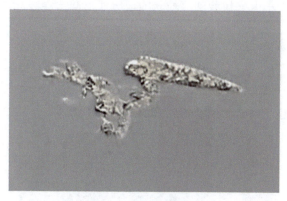

图 5-23　异常附着物

产生原因：

1）被涂物表面导电性不均匀，导致局部电流密度过大。磷化膜污染（指印、斑印、酸洗渣子）、被涂物表面污染（黄锈、清洗剂、焊渣）、前处理异常（脱脂不良、水洗不充分、脱脂液/磷化液残留、磷化膜蓝斑/黄斑）。

2）槽内杂质离子污染、导电过大、槽液中溶剂含量过高、灰分太低。

3）电压过高、槽液温度高、涂膜破坏。

（10）电泳流痕（the Secondary Flow Mark） 电泳冲洗后含在被涂物狭缝（焊缝）中的液体经过烘干后流出，在被涂物狭缝（焊缝）处形成明显流痕。二次流痕如图 5-24 所示。

图 5-24　二次流痕

产生原因：

1）电泳后水洗不良。

2）槽液固体分过高。

3）冲洗用水中含涂料量偏高。

4）被涂物结构导致。

5）进入烘干室升温过快。

（11）涂膜起泡（Coating Blister） 涂膜一部分从被涂物表面或底涂层上浮起，其内部充满着液体或气体，其大小由米粒状到豆粒状或成大块浮起。涂膜起泡如图5-25所示。

图 5-25 涂膜起泡

产生原因：

1）去离子水洗杂质离子高。

2）循环泵或循环管路漏气。

3）槽液增生细菌。

4）原涂料涂膜耐水性或耐潮湿性差。

5）涂膜干燥固化不充分。

6）涂装环境高温高湿。

7）槽液受碱性污染沉积、结块。

8）被涂物表面有油、盐碱性物质。

（12）露底（Exposed Base） 电泳涂膜烘干后露出底材部分。露底如图5-26所示。

图 5-26 露底

产生原因：

1）挂具、被涂件导电不良。
2）被涂物入槽后空气无法排出造成隔绝空气。
3）涂料泳透力低。
4）槽液温度低。
5）前处理除油不净。
6）槽液 pH 值太低。
7）膜厚太薄。
8）槽液颜基比低。

（13）锈斑（Rusty Spot） 白车身进入前处理前生锈，导致电泳漆无法附着，出现锈斑。锈斑如图 5-27 所示。

图 5-27　锈斑

产生原因：

1）白车身防锈油未涂布均匀。
2）电极帽焊穿，冷却水飞溅到白车身件表面，白车身表面生锈。
3）环境湿度大，白车身表面生锈。

（14）毛刺（Rag） 90% 的白车身焊接采用点焊工艺，点焊通过热量使板材之间进行分子熔合，从而完成焊接。焊接熔合过程中可能产生毛刺，毛刺如图 5-28 所示。

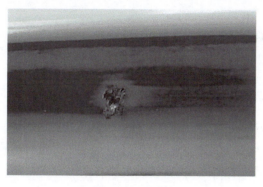

图 5-28　毛刺

产生原因:

1) 焊接时电极压力过小,焊接熔合过程中产生飞溅。

2) 焊接电流过大。

3) 焊接时焊钳与被焊接板材不垂直。

4) 被焊接板材之间有不相容杂质。

2. 中涂涂层常见缺陷

(1) 颗粒(Grain) 在烘干后中涂表面上存在手感粗糙或肉眼可见的较硬颗粒。颗粒如图5-29所示。

图5-29 中涂层颗粒

产生原因:

1) 喷漆室空气洁净度差。

2) 旋杯脏。

3) 烘干炉脏,落上颗粒状污物。

4) 喷漆室风速超差。

5) 人员衣物不净。

6) 被涂车身脏。

7) 白车身焊点飞溅,焊后未处理。

8) 油漆中有颗粒、异物等。

9) 涂料变质。

(2) 缩孔(Shrink Hote) 由外界造成中涂湿膜上附有尘埃、油、与中涂涂料不相容的粒子,露出底材成为缩孔中心,并造成烘干初期的展开不均衡而产生火山口状的凹坑,直径一般在0.5~3mm。缩孔如图5-30所示。

产生原因:

1) 烘干室内不净或循环风内含油。

2) 涂料表面张力偏高,流平性差,释放起泡性差,本身对缩孔的敏感性大。

3) 调漆工具及设备不清洁,有害异物混入涂料中。

4) 被涂面不净,有水、油、灰尘等异物。

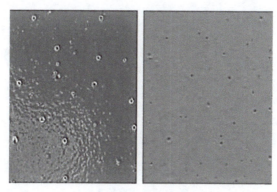

图 5-30　缩孔

5）涂装环境空气不清洁，有灰尘、漆雾等。

6）涂装工具、工作服、手套不干净。

（3）气泡（Bubble）　在喷涂过程中，涂膜表面呈泡状鼓起，或在涂膜中产生起泡的现象。气泡如图 5-31 所示。

图 5-31　气泡

产生原因：

1）空气压力低。

2）转速过低。

3）喷涂角度未与被涂面垂直。

4）雾化器故障。

5）油漆雾化不均匀。

6）稀释剂挥发快，涂料黏度高。

7）晾干时间短，涂层烘干时升温过快。

8）被涂车身表面有溶剂、水分。

9）涂料中的气体未释放完就进行喷涂作业。

（4）盖底不良（Cover at the Bottom of the Bad）　油漆喷涂局部涂膜厚度不足，导致局部膜厚不一致。盖底不良如图 5-32 所示。

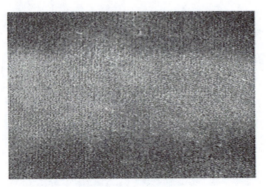

图 5-32　盖底不良

产生原因：

1）喷涂距离过大。

2）喷涂角度未与被涂面垂直。

3）喷枪移动速度过快。

4）旋杯喷漆流量低。

5）成形空气流量超差。

6）涂料遮盖力差。

7）稀释剂使用不当，涂料黏度低。

8）稀释剂使用过量。

（5）流挂（Sagging）　在垂直或倾斜区域出现的涂膜液滴或流痕现象，根据流痕的形状，可分为下沉、流挂、流淌等。流挂如图 5-33 所示。

下沉：涂装完毕到干燥期间涂层局部垂流，产生厚度不均匀的半圆状、波状等现象。

流挂：在采用喷漆的场合，涂料在被涂物的垂直面和边缘附近积留后，照原样固化并牢固附着的现象。

流淌：被涂物的垂直表面涂膜大面积的流挂现象。

图 5-33　流挂

产生原因：

1）溶剂挥发过慢或与涂料不匹配。
2）涂得过厚，喷涂操作不当，喷枪用力过大。
3）温度过低或周围空气的溶剂蒸气含量过高。
4）含有密度大的颜料。
5）距离近。

（6）橘皮（Orange Peel） 在喷涂时不能形成平滑的干漆膜面而呈橘皮状的凹凸现象，凹凸度约 3μm 左右。橘皮如图 5-34 所示。

图 5-34　橘皮

产生原因：

1）涂料的黏度大，流平性差。
2）空气压力低，出漆量大或喷具不佳导致雾化不良。
3）被涂物和空气的温度偏高，喷涂室内风速过大，溶剂挥发过快。
4）时间短，厚度不足，喷涂距离太远或太近。

（7）针孔（Pinhole） 在漆膜上产生针状小孔或像皮革毛孔的现象，孔径约 100μm。针孔如图 5-35 所示。

图 5-35　针孔

产生原因：
1）流平不良，流平性差，释放气泡性差。
2）涂料中混入异物，如溶剂型的涂料中混入水。
3）被涂物的温度过高或被涂物表面有污物及小孔。
4）喷涂后晾干不充分，烘干时升温过快，表面干燥过快。

3. 面漆涂层常见缺陷

（1）发花（Grow Dimhazy） 涂膜颜色不均匀，出现斑印、条纹和色相杂乱的现象，特别是金属漆表面。发花如图 5-36 所示。

产生原因：
1）黏度太高导致漆膜太湿。
2）雾化压力太低。
3）扇面太窄。
4）流量太大。
5）枪距太近。
6）慢干剂加得太多。

图 5-36 发花

（2）溶剂气泡（Solvent Dubbles） 漆膜表面的小突起，仔细观察是表层的小泡。通常在漆膜较厚的区域或边缘产生这样的情况较多。溶剂气泡如图 5-37 所示。

产生原因：
1）流量过大。
2）空气压力太低。
3）黏度过高。
4）稀释剂需增加慢干溶剂。
5）进入烘干区前的闪干时间太短。
6）烘干区的第一阶段温度太高，喷涂工艺覆盖区域太多。
7）漆膜太厚，闪干时间太短。

（3）色差（Aberration） 颜色与标准色板不符。色差如图 5-38 所示。

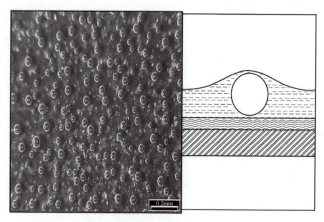

图 5-37 溶剂气泡

图 5-38 色差

产生原因:

1) 调漆缸或油漆桶里的油漆凝絮或沉淀。

2) 色漆层膜厚太薄露底。

3) 发花或干喷。

4) 油漆系统里前一种涂料未清洗干净。

(4) 漆膜过软 用手指甲很容易划出伤痕或者渗透到涂层里面,漆膜过软如图 5-39 所示。

图 5-39 漆膜过软

产生原因：

1）烘烤温度太低。

2）烘烤时间不够。

3）漆膜太厚。

4）双组分比例不对。

（5）砂痕（Sand Mark） 砂痕指漆膜光泽度低，它反映出低层涂层的瑕疵。砂痕如图 5-40 所示。

产生原因：

1）涂膜太薄。

2）打磨用砂纸太粗。

3）固化不完全。

图 5-40　砂痕

二、打磨工艺的基本要求

1. 打磨的主要功能

1）清除底材表面上的毛刺及杂物（如浮锈等）。

2）消除工件被涂漆面的颗粒、粗糙和不平整度，如刮过原子灰的表面在干燥后一般表面粗糙不平整，需要靠打磨来获得平滑的表面。

3）增强涂层附着力。涂料在平滑表面上的附着力差，打磨后可增强涂层的机械附着力，所以打磨是提高涂装效果的重要作业之一。

2. 打磨的分类

1）传统涂装工艺：电泳打磨、中涂打磨、面漆修饰打磨。

2）集成涂装工艺：电泳打磨、面漆修饰打磨。

3. 打磨工具的分类和使用

打磨工具可以分为手工打磨工具和机械打磨工具。

（1）手工打磨工具　手工打磨表面时经常使用多种辅助打磨工具，以提高打磨质量和速度。手工打磨的主要特点是操作比较灵活，根据涂装工序的需要来决定砂纸的选择以及打磨的方法。

手工打磨工具的正确使用：

1）应根据需打磨区的形状、所处的位置及打磨的质量要求选择合适的打磨垫块。如打磨平面时选用硬橡胶打磨块或快速打磨器，打磨曲面或狭窄部位时选用海绵状打磨块。

2）打磨时，应把砂纸按照打磨块的尺寸裁剪、折叠后，采用一定的固定方式固定。

3）打磨时，打磨块或打磨器应沿横向 X 轴方向移动，打磨的幅度宽且均匀，否则容易出现打磨痕迹而影响打磨质量。

4）打磨时，打磨块的底面必须完全与打磨区接触，且用力不要过大。

5）打磨时，应时刻观察砂纸的磨损程度和砂粒间嵌入打磨灰的多少，根据需要更换砂纸或清理打磨灰。

（2）机械打磨工具　机械打磨工具的种类：按动力源分为电动式和气动式。

1）打磨机。打磨机主要利用贴附在砂纸衬板上的砂纸对表面进行打磨，它可以分为以下几种类型。

① 圆盘式打磨机：运动轨迹是简单的圆周运动，因其打磨时不易掌握，常易产生较明显的打磨痕迹，在车身修复中已很少使用。

② 双向运动式或轨道式（复合式）打磨机：运动轨迹是两个方向，可打磨出非常光滑的表面，在车身修理中应用广泛。

③ 板式打磨机：运动方向可分为圆形运动式、往复运动式和直线运动式三种，主要用于粗打磨面积较大的区域。

2）抛光机。抛光机是利用抛光垫对涂层表面进行光整修饰的设备。

3）吸尘打磨设备。为了降低干式打磨时的粉尘，保护操作者的身体健康，减少环境污染，可采用具有吸尘功能的打磨设备，把打磨灰吸入粉袋内。吸尘式打磨设备可分为自吸尘式和主动集尘式干磨系统。

4）湿式打磨设备。由于手工湿式打磨时，右手打磨，左手不断用海绵给打磨区供水，且还需要将砂纸在水桶中清洗，整个过程繁琐，打磨效率低。采用专用的湿式打磨机可达到湿式打磨效果，也可提高效率。

5）打磨设备的使用。根据打磨对象选择打磨设备的类型，打磨设备的类型和用途见表 5-10。

表 5-10　打磨设备的类型和用途

打磨设备类型	使用范围	一般用途				
		清除旧漆	打磨薄边	粗磨钎焊表面	粗磨聚乙烯油漆层	打磨金属油漆层
圆盘打磨机	适用狭窄部位	优先选用	尽量不用	可以选用	尽量不用	尽量不用
复合打磨机		可以选用	优先选用	尽量不用	优先选用	优先选用
轨道打磨机		可以选用	可以选用	尽量不用	优先选用	优先选用
直线打磨机	适用宽敞部位	可以选用	尽量不用	尽量不用	可以选用	优先选用
板式打磨机		可以选用	尽量不用	尽量不用	可以选用	优先选用

往复作用式打磨设备在使用时，必须平压在被磨表面上，这样才不会留下打磨痕迹，这种打磨设备包括轨道式圆盘打磨机、双动式打磨机及板式打磨机。

6) 打磨设备的使用注意事项。

① 清除旧漆层或金属毛刺，修平焊缝时可使用圆盘打磨机。

② 打磨时切忌原地不动打磨，应保持打磨移动的连续性，否则会产生划痕、擦伤或烧灼等打磨缺陷。

③ 在靠近车身流水槽、装饰条、板件边沿及一些松脱构件时，应特别小心，防止磨盘卡住而损坏。

④ 在对平面进行打磨时，应使用轨道式平板打磨机，以获得良好的平整度，切忌使用单向圆盘打磨机。

⑤ 在打磨过程中，若发现涂料开始聚集成球时，应及时更换砂纸。

⑥ 在打磨时，操作者应佩戴完备的劳动防护用品。

4. 打磨工艺的种类

打磨工艺主要分为干打磨工艺和湿打磨工艺。

(1) 干打磨工艺　汽车涂装过程中和修补中，大多数情况以采用干打磨为主。有经验的油漆工会选用适当的砂纸进行打磨加工，具体方法如下：

1) 选择合适的磨料，采用氧化铝磨料的砂纸较适合干打磨。

2) 裁剪好砂纸，有必要的话选用合适的打磨块。

3) 先用粗砂纸打磨完成50%~75%，再用细砂纸进行精打磨，期间不跳号使用砂纸。

干打磨工艺的优缺点：在粗磨阶段使用，适当降低了工人的劳动强度，同时也加快了打磨速度。手工干磨由于易产生灰尘，且打磨痕迹粗糙，目前已被逐渐淘汰，生产中多用手工水磨方式。

(2) 湿打磨工艺

1) 选择合适的水砂纸、一桶干净水、泡沫塑料及橡皮刮胶板等。

2) 浸湿海绵、水砂纸及打磨表面。

3) 用海绵擦拭待打磨表面及其周围的区域，使之湿润。

4) 检查所用砂纸，平放于待打磨表面。一般手指与打磨方向一致。如果是大面积打磨，可将打磨区域分区，一块块进行打磨，每块面积不大于$0.1m^2$，轻轻压着砂纸进行打磨。

5) 在打磨过程中要不断用海绵蘸水往打磨表面上浇，以保持表面潮湿。

6) 打磨过程中一定要不时地检查打磨效果，直到结果满意为止。

湿打磨工艺的优缺点：要求的设备简单，只需水、黄海绵或无尘毛巾、几张砂纸就可完成。这种方法的优点是灵活性强，车身的任何部位都可以方便地处理到，尤其是车身拐角、弧面和棱线部位都可以处理到，因此水磨工艺是目前最广泛使用的。水打磨可以解决打磨灰尘堵塞砂纸的问题。在湿打磨操作过程中，不要让表面变干，也不要让涂料残渣堆积在砂纸上，就能以砂纸移动时黏结的感觉来判断砂纸磨削的情况。当砂纸开始在打磨表面很快滑动时，它就不再进行磨削了，磨料已被涂料的残渣堵上。把砂纸放在水中清洗可以清除掉涂料的残渣，然后砂纸就能够重新磨削表面了。这种打磨方式工作效率低且操作者劳动强度较大，而且这种打磨方式还存在着其他一些隐患，例如：水打磨后，会产生污水和灰尘，既影响喷漆质量，还污染环境。

5. 打磨涂层表面工艺方法介绍

（1）打磨电泳漆 电泳后打磨工序是涂装质量保证的重要工序之一。它主要负责除去电泳后的表面缺陷，如颗粒、流水痕、缩孔、焊渣、密封胶、油斑等，为下一工序中涂做好准备。

1）打磨电泳漆的两种方式：手磨和机磨（气动机打磨）（图5-41）。

a) 手磨

b) 气动机打磨

图5-41 手磨和机磨

针对各种缺陷，根据工件结构、板材平整度、缺陷面积、缺陷程度，应采取不同的打磨方式。结构简单、板材平整、缺陷打磨强度大和面积大的工件，更适宜采用机磨，打磨效率高。

各种缺陷主要的打磨方式选择见表5-11。

表5-11 各种缺陷主要的打磨方式选择

不良项目	形成原因	主要打磨方式
颗粒	电泳或烘干过程中带出的杂质离子	手磨
滴水痕	夹缝内腔有油，烘干时使水溢出	手磨
电泳渣	夹缝中残留的脱脂液与电泳漆反应形成	手磨
PVC	密封胶工作人员喷PVC时不小心喷到PVC喷涂区外	手磨
密封胶	密封胶工作人员触摸车体时将胶留在车身上	手磨
黑胶	焊接中打黑胶时过多，电泳烘干时溢出	较多时用机磨
缩孔	存在油缩孔和颗粒缩孔	大面积时用机磨
钣金	因碰撞而造成的车表面凹凸	先用工具纠正，再用手磨
焊渣	焊装的焊渣没有及时去除，留在车体上	先用砂布刮平，再用手磨
油斑	夹缝中的油脂电泳烘干时溢出附在车表面上	机磨

2）电泳打磨的注意事项。无论用哪种打磨方法，一定要注意打磨手法：使用转圈打磨法，用力一定要均匀；使用气动打磨机时还要注意打磨完成时要迅速将打磨机提起。

（2）打磨原子灰　原子灰干燥后，用手磨或者气动打磨机进一步打磨，所用砂纸粒度一般为 P180，当原子灰打磨性能差时，先用 P180 砂纸打磨，然后更换 P320 砂纸打磨。

打磨的要领是：将打磨机轻压在原子灰层表面，左右轻轻移动打磨机，切忌用力重压。

如果填补面积很宽，而且填补的是复合油灰，可以免去锉刀锉削工序，直接用气动打磨机打磨，此情况下，应使用 P180 砂纸。打磨时应注意，打磨头的工作面应保持与原子灰表面平行，如图 5-42a 所示。打磨时不能施力过大，应将打磨机轻轻压住，靠旋转力进行打磨。若施力过大，就不能形成平整表面。打磨机的移动方法如图 5-42b 所示。

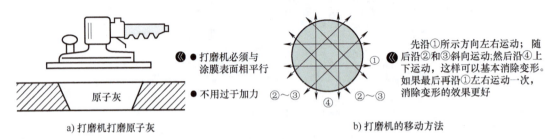

图 5-42　打磨机打磨原子灰和移动方法

在这之后，再换用 P320 砂纸，重复上述作业。最后应使用手工打磨板和橡胶块，由手工打磨修整，彻底清除细小的凹凸不平。手工打磨所用砂纸粒度为 P400。气动打磨机不可能完全消除变形，因而手工修整是必不可少的环节。

原子灰在进行湿打磨时，要使用 P180 砂纸。为形成完整的平面，一定要使用木制靠模块和橡胶制靠模块，由于原子灰会有一定的吸水性，容易造成涂层性能降低，所以目前原子灰打磨基本采用干式打磨。

使用打磨机大致形成平整表面之后，必须进行手工打磨修整，如图 5-43a 所示，手工打磨修整使用手工打磨板较为方便，其大小应与打磨作业面积相适宜。手工打磨板的移动方法和打磨机使用方法相同。另外，若能巧妙地使用木制靠模块和橡胶靠模块，可以很快修正变形。

打磨结束后，若发现有气孔和小的伤痕，应马上修补。如果都等到喷中涂漆之后再修整的话，往往更麻烦。因此尽可能在该工序使表面平整，消除引起缺陷的隐患。

气孔和伤痕的修补如图 5-43b 所示。通常采用填眼灰进行填补。待其干燥后，干打磨采用粒度为 P400~P600 的砂纸。

（3）抛光打蜡　抛光是使面漆涂层具有柔和、稳定的光泽，使漆面更加光滑，这是提高涂层装饰性的一种手段，一般仅在对装饰性要求高的高级产品（高级轿车、钢琴、高级家具、乐器等）的涂装工艺中采用。为达到漆面清晰如镜的效果，在抛光后还要打蜡，同

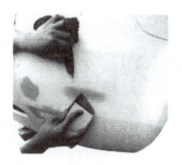 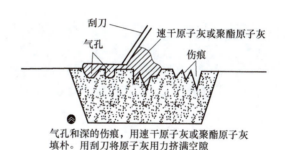

a) 手工打磨修整　　　　　　　　b) 气孔和伤痕的修补

图 5-43　手工打磨

时对涂膜也起到保护作用，因此打蜡也是维护涂层的一种手段。

抛光采用专用抛光膏或极细的磨料，用法兰绒、棉纱或纱布蘸些抛光膏，涂在被抛光的漆面上，擦拭到获得平滑的漆面为止，随后用专用的抛光水擦洗漆面，擦净后再用法兰绒、棉纱或纱布抹一些上光蜡，像擦皮鞋那样进行打蜡，这时漆面应该具有很好的光泽。抛光打蜡一般是手工操作，有时也会借助于抛光机。一般是在棉球干透后直接抛光，对抛光性能优良的面漆，为减轻抛光工作量，有时在抛光前先用 P1500 水砂纸打磨，消除各种缺陷及磨平后再进行抛光。随着轿车用面漆可抛光性提高，上述打磨抛光工序已成为消除轿车面漆层颗粒、"虚烟"等弊病的手段，一般与最终检查、验收工序在一个工位进行。

抛光膏一般是由分散极细的氧化铝、凡士林和蓖麻油、肥皂和水等制成。

在小批量生产场合一般是手工抛光，在大批量生产中采用盘式抛光机，在抛光机的橡胶制的圆盘抛光头上套有较软的、法兰绒或羊皮制的帽，靠圆盘回转运动进行抛光，其转速一般为 1800～3600r/min。

6. 打磨前沿技术

目前打磨往往采用人工作业，不仅费时，同时打磨过程中产生的粉尘危害人体健康，当前有无尘打磨和机器人打磨两种前沿技术，处于应用探索阶段。

无尘打磨是将打磨过程中产生的粉尘进行集中收集、集中处理，打磨盘下部的吸盘将打磨灰尘进行吸收，汇聚到封闭容器中。它的优点是避免人体接触灰尘，缺点是打磨机打磨的压力降低，需考虑压缩空气供压压力应满足要求。

机器人打磨抛光用于替代人工的打磨抛光工作，主要用于工件的表面打磨、棱角去毛刺、焊缝打磨、内腔内孔去毛刺、孔口螺纹口加工等工作，可应用于卫浴五金、IT、汽车零部件、医疗器械、木材建材家居等行业。

7. 砂纸分类

打磨底材表面一般采用粗的或细的砂布、砂纸等。打磨填坑的原子灰层一般用细砂布或磨石。砂布和砂纸仅适用于干打磨。湿打磨中涂和面漆层时，需采用水砂纸。根据砂纸的磨料粒径可分为若干编号，编号越高磨料粒径越小，砂纸越细，见表 5-12。

表 5-12 砂纸的粒度、种类、编号及用途

粗细度	氧化铝		金刚砂		锆铝		用途
	规格代号	粒度（目）	规格代号	粒度（目）	规格代号	粒度（目）	
细	—	2000 1500 1200	—	—	—	—	用于打磨抛光前的清漆层
	1000 900 800	800 700 600	1000 900 800	800 700 600	—	—	中涂、底漆打磨或旧涂层打磨
	700 600 500 400	500 400 320 260	700 600 500 400	500 400 320 260	600 400	400 260	
	360 320 300 280	240 220 200 180	360 320 300 280	240 220 200 180	280	180	腻子或旧涂层打磨
粗	260	170	260	170	—	—	—
	240 220 200	160 150 140	240 220 200	160 150 140	240	180	腻子中等细度打磨
	180 150	120 100	180 150	120 100	180 150	120 100	腻子一般打磨
	120 100	—	120 100	—	100		平整旧涂层和腻子打磨
	80 60		80 60		80		用打磨机粗磨腻子
	60 40		60 40		60 40		用打磨机清除旧涂层和锈蚀

砂纸的品种和型号，各国都制定了相应的标准（表 5-13）。国产普通砂纸的规格见表 5-14。

表 5-13 欧洲标准（PEPA）砂纸与美国标准（CAMI）砂纸

欧洲标准砂纸	美国标准砂纸	用途	欧洲标准砂纸	美国标准砂纸	用途
P1500	—	面漆湿打磨、抛光	P180	180	用于细打磨
P1200	600	面漆涂装前，手工湿打磨底漆	P150	150	
P1000	500	—	P120	120	
P800	400	面漆涂装前，机械打磨底漆	P100	100	手工、机械打磨原子灰
P600	360	—	P80	80	
P500	—		P60	60	喷涂前旧漆层的打磨
P400	320	底漆、填充底漆粗打磨	P50	50	
P360	280		P40	40	—
P320		底漆涂装前底材表面打磨	P36	36	金属表面粗打磨
P280	240		P30	30	
P240	—	机械打磨大面积涂层	P24	24	
P220	220		P20	20	

表 5-14 国产普通砂纸规格

型号	3/0	2/0	0	1/2	1	1	1½	2	2	2½
粒度/目	180	160	140	120	100	80	60	56	46	36

第四节 调漆操作

调漆从广义上理解是将漆浆进行调配的过程。通过实操，我们更进一步了解后会发现，调漆分为两个部分的操作：油漆的调配操作、油漆的调色操作。

1. 油漆的调配操作

通常油漆的调配是指在生产过程中对研磨的漆浆进行稳定化的过程，通过调整稀释剂来调整漆液的黏度和挥发速度，通过固化剂来完成液态油漆固化，从而获得所需要的液态可施工材料的操作。

油漆的调配操作可以通过两种方式来完成。一种是传统的手工调配方式；另外一种是为了适应大批量、高品质生产的需要而发展起来的自动配比供漆系统，它集成了输送、调配等功能，如图 5-44 所示。

2. 油漆的调色操作

油漆的调色是指采用红、黄、蓝、白、黑 5 种颜色，经过调配后，调制成不同感觉的另外一种颜色或生产需要的颜色的一种操作。

在实践中，调色的操作是非常难以掌握的一项技术，不但需要充实的理论知识还需要长期操作经验的支持。虽然目前已经有电脑调色、颜色识别设备等工艺和设备的支持，一定程度上降低了工作难度，但是仍然无法完全依赖设备，还是需要人工进行微调。所以，学好油漆调色这项技能是非常重要的。

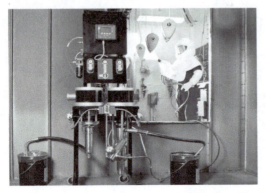

图 5-44　自动配比供漆系统

一、油漆的调配操作

此处，我们只针对手工调配操作进行学习，目的是让学员懂得调配的方法、工具以及调配所涉及的材料。

1. 调漆工具

（1）调漆杯　调漆杯是用于盛放、油漆的容器，其规格有 0.1L、0.2L、0.3L、0.5L、1L、3L、5L 等多种，调漆杯如图 5-45 所示。它的材质为塑料和金属两种类型。塑料调漆杯多为一次性容器，当然也可在使用结束后及时用清洗溶剂清洗干净，待下次继续使用。

图 5-45　调漆杯

（2）调漆尺　调漆尺是表面带有刻度的直尺，其表面的刻度是用于控制调配所需要添加的原漆、固化剂、稀释剂比例的，如图 5-46 调漆尺所示。

图 5-46　调漆尺

1）在调漆尺的顶端会有调漆尺适用范围的比例标注，如图 5-47 所示，如 2∶1∶10%代表 2 份原漆料、1 份固化剂、10%稀释剂。

2）调漆尺上每一列代表混合所需要的材料。第一列代表原漆料测量比例、第二列固化剂测量比例、第三列稀释剂测量比例，如图 5-47 所示。三列一起观察会发现每一列都有同一个数字，这每一列上的相同数字代表统一加注的标线。如原漆添加至 1，那么相应固化剂、稀释剂都必须添加到 1 的标签位置，以此类推。

3）在调配的时候从左向右依次添加原漆、固化剂、稀释剂。

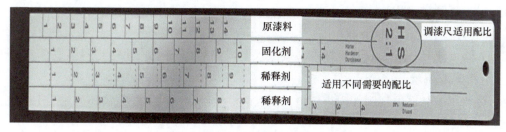

图 5-47 调漆尺说明

（3）搅拌棒　搅拌棒是直尺型圆头的木质或金属扁棒，搅拌棒的作用是搅拌油漆，使油漆混合均匀，如图 5-48 所示。

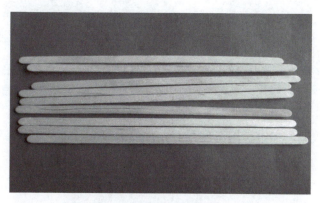

图 5-48 搅拌棒

2. 单组分油漆调配操作（手工操作）

如果采用自动调配系统，只需要将原漆、稀释剂接入系统，随后调整所需要的配比后按开始键就可以得到所需要的成品材料了。下面我们介绍以手工方式调配 100g 单组分自干漆的操作。

（1）设备、工具、辅具准备

1）调配间（30~40m²）：良好的光照、有强通排风系统。

2）设备（工具）：调漆台 1 个，调漆杯 1 个，调漆尺 1 把，搅拌棒 1 根。单组分油漆调配作业指导书一份。

3）个人防护用品：防毒面具、护目镜、乳胶手套、带帽式抗静电工作服、抗静电安全鞋。

(2) 材料准备

1) 单组分自干漆：白色 100g。

2) 单组分自干漆配套稀释剂 1 罐。

(3) 操作准备

1) 根据单组分油漆调配作业指导书要求，将单组分自干漆和单组分自干漆配套稀释剂，按照 1∶1 的比例进行混合。

2) 调配时正确使用调漆尺。

3) 总量控制在 200g。

(4) 操作步骤

1) 先将调漆尺垂直放入调漆杯中，调漆尺需贴着容器侧壁，保持与容器底部 90°角的状态，如图 5-49 所示。

2) 先将单组分自干漆倒入调漆杯中，倒入的漆量到调漆尺上的原漆那列刻度 1 的位置，如图 5-50 所示。

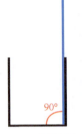  

图 5-49　调漆尺的放置　　　　　　　图 5-50　倒入单组分自干漆

3) 将稀释剂倒入调漆杯中，倒入的稀释剂量到调漆尺上 1∶1 稀释剂那列刻度 1 的位置，如图 5-51 所示。

图 5-51　倒入单组分自干漆稀释剂

4）使用搅拌棒搅拌油漆 1min。

搅拌均匀后，调配操作完成。

（5）注意事项

1）佩戴好规定的劳动防护用品。

2）调配后的白漆在（200±5）g 以内。

二、油漆和化学品的基础知识

在学习油漆的调配操作中，我们还要学习一下关于油漆的一些相关知识，这些知识是油漆调配操作的基础知识。

1. 油漆的发展

人类生产和使用油漆已有悠久的历史。油漆的发展与树脂和颜料的发展有着非常紧密的联系。

原始的壁画就是用生土、黏土、烧焦的木炭以及动物脂肪等绘制而成的具有红色、黄色以及黑色等的图案；古埃及人用天然树胶混合有色彩的矿物质、蜂蜜及蛋白来绘制墓地中的壁画，产生了更多的色彩如红色、黄色、黑色、绿色和蓝色等；古罗马人用亮红色的颜料混合亚麻油做装饰，这是醇酸油漆的前身。

在 18 世纪前，油漆的使用主要依赖于天然树脂和天然颜料。到 18~19 世纪工业革命时期，油漆工业得到空前的发展，清漆和色漆被广泛地运用在金属表面用于防腐，油漆生产也开始工业化。

随着合成树脂的出现，油漆更广泛地运用在各个领域，人类也能根据需要选择不同类型和性能的油漆。20 世纪 20 年代，出现了硝基纤维素树脂，它与石油溶剂（如烃、酯、酮、醇等）和合成有机颜料相配合，被广泛地应用在汽车生产中；到 20 世纪中后期，高温磁漆技术使得汽车涂装工业上了一个新台阶。

20 世纪后期，进入现代油漆工业发展时代。颜料和溶剂更趋于安全、易用，丙烯酸、聚酯、乙烯及聚氨酯树脂的出现使得各种底材的涂装都得到了快速发展；并出现了新的施工技术如卷涂、电泳、自动化喷涂等。

2. 油漆的基本组成

油漆是涂覆在被保护或被装饰的物体表面，与被涂物形成牢固附着的连续薄膜。油漆的基本组成包括树脂、颜料、溶剂、添加剂等。

（1）树脂　树脂原来是指固体、半固体且具有受热熔化性质的材料。树脂是有许多高分子复杂化合物相互溶解而成的混合物。树脂有天然的、人工的、合成的。树脂也常被称为"成膜物"或"基料"，是油漆最基本的组成物质。

树脂的主要作用是将油漆中的各种物质黏合在一起，并和其他物质共同实现油漆的性能，如对底材的附着力、耐候性及其他物理或化学性能。

1）树脂的性能。一般树脂都可熔化，可溶解于有机溶剂中如醇、酯、酮等，但有难溶或不溶于水的性质。熔化或溶解的树脂一般黏着性很强，涂覆于物体表面干燥后能形成一层透明而硬脆的薄膜。

在油漆中树脂必须具备如下性能：

① 树脂在油漆中作为主要成膜物质，它的性能直接关系到油漆性能。树脂的光泽、硬度、弹性、耐水性、耐酸碱性等的指标，能赋予涂膜一定的保护与装饰性能。

② 树脂之间或树脂与油之间要有很好的互溶性。由于各种树脂有各自的特性，在油漆中常将多种树脂合用，互相取长补短，满足多方面的性能要求。

③ 树脂要求易于在价廉且来源充足的溶剂中溶解。由于施工的需要，油漆要能很好地变为涂膜，一般须把油漆制成液体状。有些树脂的溶解有局限性，限制了它的应用。

2) 树脂的分类。按照树脂来源分类，树脂可以分为天然树脂和合成树脂。虫胶、树胶等都是天然树脂；而油漆中使用的大部分树脂，如有机硅树脂、氨基树脂、硝基纤维素、醇酸树脂、丙烯酸树脂等都是合成树脂。

按照树脂聚合物的化学种类分类，常用于汽车涂装的树脂有环氧树脂、丙烯酸聚氨酯树脂、醇酸树脂、硝基纤维素树脂等。

(2) 颜料　颜料是一种微细粉末状的有色物质，经研磨成颗粒的天然矿物质或合成的化合物。它不溶于水或油等介质，能均匀地分散在介质中，涂于物体表面形成带色层，呈现一定的色彩。在油漆中，颜料主要提供色彩及特殊效果，提供油漆的遮盖力，提供填充性（即膜厚）、打磨性、耐候性及防腐性等。

颜料具有适当的遮盖力、着色力、高分散度、鲜明的色彩和光的稳定性等特性。

根据功能分类，颜料可分为着色颜料、填充颜料和防腐颜料等。

根据分子结构分类，颜料可分为无机颜料和有机颜料。如钛白粉、炭黑、氧化铁红及氧化铁黄等都是无机颜料；大部分颜色鲜艳的颜料如酞菁蓝、偶氮红等均为有机颜料。

另外，汽车涂装中常用的铝粉、珠光粉、干涉珍珠（变色龙珍珠）等则属于特殊效果颜料。

(3) 溶剂　溶剂是液态油漆的一个重要组成部分。溶剂是指在油漆中溶解或分散树脂和颜料，形成便于施工的液态油漆并在涂膜形成时挥发掉的物质。

在选择溶剂时，主要有溶解力和挥发速率两个基本因素。在油漆里，溶剂必须溶解树脂并降低其黏度，这样才可以使用。挥发是油漆干燥过程的一部分，调整溶剂的挥发速率可以控制干燥过程中各个阶段的油漆黏度。

在溶剂型油漆中，主要溶剂是有机溶剂，如烃类、醇类、酮类及酯类等；在水性油漆或乳胶漆中，主要溶剂是水。

(4) 添加剂　添加剂又俗称助剂，指少量用于油漆中却能影响油漆生产、储存、运输、施工及涂膜性能的物质，是油漆中不可缺少的部分。

添加剂加入少量即可改变油漆特性和功能，提高油漆质量和应用效果。现代社会对汽车油漆的性能要求如光泽、耐候性、遮盖力和流动性等越来越高。油漆添加剂的添加，可以改进油漆的生产工艺，提高油漆的质量，赋予油漆特殊功能，改善油漆的施工性能。

油漆添加剂已经发展成多个种类，其作用各不相同，使用时一定要根据油漆和涂膜的要求加以选择。

依据添加剂对汽车油漆和涂膜的作用，可分以下几种：

油漆生产过程发生作用的添加剂，如消泡剂、湿润剂、分散剂、引发剂等。

对油漆储存过程发生作用的添加剂，如防沉淀剂等。

在油漆施工成膜过程中发生作用的添加剂，如催干剂、固化剂、流平剂、表面控制剂、静电调节剂等。

对涂膜性能产生影响的添加剂，如增塑剂、消光剂、防静电剂、光稳定剂、抗划伤剂等。

三、油漆的种类、命名和型号

1. 油漆的种类

按油漆的形态可分为水性油漆、溶剂性油漆、粉末油漆、高固体分油漆等。根据国家标准 GB 2705—2003《油漆产品分类和命名》规定，油漆产品的分类是以油漆产品的用途为主线，并辅以主要成膜物质进行分类。

因为主要成膜物质是分类的基础，当油漆成膜物质为多种树脂时，则以在涂膜中起主要作用的一种树脂为基础类型，油漆成膜物质分类见表 5-15。

表 5-15 油漆成膜物质分类表

序号	成膜物质类别	主要成膜物质
1	油脂	天然植物油、动物油（脂）、合成油等
2	天然树脂	松香及其衍生物、虫胶、乳酪素、动物胶、大漆及其衍生物等
3	酚醛树脂	酚醛树脂、改性酚醛树脂等
4	沥青	天然沥青、（煤）焦油沥青、石油沥青等
5	醇酸树脂	甘油醇酸树脂、季戊四醇酸树脂、其他醇类的醇酸树脂、改性醇酸树脂等
6	氨基树脂	三聚氰胺树脂、脲（甲）醛树脂等
7	硝酸纤维（酯）	硝酸纤维素（酯）等
8	纤维素酯	乙酸纤维素（酯）、乙酸丁酸纤维素（酯）、乙基纤维素、苄基纤维素等
9	过氯乙烯树脂	过氯乙烯树脂等
10	烯类树脂	氯乙烯共聚树脂、聚乙酸乙烯及其共聚物、聚乙烯醇缩醛树脂、聚苯乙烯树脂、含氟树脂、氯化聚乙烯树脂、石油树脂等
11	丙烯酸树脂	热塑性丙烯酸树脂、热固性丙烯酸树脂等
12	聚酯树脂	饱和聚酯树脂、不饱和聚酯树脂等
13	环氧树脂	环氧树脂、环氧酯、改性环氧树脂等
14	聚氨酯树脂	聚氨（基甲酸）酯树脂等
15	元素有机聚合物	有机硅树脂、有机钛树脂、有机铝树脂等
16	橡胶	氯化橡胶、环化橡胶、氯丁橡胶、氯化氯丁橡胶、丁苯橡胶、氯磺化聚乙烯橡胶等
17	其他	以上 16 类包括不了的成膜物质，如无机高分子材料、聚酰亚胺树脂、二甲苯树脂等

注：包括直接来自天然资源的物质及其经加工处理后的物质。

2. 油漆的命名

油漆全名一般是由色彩或颜料名称加上成膜物质名称，再加上基本名称而组成。对于不含颜料的清漆，其全名一般是由成膜物质名称加上基本名称而组成。

油漆名称=颜色或颜料名称+成膜物质名称+基本名称

颜色位于名称的最前面,若颜料对漆膜性能起显著作用,则可用颜料的名称代替颜色的名称。如,乳白聚氨酯漆、锌黄环氧底漆等。

色彩名称通常由红、黄、蓝、白、黑、绿、紫、棕、灰等,有时再加上深、中、浅(淡)等词构成。名称中成膜物质的名称应适当简化,例如聚氨基甲酸酯简化成聚氨酯;环氧树脂简化成环氧;硝酸纤维素(酯)简化成硝基。如基料中含有多种成膜物质时,选取起主要作用的一种成膜物质命名。必要时也可以选取两种或三种成膜物质命名,主要成膜物质名称在前,次要成膜物质名称在后,例如红环氧硝基底漆。

基本名称表示油漆的基本品种、特性和专业用途。例如,清漆、中涂漆、底漆、磁漆、锤纹漆、甲板漆、汽车修补漆等。

在成膜物质名称和基本名称之间,必要时可插入适当词语来标明专业用途和特性等,例如白硝基仪表台磁漆、黑色环氧防腐底漆。

凡是烘烤干燥漆,名称中(成膜物质名称和基本名称之间)都要有"烘干"字样,例如铁红环氧聚酯烘干绝缘漆。名称中无"烘干",则表示该漆自然干燥、烘烤干燥均可。

3. 油漆的型号

油漆的型号是用于区别具体油漆品种的编号,一般它位于油漆名称之前,一般油漆型号由一个汉语拼音字母和两组阿拉伯数字三个部分组成,见表5-16。

1)字母(代号)表示油漆类别,见表5-17 油漆类别代号。
2)前面一组阿拉伯数字表示产品的基本名称,见表5-18 油漆基本名称代号。
3)后面一组阿拉伯数字则表示油漆产品序号,见表5-19,用以区别同一类型的不同品种。
4)前后两组阿拉伯数字之间加一短横使基本名称代号与序号分开。

例:油漆型号:S04-2,见表5-20。

表5-16 油漆型号的各部分含义

S	04	2
油漆类别	油漆基本名称	序号

表5-17 油漆类别代号

代号	油漆类别	代号	油漆类别
Y	油脂漆类	X	烯树脂漆类
T	天然树脂类	B	丙烯酸漆类
F	酚醛漆类	Z	聚酯漆类
L	沥青漆类	H	环氧漆类
C	醇酸漆类	S	聚氨酯漆类
A	氨基漆类	W	元素有机漆类
Q	硝基漆类	J	橡胶漆类
M	纤维素漆类	E	其他漆类
G	过氯乙烯漆类		

表 5-18 油漆基本名称代号

代号	基本名称	代号	基本名称
00	清油	45	饮水舱漆
01	清漆	46	油舱漆
02	厚漆	47	车间（预涂）底漆
03	调和漆	50	耐酸漆、耐碱漆
04	磁漆	52	防腐漆
05	粉末油漆	53	防锈漆
06	底漆	54	耐油漆
07	原子灰	55	耐水漆
09	大漆	60	防火漆
11	电泳漆	61	耐热漆
12	乳胶漆	62	示温漆
13	水溶（性）漆	63	涂布漆
14	透明漆	64	可剥漆
15	斑纹漆、裂纹漆、橘皮漆	65	卷材油漆
16	锤纹漆	66	光固化油漆
17	皱纹漆	67	隔热油漆
18	金属（效应）漆、闪光漆	70	机床漆
20	铅笔漆	71	工程机械用漆
22	木器漆	72	农机用漆
23	罐头漆	73	发电、输配电设备用漆
24	家电用漆	77	内墙油漆
26	自行车漆	78	外墙油漆
27	玩具漆	79	屋面防水油漆
28	塑料用漆	80	地板漆、地坪漆
30	（浸渍）绝缘漆	82	锅炉漆
31	（覆盖）绝缘漆	83	烟囱漆
32	抗弧（磁）漆、互感器漆	84	黑板漆
33	（黏合）绝缘漆	86	标志漆、路标漆、马路划线漆
34	漆包线漆	87	汽车漆（车身）
35	硅钢片漆	88	汽车漆（底盘）
36	电容器漆	89	其他汽车漆
37	电阻漆、电位器漆	90	汽车修补漆
38	半导体漆	93	集装箱漆
39	电缆漆、其他电工漆	94	铁路车辆用漆
40	防污漆	95	桥梁漆、输电塔漆及其他（大型露天）钢结构漆
41	水线漆	96	航空、航天用漆
42	甲板漆、甲板防滑漆	98	胶液
43	船壳漆	99	其他
44	船底漆		

表5-19 油漆产品序号代号

油漆品种		代号	
		自干 1~29℃	烘干 30℃以上
清漆、底漆、原子灰		1~29℃	30℃以上
磁漆	有光	1~49	50~59
	半光	60~69	70~79
	无光	80~89	90~99
专业用漆	清漆	1~9	10~29
	有光磁漆	30~49	50~59
	半光磁漆	60~64	65~69
	底漆	70~74	75~79
		80~89	90~99

表5-20 油漆型号和名称示例

型号	名称	型号	名称
Q01-17	硝基清漆	H36-51	中绿环氧烘干电容器漆
Q04-6	白硝基磁漆	S04-52	浅灰聚氨酯烘干磁漆

4. 辅助材料型号

辅助材料型号由汉语拼音字母和1~2位的阿拉伯数字组成，如图5-21所示。

1）字母表示辅助材料类别，见表5-22。

2）数字表示序号。

例：辅助材料型号 G-2 催干剂。

表5-21 辅助材料型号的各部分含义

G	2
辅助材料类别	序号

表5-22 辅助材料代号

代号	辅助材料名称
X	稀释剂
F	防潮剂
G	催干剂
T	脱漆剂
H	固化剂

四、油漆的成膜原理

油漆的成膜方式是由液态（或粉末状）变成固态，在被涂物表面上形成薄膜的过程，称为油漆的成膜过程。

液态油漆靠溶剂挥发、氧化、缩合、聚合等物理和化学作用成膜；粉末油漆靠熔融、缩合、聚合等物理和化学作用成膜。在成膜过程中油漆的类型、组分和结构起到了主导的作用。

根据油漆的成膜过程不同，汽车常用油漆可分为热塑性和热固性两大类。

1. 热塑性油漆

液态溶剂型热塑性油漆靠溶剂挥发，故又称挥发型油漆；无溶剂或粉末热塑性油漆是靠熔融，所形成的涂膜能被溶剂再溶解或受热熔化。其成膜过程为物理过程，无化学转化作用，因而也称为非转化型油漆。属于这类油漆的有硝基漆、过氯乙烯漆、热塑性丙烯酸树脂油漆、热塑性粉末油漆和 PVC 型车底油漆及密封胶等。

2. 热固性油漆

热固性油漆成膜依靠两部分的作用，一部分是通过溶剂挥发和熔融等物理作用，另外一部分靠缩合、聚合等化学作用。使液态的或热熔的低分子树脂转化为固态的网状结构的高分子化合物（交联反应），所形成的涂膜不能再被溶剂溶解，受热也不融化，只能焦化分解，因此热固性油漆也称为转化型油漆。这类油漆已是汽车制造油漆的主流。如环氧树脂油漆、聚酯油漆、电泳油漆和水性油漆、热固性丙烯酸树脂油漆和热固性粉末油漆等。

五、油漆的颜色

1. 颜色的基本概念

物体的色是当光照射时，对光的反射性质不同而引起的视觉现象。从物理学意义上讲，光是在一定波长范围内的一种电磁辐射。而电磁辐射的波长范围很大，从最短的 γ 射线到最长的长波无线电，其中只有很窄的波段（380~780nm）能够作用于我们的眼睛并引起视觉，通常被称为可见光。而就是这部分的可见电磁辐射，引起了人们对明亮的色彩感觉。所以颜色的辨认是人眼受到一定波长和强度的辐射能的刺激所引起的一种视觉神经的感觉，是人们受到物理刺激所产生的心理反应。

2. 三原色

红、黄、蓝三种颜色是最基本的颜色，如图 5-52 所示，用这三种颜色可以调配出其他颜色，其他颜色却调配不出这三种颜色，故称它们为三原色。自然界中的色彩种类繁多，变化丰富，但这三种颜色却是最基本的原色。把三原色相互混合，可以做出各种色彩的搭配。

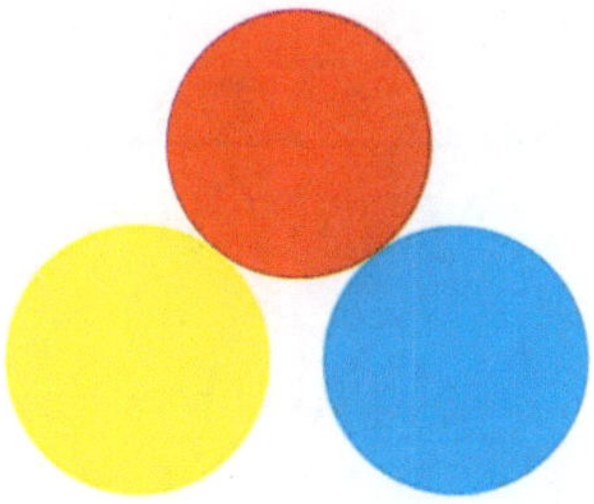

3. 颜色的三属性

在绚丽多彩的世界里，颜色的种类看起来是无穷尽的，简单归类大致可分为红、橙、黄、绿、蓝、紫及黑、白等。色彩可分为无彩色和有彩色两大类，前者如黑、白、灰；后者如红、黄、蓝等七彩。有彩色就是具备光谱上的某种或某些色

图 5-52 三原色

相,统称为彩调。与此相反,无彩色就没有彩调。无彩色有明有暗,表现为白、黑,也称色调。有彩色表现很复杂,但可以用三组特征值来确定。其一是彩调,也就是色相;其二是明暗,也就是明度;其三是色强,也就是纯度。色相、明度、纯度确定色彩的状态,称为色彩的三属性。

(1) 色相(色调)　色相是彩色彼此相互区别的特性,它是一定波长单色光的颜色相貌。色相决定于光源的光谱组成和物质表面所反射(或透射)的各波长辐射的比例对人眼所产生的感觉。色相体现了颜色在"质"方面的关系。从 380~780nm 波长的电磁辐射能引起人的视觉,这段波长称为可见光谱。

红、橙、黄、绿、青、蓝、紫等具有对应光谱的颜色性质。色相是颜色之间的区别,有彩色就是包含了彩调,即红、黄、蓝等几个色族,这些色族便叫色相。最初的基本色相为:红、橙、黄、绿、蓝、紫。在各色中间加插一两个中间色,其头尾色相,按光谱顺序为:红、橙红、黄橙、黄、黄绿、绿、绿蓝、蓝绿、蓝、蓝紫、紫、红紫。红和紫中再加个中间色,可制出十二基本色相。这十二色相的彩调变化,在光谱色感上是均匀的。如果进一步再找出其中间色,便可以得到二十四个色相。如果再把光谱的红、橙黄、绿、蓝、紫诸色带圈起来,在红和紫之间插入半幅,构成环形的色相关系,便称为色相环。基本色相间取中间色,即得十二色相环。再进一步便是二十四色相环。在色相环的圆圈里,各彩调按不同角度排列,则十二色相环每一色相间距为 30°。二十四色相环每一色相间距为 15°。如图 5-53 所示。

图 5-53　二十四色相环

(2) 明度　明度是人们看到颜色后引起视觉上明暗(深浅)程度的感觉,也叫亮度、深浅度、光度和黑白度。明度随光辐射强度的变化而变化。同一色调可以有不同的明度,如图 5-54 所示。例如红色就有深红、浅红之分。不同色调也有不同的明度,如在太阳光谱中,紫明度最低,红和绿中等,黄明度最高,人们感到黄光最亮就是这个道理。明度一般用黑白度来表示。愈近白色，明度愈高；愈近黑色，明度愈低。因此无论哪个色加上白色，也就提高了混合色的明度，反之黑色则降低明度。

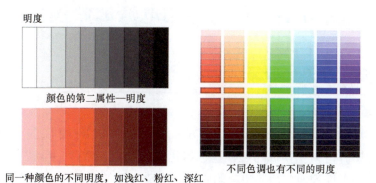

图 5-54　明度

（3）纯度　纯度也叫色的鲜映度、彩度、饱和度等，是表示色彩的纯正程度的属性，如图 5-55 所示。纯度可分为 0~20 档，一般小于 0.5 时就成为无彩色，接近 20 就接近饱和。当某一颜色浓淡达到饱和，而又无白色、灰色或黑色渗入其中时，即纯度最高的颜色。若有黑、灰渗入，即为过饱和色；若有白色渗入，即为未饱和色。色谱中三原色的纯度最高，其次是间色橙、绿、紫（二次色），继续混合得到的复色其纯度就更低了。而三原色中红色的纯度最高，因为它是可见光谱中波长值最高的颜色；色相环中深绿色的纯度相对最低。

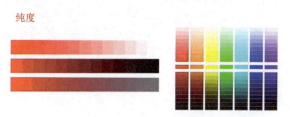

图 5-55　纯度

无彩色系没有纯度值，在调色中只要加入黑白灰或者其他的颜色，纯度都会降低。

结合颜色三属性的内容，我们可以总结出纯度与明度的关系：加入黑色，明度降低、纯度降低；加入白色，明度升高，纯度仍然降低，如图 5-56 所示。

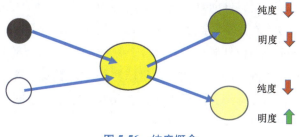

图 5-56　纯度概念

第五节　前处理和电泳调整操作

一、前处理分类及原理

1. 涂装前处理的目的

前处理是漆前表面处理，是指被涂工件在涂底漆前，对工件表面进行必要的处理，去除被涂物表面上的所有污物（如浊污、铁锈、氧化皮、灰尘、型砂、焊渣、盐碱斑等）。目的是使经过处理后的工件表面，漆膜更易附着，减少漆膜下的腐蚀，达到防腐的效果。

前处理的另外一个目的是通过用化学的方法生成一层有利于提高涂层防腐蚀性的非金属转化膜，保证涂层具有良好的防腐蚀性能和装饰性能。传统的汽车涂装前处理生产线如图 5-57 所示。

图 5-57　传统汽车涂装前处理生产线效果图

车身外饰件一般采用塑料材质，喷涂前同样需要进行前处理，而汽车用塑料件基本上为注塑成型，注塑模具在作业前内涂了一层脱模剂，脱模剂通常为脂肪酸类的油脂，或多或少会残留于塑料件的浅表层。塑料件前处理的目的就是为了清除塑料件底材浅表层脱模剂以及运输过程中的灰尘、脏污等外界不利影响因素，为后续的涂层附着打下良好的基础。

综上，我们说涂装前处理包括脱脂（除油）、除锈、磷化三个部分。磷化是中心环节，除油和除锈是磷化之前的准备工序，因此，在生产实践中，既要把磷化工作作为重点，又要从磷化质量的要求出发，抓好除油和除锈工作，尤其要注意它们之间的相互影响。

2. 涂装前处理的工艺流程

根据被涂件表面形成保护膜的方式不同，前处理的工艺流程分为磷化前处理工艺和薄膜前处理工艺两种。

（1）磷化前处理工艺流程　如图5-58所示，磷化处理是指在金属表面与磷酸二氢盐酸洗溶液接触发生化学反应，在金属表面生成不溶性的无机化合物膜层的一种表面化学处理方法，磷化前需要进行表面调整，磷化后需钝化处理（考虑环保可除去）。

图5-58　磷化前处理工艺流程

（2）薄膜前处理工艺流程　如图5-59所示，薄膜前处理是指利用氟锆酸盐的水解反应在金属基材表面形成一种化学性质稳定的有机化合物，通过加入氧化剂和螯合剂，促进此水解反应的进行，从而获得性能良好的金属表面皮膜。

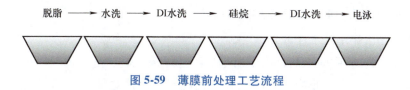

图5-59　薄膜前处理工艺流程

两种前处理工艺流程对比如图5-60所示。

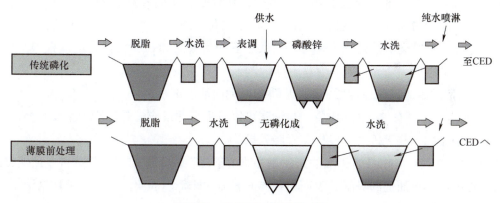

图5-60　前处理工艺流程对比

薄膜前处理相对于传统磷化有以下区别：
1）薄膜槽液不含P、Ni、Mn，满足环保法规。
2）降低处理温度，节能降耗。
3）减少除渣机及槽体，减少投资。
4）运行成本和传统磷化相当。

（3）塑料件前处理　塑料件前处理的脱脂方法常见的有两种：有机溶剂清洗和化学清洗（近些年科技发展出现了干冰雪花清洗，但效果有待验证）。有机溶剂一般采用对自然环境和人体危害较小的异丙醇或工业酒精等，也有部分生产线采用苯类、酮类溶剂材料，施工方法基本都采用人工擦拭。因采用人工擦拭，无需建设生产线，投资相对少，作业简单，常见于一些规模较小的塑料件前处理线。化学溶剂清洗采用化学类脱脂剂进行处理，化学类脱脂剂即塑料清洗剂，通常使用的清洗剂有：帕卡 SF391S、帕卡 SF391、帕卡 CL483、汉高 bonderite CIC110、凯密特尔 Gardoprep 5543 等等。采用化学清洗的优点是无 VOC 排放，安全性高，缺点为设备投资及运行成本高，水洗后工件内部边角除水较为困难，常见于产能较大的自动流水线。传统塑料件涂装前处理脱脂生产线工艺流程如图 5-61 所示。

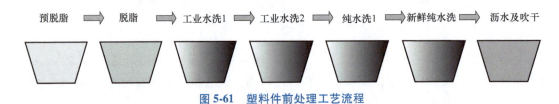

图 5-61　塑料件前处理工艺流程

3. 涂装前处理工艺作用及工作原理

（1）脱脂工艺段作用及工作原理

1）脱脂的作用。脱脂即除油，由于白车身经过焊接之后，车身内外表面、内腔都有很多油污，包括防锈油、抗拉伸油、冷却油等。在进入电泳槽之前，必须将白车身的油污除去。如果油污去除不干净，带入其他槽液中，会污染其他工序，电泳槽液也会被污染，轻则会影响电泳漆质量，严重的则会影响生产节拍，导致涂装车间停产整顿。另外，烘干过程中，包含在焊缝中的油也会"蒸出"，油雾化在未固化的涂膜表面，经过烘干就会留下缩孔或油印，缩孔严重时会扩散到整个车身，降低涂层的附着力和耐腐蚀性，增加打磨工作量，增加员工的劳动强度。

2）脱脂剂的组成：碱性物质(添加无机盐)+表面活性剂+助剂。

① 碱性物质：具有较高的 pH 值，与油脂可以发生皂化反应，是脱脂的主要物质。经常在碱性物质中添加一些无机盐，以提高脱脂效果。

② 表面活性剂：是由易溶于油的亲油基和难溶于油易溶于水的亲水基两种基团组成的，主要表现在表面和界面上的吸附，表面力与界面张力的降低、润湿、浸洗、分散增溶、乳化等性能上，最终能达到良好的脱脂效果。

③ 常用的助剂主要是消泡剂。

3）脱脂原理。一般动植物油的主要成分为硬脂酸脂，脱脂机理是通过脱脂剂对各类油脂的皂化、加溶、润湿、分散、乳化等作用，从而使油脂从工件表面脱离，变成可溶性的物质或被乳化、分散而均匀稳定地存在于槽液内。脱脂质量的评价主要是以脱脂后工件表面不能有目视油脂、乳浊液等污物，水洗后表面应被水完全润湿为标准。脱脂质量的好坏主要取决于游离碱度、脱脂液的温度、处理时间、机械作用和脱脂液含油量等因素。皂化是指油脂与碱反应，分解成溶于水的脂肪酸盐和甘油，这个分解过程称为皂化。

① 游离碱度（FAL）。脱脂剂浓度适当才能保证最佳效果。一般只需要检测脱脂液的游离碱度，FAL 过低，除油效果相对较差；FAL 过高，不仅造成材料浪费，也给后道水洗增加负担，严重者还会污染后序的表调和磷化。

② 脱脂液的温度。任何一种脱脂液都有最佳的脱脂温度，温度低于工艺要求，不能充分发挥脱脂作用；温度过高，不仅增加耗能，还能带来一些副作用。如脱脂剂蒸发过快、工件脱离槽液时因表面干燥速度较快，而易造成工件返锈、碱斑、氧化等弊病，影响后道工序的磷化质量。自动温控也需要定期进行校核。

③ 处理时间。脱脂液必须和工件上的油污充分接触，有足够的接触反应时间，才能保证有良好的脱脂效果。但脱脂时间过长，会增加工件表面的钝性，影响磷化膜的生成。

④ 机械作用的影响。脱脂过程中，辅以机械作用，采用泵循环或工件移动的方式，可以加强除油效果，缩短浸渍清洗的时间；喷淋脱脂的速度比浸渍脱脂速度快 10 倍以上。

⑤ 脱脂液含油量。随着槽液的循环使用，油污含量在槽液内会不断增加，当达到一定比例时，脱脂剂的脱脂效果及清洗效率会明显下降，即使通过添加药剂维持槽液高浓度，被处理工件表面的清洁度仍不会有所提升。已老化变质的脱脂液，必须全槽更换。产品生产一般根据槽液的使用时间及处理工作量适时进行换槽。

4）其他脱脂方法——酸脱。产品制造用钢材在轧压成型或储藏运输过程中，表面会产生锈蚀。由于锈蚀层结构疏松，与基材附着不牢，并且氧化物与金属铁可组成原电池，可进一步促使金属腐蚀，使涂层很快被破坏，因此涂装前必须将其除净。此产品一般常用的是酸洗除锈脱脂，酸洗除锈脱脂不会使金属工件变形，每个角落的锈蚀都能清除干净，除锈速度快，成本相对较低。酸洗脱脂质量主要是以酸洗后的工件不应有目视可见氧化物、锈及过蚀现象为标准，影响除锈效果的因素主要有：

① 游离酸度（FA）。测定酸洗槽的游离酸度 FA，是验证酸洗槽除锈效果高低的最直接有效的评价方法。游离酸度低，除锈效果差。游离酸度过高时，工作环境中的酸雾含量较大，不利于劳动保护；金属表面易产生"过蚀"现象；而且残酸的清洗比较困难，易导致后续槽液的污染。

② 温度、时间。大多数酸洗是在常温下进行的，当使用加热酸洗时，一般控制在 40~70℃ 之间，虽然温度对酸洗能力的提高影响较大，但温度过高会加剧对工件、设备的腐蚀，对工作环境的影响也非常不利；并且在完全除去锈迹的前提下，酸洗时间应尽可能短，以减少金属的腐蚀和氢脆的影响。

因此处理过程中应严格控制槽液的温度和工件的处理时间。

③ 污染老化。酸液在除锈过程中，会不断带入油污或其他杂质，其中的悬浮杂质可通过刮捞的方式进行去除；当可溶性的铁离子超过一定含量时，槽液的除锈效果不但会大大降低，而且过量的铁离子随工件表面的残液混入磷化槽内，会加速磷化槽液的污染老化，严重影响工件的磷化质量，一般酸液的铁离子含量应控制在不超过 6%~10%（质量分数）为宜。超过控制指标时必须更换槽液。

5）脱脂工位主要设备。前处理工序常用的主要设备包括：袋式过滤器、旋液分离器、磁性过滤器、纸带式除渣机等。

① 袋式过滤器。袋式过滤器是一种结构新颖、体积小、操作简便灵活、节能、高效、密闭工作、适用性强的多用途过滤设备。常用的袋式过滤器见图5-62，其内部由金属网篮支撑滤袋，液体由入口流进，经滤袋过滤后从出口流出，杂质拦截在滤袋中，更换滤袋后可继续使用。袋式过滤器具备构造合理、密封性好、流通能力强、操作简便等诸多长处。尤其是滤袋侧漏概率小，能正确地保障过滤精度，并能快捷地更换滤袋，使得操作成本下降。滤器内外表面采取机械喷砂抛光解决，平均、易清洗。袋式过滤器在涂装车间是应用最为广泛的过滤系统。在整个前处理工艺流程中也是拦截脏污的"排头兵"。

② 旋液分离器。旋液分离器又称水力旋流器，是利用离心沉降原理从悬浮液中分离固体颗粒的设备，它的结构与操作原理和旋风分离器类似。如图5-63所示，其工作原理是液体和固体一道进入分离器，开始环形流动。锥形腔加速了物料的流动，离心力对颗粒产生影响。离心力使颗粒比液体对腔体内壁产生更大的压力。由于受到重力和运动的影响，颗粒轻轻地移向收集腔。随着腔体直径的突然增大，运动变缓。颗粒被收集起来。分离好的液体流入分离器的涡轮部分。收集腔中积聚起来的固体被定期清除，可手动清除或采用自动系统进行清除。旋液分离器是与泵的流量配套的，一般旋液分离器和袋式过滤器是不同时使用的，但也是可以同时使用的，如果有要求的话。旋液分离器一般是安装在加热旋管环路上的，而袋式过滤器则是安装在喷射管路上的。也可以这样说，从槽最低部吸取的泵的管路上一般会安装旋液分离器，这有利于收集铁粉、焊渣等较大和较重的污物，而含有袋式过滤器管路的泵吸口一般都较高一些，主要是过滤一些轻小的杂质。对于40μm以上颗粒的去除率能达到98%以上，配合纸带过滤器的使用能使排泄口的液体能充分得到再次使用。

图5-62 袋式过滤器

图5-63 旋液分离器结构和工作原理

③ 磁性过滤器。金属车身附带有很多铁屑或铁粉，传统的过滤器很难达到过滤效果，有条件的涂装车间均采用了全自动磁性过滤器，如图5-64所示，当含有铁粉和铁屑的液体流经磁性过滤器时，过滤器中密集排列的高磁感应强度的磁棒将其牢牢吸附在套管外壁，不含铁性杂质的液体、料浆则经由输送管被输送走。铁粉和铁屑聚集一定数量时，达到预先设定的冲洗时间，磁棒自动升起，失去吸附作用的铁粉铁渣下落到过滤器底部，由排污管道排

出，待铁粉和铁屑清除完毕后，磁棒下落归位，又开始下一轮的吸附、清洗流程。

图 5-64　磁性过滤器

④ 纸带式除渣机。纸带式除渣机是用于将固体杂质从液体中过滤分离出来的专用设备，常配置在旋液分离器的设备后序。常用的纸带式除渣机见图 5-65，设备带自动滤布移送，搅动轴上装有污物刮板，当进液容器内达到最大液位时，滤布被自动卷至下面的搅动轴上，同时轴上的刮板将滤布上的粗粒杂质刮除，并落入杂物罐中。

图 5-65　纸带式除渣机

⑤ 油水分离器。在前处理的脱脂工序，钢材表面的防锈油、拉延油、机油等，除动植物油被碱皂化外，大多均被脱脂液中表面活性剂乳化于脱脂液中，当它们的含量过高时，就会析出，从而大大影响以后的脱脂效果。因此要求脱脂液中含油量一般不要超过 4g/L。靠排放更新脱脂液既不经济，又带来大量污水处理问题。采用适当的装置和方式，连续或间歇除去脱脂液中油污是一项很有意义的工作。除了一般脱脂槽中溢流口排去一些浮油外，我们通常在生产线配置油水分离器。

如图 5-66 工作原理为：将含油脱脂液送入热油分离器，进行加热使表面活性剂与油污分离而破乳。油飘浮到槽的液面，经置于表面的吸油口收集送至储油槽。而脱油后的工作液经液位表面下的挡板，除去较重一些的沉淀物，返回脱脂工作槽。

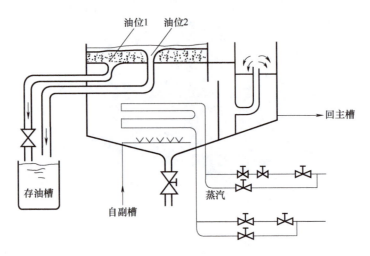

图 5-66　油水分离器工作原理

(2) 除锈工艺段的作用及工作原理

1) 除锈工艺的定义及作用。化学除锈是利用化学反应或电化学反应从工件表面溶解掉一般的锈迹、氧化皮及各种腐蚀产物，常用酸作为除锈的原材料，又称酸洗。

2) 原理。钢铁表面的氧化物是因大气腐蚀所产生的锈，成分一般是氧化亚铁和氢氧化铁的混合物，因高温而产生的氧化皮则为四氧化三铁和三氧化二铁的混合物。下面是以磷酸为例的除锈机理反应式：

常用配方：以相当比例的酸配合助剂（硫脲）及表面活性剂而成。常采用磷酸，用磷酸除锈的优点：属中强酸，适合于焊接件、铆合件，不会产生吐酸、氢脆等现象；无挥发性；当与一定比例的硝酸、硫酸、醋酸或铬酸配合时，对处理有色金属可提高光泽度。它的缺点是成本高。

(3) 表调工艺段的作用及工作原理

1) 表调的定义及作用。表调即表面调整，即使用表面调整剂使需要磷化的金属表面改变微观状态，促使磷化过程中形成的磷化膜结晶细小、均匀、细致。表调主要与传统磷化工艺配合使用。

2) 表面调整剂的主要成分。磷酸钛胶体，由于胶体表面能很高，容易均匀地吸附在物体表面形成一层膜，磷化时，磷化膜在这个表面上生长。

(4) 磷化工艺段的作用及工作原理

1) 磷化的作用。磷化处理是指金属表面与含磷酸二氢盐的酸性溶液接触，发生化学反应而在金属表面生成稳定的不溶性的无机化合物膜层的一种表面化学处理方法。所生成的膜称为磷化膜，具有微孔结构，在通常大气条件下比较稳定，具有一定的防锈能力，用作漆膜的底层，可以显著地提高涂层的附着力和耐蚀性能。根据组成磷化液的磷酸盐的不同分类，有磷酸锌系、磷酸锰系、磷酸铁系。此外，还有在磷酸锌盐中加钙的锌钙系，在磷酸锌系中加镍、加锰的所谓"三元体系"磷化等。磷化是整个前处理工艺最为重要的一个环节，其反应机理复杂且影响因素较多，因此磷化槽液相对于其他槽液的生产过程控制要复杂得多。

2）影响磷化的因素。影响磷化的因素主要有：①总酸度；②游离酸度；③酸比；④温度；⑤时间；⑥促进剂；⑦磷化前的表面调整处理；⑧磷化处理的方式。

3）磷化机理。磷化的形成机理相当复杂，涉及电离、水解、氧化反应、沉淀。磷化是一种化学与电化学反应形成磷酸盐化学转化膜的过程，所形成的磷酸盐化学转化膜称之为磷化膜。钢铁件在含有锌、铁、锰的磷酸盐溶液中，由于金属和溶液界面发生化学反应，生成难溶于水的磷酸盐，使钢铁表面形成一层附着良好的保护膜，此种方法称为钢铁磷化。

4）磷化膜的结构和性质。

① 磷化膜结构。磷化膜结构一般呈结晶状，从微观结构看有柱状、粒状和雪花状，其中柱状和粒状的特点是：膜层薄，重量轻，机械性能好，与漆膜的结合力强。膜厚一般在 $(1 \sim 100)$ μm 之间，在酸性磷酸锌溶液中形成的磷化膜主要是两相，即 $Zn_3(PO_4)_2 \cdot 4H_2O$ 和 $Zn_2Fe(PO_4)_2 \cdot 4H_2O$，其比例可变，它取决于溶液中 Fe^{2+} 的含量及处理方法，当 Fe^{2+} 含量过高时，将会有 $Fe_5H_2(PO_4)_2 \cdot 4H_2O$ 形成。

② 磷化膜的性质。

a. 绝缘性。磷化膜是很差的导体，基本上可以绝缘，用油脂涂覆后绝缘性更高，涂油漆、酚醛树脂后，其击穿电压和绝缘电阻较大，10μm 厚的磷化膜的电阻率约为 $5 \times 10^7 \Omega$。

b. 吸附性。由于磷化膜是多孔结构，因此有良好的吸收油脂、肥皂等的性质，并可大大提高其防护性。

c. 质地脆性。磷化膜由质地较脆的结晶组成，因此变形会使膜受到破坏，可减少膜厚来改善其机械性能，因此，薄膜 $(1 \sim 5)$ μm 最适合涂装。

d. 热稳定性和再水合性。$Zn_3(PO_4)_2 \cdot 4H_2O$ 结晶磷锌矿石开始脱水的温度是 80℃，明显脱水的温度为 150℃，在 150℃下将失去 2 个分子结晶水，超过 240℃完全转化成脱水状态，一般来讲，磷化液失去一个分子结晶水对防护性和涂装性（结合力和防护性）无明显影响，但失去 4 个分子结晶水就可能完全失去本身的防护性且对涂装后的防护性及漆膜结合力的影响也会很大。

e. 防护性。不经过后处理的磷化膜防护性较差，防护性最好的磷化膜是用高温磷化法从磷酸锰中得到的。

磷酸亚铁膜的防护性最差，因为 Fe^{2+} 容易被氧化为 Fe^{3+}，从而使结晶晶格的类型和参数发生变化，增加膜的孔隙，降低它的附着力。

5）磷化工艺参数的测试。

① 总酸度（TA）的测试。

即磷化液中所含所有磷酸液的浓度。

测试方法：取槽液10mL于锥形瓶中，滴入3~5滴PP溶液摇匀，再用0.1克当量浓度的NaOH溶液滴定，颜色由无色至粉红色为终止点，此时所消耗的NaOH的体积毫升数即为此时处理液的浓度（1mL=1pt）。化学反应式：

$$H_3PO_4+2NaOH=Na_2HPO_4+2H_2O$$
$$Fe(H_2PO_4)_2+2NaOH=FeHPO_4+Na_2HPO_4+2H_2O$$

② 游离酸度。游离酸度即游离H^+的浓度，测试方法：取10mL槽液于锥形瓶中，加入20mL水，滴入3~5滴BPB溶液摇匀，再用0.1克当量浓度的NaOH溶液滴定，颜色由草绿色变为淡紫色即刻停止。此时所消耗的NaOH的体积毫升数即为此时处理液的浓度。

注意：滴定时要缓慢滴入，防止过量，当颜色变化时即刻停止。

③ 促进剂浓度。促进剂浓度即所含促进剂的浓度。测试方法：用容量为10mL的发酵管装满处理液（不能有空气残留在里面），然后加入3~5g氨基磺酸（注意加入时捂住管口且迅速倒立），待两种药品充分反应，所产生的体积毫升数即为此时处理液所含促进剂的浓度。

注意：测试时切勿将试管口对着自己或旁人，以免被反应所产生的冲击性气体伤害。

④ pH值一般控制在2~3。

6）磷化膜质量要求。

① 外观。均匀、连续，致密的晶体结构，颜色呈灰白色或灰黑色。表面不应有未磷化的残余空白或锈迹。不允许出现褐色。

② 耐蚀、耐候性。用3%的NaCl溶液浸泡已磷化过的工件，2h后取出，表面不能出现锈迹为合格，继续浸泡，出现锈迹时间越长，说明磷化膜耐蚀性越好。

③ 厚度和重量。厚度检查：非磁性测厚仪或用横向切片在精度为±0.3μm的显微镜下测量，如图5-67所示。

重量检查：用分析天平（精度在0.1mg以上）取单位$1dm^2$的试样作测量（通常1.1~4.5g/m²，薄0.5~1.0g/m²）。

图5-67 磷酸锌晶体放大图

（5）磷化工艺段的主要设备 伴随着磷化膜的生成，磷化沉渣也产生，这是不可避免的，因为钢板上溶解下来的铁只有一部分能参与成膜，另一部分必然会被氧化成三价铁，与磷酸根结合形成不溶性的磷酸铁从溶液中析出。此外，由于磷化液配比控制不当，还会导致过量的磷酸锌沉淀出来，形成渣的一部分。磷化渣在溶液中含量过高，就会附着在工件上，影响涂膜的性能。同时，沉渣被带入电泳槽，会破坏槽液的稳定性，特别对超滤器使用寿命影响很大。对于喷射系统，沉渣过多，易造成喷嘴堵塞，进而引起处理不充分而生锈。因此，要求溶液中磷化渣含量不超过一定量。这样，磷化除渣机应运而生。

车间配置最多的是板框式压滤除渣机，如图5-68所示。

它由滤板与滤框交替排列而成，含渣液进入滤框，渣液透过滤布，沿滤板上沟槽从下端小管排出，滤出的渣被截流在滤框内，形成滤饼，集满后取出滤框，将滤饼除掉。

图 5-68　板框式压滤除渣机

(6) 水洗工艺段的作用及工作原理　在涂装前处理工序中，水洗的主要目的：一是洗净前一道工序的残余药品，避免带入下一道工序；二是为了防止工件处理后工序间干燥引起质量不良，采用常温水洗。

在涂装前处理过程中，工件不断地把处理液带入水洗工序，经水洗后留在水洗槽里，因此水洗槽内的药品污染度逐渐上升。为了满足产品质量，必须降低水洗槽的污染度，势必要补充大量新鲜水，保持水洗槽处于常溢流状态。一般为了尽可能地节省水，在水洗工序中设置喷淋管，水洗液自动溢流到前段水洗槽内。

1) 稀释倍率：一般前处理工序中脱脂后水洗要求稀释 100 倍，磷化后水洗要求稀释 1000 倍。所谓稀释倍率，指的是前工序的化学药品被下一道水洗清洗下来后水洗液稀释前工序药品的程度。

2) 洗净效率：喷淋清洗一般为 90%。

3) 喷嘴流量：采用 10L/min 为基准。计算方法如下：

脱脂后水洗：

补充水量 (L/h) = 带出量(L/h) × 100L/n

磷化后水洗：

补充水量 (L/h) = 带出量(L/h) × 1000L/n

式中　n——水洗次数。

在涂装前处理工序中，前处理水洗工序分为工业水洗和纯水洗两种，最后一道水洗其水质的要求都是很高的，一般要求电导率在 5μS/cm 以下，而冲洗后工件的滴水电导率在 50μS/cm 以下，故而要求纯水冲洗。

(7) 前处理各工艺段的选用和组合　前处理工艺段是将不同处理作用的槽体组合在一起，按照工艺的前后顺序排列起来的系统整体，不同槽液发挥不同的处理作用和效果，其工作原理也不尽相同。应用于乘用车的传统前处理和薄膜工艺前处理各工艺段的作用及工作原理见表 5-23 和表 5-24（企业标准不同，过程规范会有所差异，此表仅供参考）。

表 5-23 乘用车的磷化前处理的各工艺段

工序名称	处理功能	材料介质	喷射方式 时间/s	喷射方式 温度/℃	浸渍方式 时间/s	浸渍方式 温度/℃	工作原理
热水预清洗	除去车身附着物，车身升温	热水	60	60~70	—	—	通过热水高压清洗，除去车身表面附着物
预脱脂	除去车身外表面油污，车身升温	脱脂剂	60	45~50	—	—	通过脱脂液喷射清洗，除去车身表面油污
脱脂	除去车身内外表面油污	脱脂剂	—	—	180	50~60	通过脱脂液浸渍处理，除去车身内外表面各部位的油污
水洗 No.1	除去车身表面的清洗剂，冷却车身	工业水	20~30	常温	—	—	通过工业水喷洗，除去表面清洗剂，减少带入后道工序
水洗 No.2	除去车身表面的清洗剂，冷却车身	工业水	—	—	20~30	常温	通过工业水浸渍清洗，达到车身内外表面清洗剂除去的目的，减少带入下道工序的量
表调	被涂物调整呈微碱性，表面形成膜核	工业水	—	—	60	15~35	通过钛酸盐等进行表面调整，使之表面呈微碱性及表面结构发生变化，便于磷化膜形成
磷化	生成磷化膜	磷化液	—	—	180	40~50	使用"三元"锌盐磷化及促进剂，通过化学反应在金属表面生成磷酸盐结晶膜
水洗 No.3	除去磷化液	纯水	—	—	20~30	常温	通过浸洗，除去磷化车身上的磷化液和磷化渣
水洗 No.4	除去磷化液	纯水	20~30	常温	20~30	常温	通过浸洗或喷洗，除去磷化车身上的磷化液和磷化渣
钝化	封闭磷化膜孔隙，提高耐腐蚀性	纯水	30	常温	30	常温	通过无铬钝化液处理，使多孔的磷化膜更具耐蚀性
纯水洗	除去杂质离子	纯水	—	—	20~30	常温	通过纯水清洗，除去车身带有的杂质离子
新鲜纯水洗	降低车身沥水电导率	纯水	10~20	常温	—	—	清洗
沥干	沥干车身内腔的水	—	—	—	—	—	—

表 5-24 乘用车的硅烷或氧化锆各工艺段

工序名称	处理功能	材料介质	喷射方式		浸渍方式		工作原理
			时间/s	温度/℃	时间/s	温度/℃	
热水预清洗	除去车身附着物，车身升温	热水	60	60~70	—	—	通过热水高压清洗，除去车身表面附着物
预脱脂	除去车身外表面油污，车身升温	脱脂剂	60	45~50	—	—	通过脱脂液喷射清洗，除去车身表面油污
脱脂	除去车身内外表面油污	脱脂剂	—	—	180	50~60	通过脱脂液浸渍处理，除去车身内外表面各部位的油污
水洗 No.1	除去车身表面的清洗剂，冷却车身	工业水	20~30	常温	—	—	通过工业水喷洗，除去表面清洗剂，减少带入后道工序
水洗 No.2	除去车身表面的清洗剂，冷却车身	纯水	—	—	20~30	常温	通过纯水浸渍清洗，达到车身内外表面清洗剂除去的目的，减少带入下道工序
硅烷或氧化锆	生成有机膜	硅烷或氧化锆	—	—	120~150	常温	通过水解反应，在基材表面形成一层稳定的有机化合物
水洗 No.3	除去处理液	纯水	—	—	20~30	常温	通过浸洗，除去车身上带出的硅烷或氧化锆药剂
水洗 No.4	除去处理液	纯水	20-30	常温	20~30	常温	通过浸洗，除去车身上带出的硅烷或氧化锆药剂
纯水洗	除去杂质离子	纯水	—	—	20~30	常温	通过纯水清洗，除去车身带有的杂质离子
新鲜纯水洗	降低车身沥水电导率	纯水	10~20	常温	—	—	清洗
沥干	沥干车身内腔的水	—	—	—	—	—	—

二、前处理的优缺点

1. 涂装前处理的优缺点及解决措施

（1）不同前处理脱脂方法及脱脂剂选用的优缺点及解决措施　脱脂是依靠脱脂剂对污物的溶解作用、皂化作用，依靠表面活性剂对污物的润湿、渗透、分散等物理作用等，使污物转化为可溶解的或可分散的成分。但还必须使污物离开金属表面，而让新的清洗剂占据表面，这样金属表面才能达到清洁的标准。因固体表面有相对稳定的液膜，溶解后的污物自动离开金属表面以及表面上清洗剂的更新等，都不是很容易实现的。这就要求加以搅拌、擦拭等方式，以完成清洗过程或提高清洗效果等。所以针对不同被处理物结构、表面污染物性质，选择不同的脱脂剂及处理方式很重要，表5-25是不同脱脂剂及处理方式的对照表。

表5-25 不同前处理脱脂方式的优缺点及解决措施

清洗材料		清洗方式	优点	缺点	解决措施
溶剂清洗		擦洗、喷洗、机械搅拌清洗	脱脂效率高、操作简便、适用范围广	生产效率低，机械化水平低、使用量大	清洗室密封管理、提升机械清洗效率
碱液清洗	不含表面活性剂清洗	加热机械搅拌清洗、电解清洗、超声波清洗	脱脂能力强、适用于量产化、使用量小	消耗水、电、蒸汽、能源，污水处理难度大	被涂物脱脂前预处理，提升清洁度，脱脂剂使用周期最大化
	含表面活性剂清洗		脱脂能力强、脱脂范围广、适用于量产化、使用量小	消耗水、电、蒸汽、能源，污水处理难度大，泡沫较多	被涂物脱脂前预处理，提升清洁度，脱脂剂使用周期最大化，加入消泡剂减少后序污染

（2）不同前处理保护膜形成方式的优缺点及解决措施 脱脂处理后的金属物采用化学处理方式，在金属表面形成一层化合物保护膜，使金属表面与空气隔离，起到防腐作用，同时给底漆的形成提供良好的基层，但保护膜在形成过程中因选用药剂和处理方式的不同，也会存在不同差异，表5-26是不同保护膜形成方式对照表。

表5-26 不同前处理保护膜形成方式的优缺点及解决措施

保护膜类型		优点	缺点	解决措施
有机保护膜	三元磷化	磷化膜致密、均匀，防腐性能好，与电泳底漆配套良好	含磷等有害因素污染，蒸汽能源消耗大，保护膜形成中产生磷化渣副产物	控制最适合的工艺参数，减少蒸汽消耗和磷化渣产生量，加强磷化设备日常维护管理
无机保护膜	氧化锆/硅烷	常温处理无蒸汽消耗，被涂物无需表面调整处理，保护膜形成中无副产物	形成保护膜较薄，防腐性能及与电泳底漆配套不如三元磷化，对被处理物基材要求高，工艺监控管理严格	提高被处理物表面质量，包括白件质量及脱脂质量，过程参数有效监控管理

2. 不同前处理方式优缺点

（1）不同前处理的处理方式对比　前处理的处理方式一般有浸渍式、喷淋式两种，根据不同的工件特性及处理要求不同，可以选用不同的处理方式，也可以采用喷浸结合处理方式，两种不同的前处理方式差异见表5-27。

表5-27　两种不同前处理方式对比

处理方式 项目	浸渍式	喷淋式
处理面积	全面95%~100%	仅外表面85%
处理时间	长	短
处理槽液体积	大	小
生产线长度	长	短
药品管理	变化小	变化大
设备结构	较简单	较复杂
设备维护	较容易	较难
槽液热量损失	较小	较大

（2）不同前处理输送方式对比　前处理的输送方式有推杆悬链输送系统、摆杆链输送系统、RoDip（DURR）和多功能穿梭机 E-Shuttle（EISENMANN）几种方式，表5-28为几种不同输送方式的对比。从仅考虑产品质量，不考虑设备投入成本角度来看，RoDip和多功能穿梭机 E-Shuttle 两种输送方式是首选的两种处理方式，但输送方式要结合适宜的前处理方式，才能达到良好的处理效果。图5-69列举的是常用的前处理输送系统。

表5-28　不同前处理输送方式的对比

输送方式 项目	推杆悬链输送系统	摆杆输送系统	RoDip-M	多功能穿梭机
处理过程车身运行状态	出入槽<45°，车身顶部向上，不带滑橇	出入槽45°，车身顶部向上，带滑橇	旋转出入槽，可360°旋转，浸渍处理时车身顶部向下，喷淋处理时顶部向上，带滑橇	旋转出入槽，可旋转±359°，浸渍处理时车身顶部可向下可向上，喷淋处理时顶部向上，带或不带滑橇
车身处理面积	<95%有气包	≥95%有气包	100%有气包	100%有气包
车身水平上表面处理质量	较差，无克服"L"效应功能	较好，无克服"L"效应功能	优质，有克服"L"效应功能	车顶向下优，有克服"L"效应功能；车顶向上一般
处理过程带液量	一般	较少	车身旋转不兜水，带液量极少	车身旋转不兜水，带液量极少

推杆悬链输送

摆杆输送

RoDip-M

多功能穿梭机

图 5-69　前处理生产线常用输送系统

三、前处理的种类

前处理分为脱脂类和保护膜形成类，表 5-29 为前处理的种类。

表 5-29　前处理的种类

	类型	槽液温度	有害因素	负产物	动能消耗
脱脂类	中高温脱脂	55~70℃	含 N、P	—	大
	常（低）温脱脂	常温或<55℃	含 N、P	—	中
	无磷氮脱脂	≥50℃	不含 N、P	—	小
保护膜形成类	三元磷化前处理	40~50℃	含 P、Ni 等重金属	磷化渣	大
	氧化锆前处理	常温	不含 P、Ni 等重金属	无	小
	硅烷前处理	常温	不含 P、Ni 等重金属	无	小
	纳米陶瓷前处理	常温	不含 P、Ni 等重金属	无	小

1. 前处理脱脂

从使用脱脂剂的类型来分，可以分为中高温脱脂、常（低）温脱脂及不含磷氮脱脂。通常将 70℃以上脱脂称高温脱脂，因为这时像石蜡（抛光膏中的主要成分）、硬脂酸类都可以被熔化，易被去除；55~70℃称为中温脱脂，这时大部分脂类，像钙基脂（俗称黄油），达到了熔点温度；而 55℃以下的温度称为常温脱脂，也称为低温脱脂。以上这种分类是否正确并不重要。但从脱脂原理上却分别代表着不同的意义。70℃以上是皂化脱脂反应的必要温度。在 70℃以下，由于活化能不足，难以发生皂化反应。在 50~70℃之间，正是乳化脱脂的温度范围。而 50℃以下却是置换脱脂的"用武之地"。

（1）中高温脱脂　利用热碱液（通常≥50℃）对油脂的皂化和乳化作用以除去皂化性油脂及利用表面活性剂的乳化作用以除去非皂化性油脂，统称为中高温化学脱脂。

碱液脱脂既便宜又易管理，使用广泛。碱液中氢氧化钠含量不宜过高。对钢铁零件脱脂，碱液含氢氧化钠应小于100g/L；对铜及其合金件，氢氧化钠含量应小于20g/L，而锌、锡、铅、铝及其合金件，则不能用浓碱液脱脂，最好使用碱性盐如碳酸钠、磷酸三钠等。高温碱液脱脂的工艺规范见表5-29。碱液脱脂只能皂化动植物油脂，加入少量乳化剂如硅酸钠、皂粉、OP乳化剂、海鸥洗涤剂等表面活性剂可以除去矿物油脂。硅酸钠有较强的乳化作用和一定的皂化能力，且对铅、锌等重金属有缓蚀作用。但其残液难以洗净，带入下道工序中形成不溶性硅酸凝胶，影响镀层结合力。

（2）常（低）温脱脂　常温脱脂是靠表面活性剂分子在其他助剂（例如碳酸钠、火碱或磷酸三钠等）的协助下渗透到油膜与金属表面之间的界面上，并取代了油的位置，故又称为置换脱脂。这种置换过程只需要较小的能量，使用温度不需要太高，节能效果很明显，是当前发展的主流。由于常温脱脂剂的组成与普通乳化型脱脂剂的区别，有两点需要特别注意：一是温度不宜过高。即使是低温脱脂剂，温度越高，去油速度也越快。但到了一定温度后，由于表面活性剂浊点的限制，会使表面活性剂分子析出（像油珠一样浮在液面），造成有效物含量下降，去油力反而变慢。二是使用总体含量不能太高。在常温脱脂剂中含有大量的无机碱、盐类物质。含量过高，会使表面活性物质发生"盐析"反应，即在脱脂剂溶液表面浮出黏糊的物质，使去油效果下降。无论是温度过高，还是浓度过高，都会使表面活性物质析出。这些析出物会黏附在工件上，不易清洗，造成后患。当您为了提高脱脂速度，需要升高温度时，为了防止表面活性剂的析出，可以使用较低的含量，这样便不会产生不良后果了。

（3）无磷氮脱脂　无磷低温脱脂技术包含脱脂无磷化和脱脂低温化。脱脂剂中大量使用磷酸盐，是为了达到较好的分散和缓冲效果，同时磷酸盐也是比较便宜的助洗剂和络合剂，它在提高脱脂剂的性能中能够起到最廉价而又提高脱脂能力的效果。而取代磷酸盐必须满足脱脂原来需要的功能，同时又不能引入新的有害物质。新型无磷脱脂技术采用其他化合物等替代磷酸盐的功能，同时满足脱脂剂的脱脂性能和配套性能的要求。同时新型活性剂的使用，使脱脂效率大大提高，可以在低温下达到中温除油的效果。脱脂剂的低温化，就需要满足低温喷淋的要求，又要满足足够的脱脂能力，而许多脱脂性能好的自消泡表面活性剂其消泡温度也较高，不能满足低温要求，这就需要重新选择和复配合适的表面活性剂。新型的无磷脱脂剂在性能上达到普通脱脂剂的性能，在综合成本上更具有优势。

2. 前处理保护膜形成

从金属表面保护膜形成来分，可以分为三元磷化、氧化锆、硅烷及纳米陶瓷前处理。

（1）三元磷化前处理　涂装前处理是涂装的重要步骤，是提高涂装漆膜附着力、耐蚀性能和装饰性能的必要工作。良好的涂装前处理可以充分显示出涂层的装饰效果和功能。金属磷化已经广泛应用到各种类型的涂装前处理过程中。金属磷化处理经过一百多年的发展，已经被证明是最佳的涂装底层。电泳涂装前处理已经普遍采用磷化处理，伴随涂装技术的发展与进步，与阴极电泳配套已经完全满足汽车工业对耐蚀性的高要求——盐雾实验800h以上，以保证车身10年内不出现穿孔腐蚀。

为了解决磷化膜与阴极电泳涂装配套性问题，国内外普遍的做法是采用低锌磷化技术，并加入一定量的Ni、Mn、Cu、Ca、Co、Sn等重金属离子，使磷化膜中含有3种或更多的重金属阳离子，形成混合结晶形态，改变原来的晶间区，完善磷化膜的特性。此法可以提高磷化膜的"P比"[即$Zn_2Me(PO_4)_2$组分的含量，Me代表重金属离子]，增强磷化膜的耐碱性，优化与阴极电泳涂装的配套性，但是多元磷化液的成分配比复杂，工艺参数的控制范围窄，磷化完全稳定所需时间一般大于8min，不适应自动化流水线涂装作业。经过试验，研制出了一种锌锰镍三元磷化液，磷化时间缩短到2~3min，所得到的膜完整均匀，薄而致密。耐蚀性、耐碱性强，涂层附着力好，适用于阴极电泳涂装，三元磷化从此诞生。

锌锰镍三元体系磷化是国外20世纪90年代初开始，20世纪90年代中期才大规模应用的一种最高质磷化技术，首先应用在阴极电泳行业，随后发现它与其他种类的油漆配套，具有比常规锌系优越很多的性能。三元磷化有以下优点：

1）高"P/P+H"比率≥85，普锌≤5。

2）颗粒、柱状紧密堆集磷化膜结构，结晶尺寸：2~5μm，普锌10~20μm。

3）含镍、锰改性的晶型磷化膜。

4）抗膜层下碱腐蚀。

5）高漆膜附着力。

6）高涂漆配套性。

另外，三元磷化液磷化速度快，沉渣少，膜薄而致密，耐碱性强，解决了磷化膜与阴极电泳涂装的配套性问题。

（2）硅烷前处理　磷化处理工艺作为成熟的钢板基材漆前处理技术，一直被广泛使用，但由于磷化处理工艺带来的重金属污染，以及能耗和废水处理费用高等弊病，随着环保法规的日益严格，环保型涂装前处理工艺代替传统磷化处理工艺的趋势日渐明显，其中较有代表性的是硅烷（OxSilan）、氧化锆（ZrO_2）等新型薄膜基材处理工艺。硅烷前处理技术作为磷化替代技术之一，目前已引起了世界涂装行业的广泛关注。与传统磷化相比，硅烷处理技术具有环保性好（无有毒重金属离子）、低能耗（常温使用）、低使用成本（每千克处理量的成本为普通磷化工艺的1/8到1/5）、无渣等优点。硅烷最早被用于玻璃或陶瓷等复合材料的胶黏剂，直到20世纪90年代初，硅烷的防锈性能才开始被系统、全面地研究。通过相关的研究发现，硅烷可以有效地用于金属或合金的防锈，随着工艺技术的不断发展，硅烷也逐步用于汽车防锈。硅烷的防锈反应机理如图5-70所示。

硅烷处理的优点如下。

环保：不含磷、镍等对人体有毒、有害的成分。

产渣量少：硅烷产渣量是传统磷化产渣量的十分之一，大大降低了处理有毒有害渣滓的成本。

消耗药剂少：由于硅烷膜厚薄，故成膜过程消耗药剂材料少，相同面积成膜，硅烷药剂消耗量仅是磷化工艺的5%~10%。

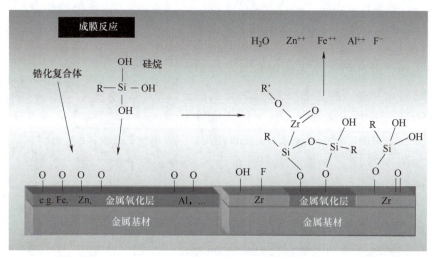

图 5-70 硅烷的防锈反应机理

减少建厂投资成本：省去表调、钝化等工艺过程，缩短生产线，节省工艺时间，不仅有利于提高工厂产能，同时对于设备投资和占地情况也是大大节省。

节约能源：在常温下即可正常运行，不需要额外的加温，节省加热能源，而传统磷化过程要求为 35~55℃，需要单独加热。

（3）氧化锆前处理　锆系薄膜前处理工艺是对传统磷化工艺进行的革新，该工艺是在车身上涂覆非常薄的含氧化锆涂层，以此代替传统的磷化层。锆系前处理成膜状态对比如图 5-71 所示。

 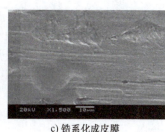

a) 基材　　　　　　　　b) 传统磷酸化成皮膜　　　　　　c) 锆系化成皮膜

图 5-71　锆系化成皮膜外观的对比

与传统磷酸化成膜相比的优点：

1) 材料中不含有：磷、镍、锰、铬等重金属。
2) 渣产出量小于 $0.1g/m^2$（传统磷化一般产渣量在 $1~5g/m^2$）。
3) 与铝质车身匹配度高。

成膜原理：

1) 金属在酸作业下反应：$Me-2e \rightarrow Me^{2+}$。
2) 锆酸根解离：$H_2ZrF_6 \rightarrow ZrF_6^{2-} + 2H^+$。
3) 锆酸盐沉淀：$Me^{2+} + ZrF6^{2-} + 2H_2O \rightarrow MeZrF_6 \cdot 2H_2O$。

锆系化成皮膜是非晶质皮膜,因此无法像磷酸化成皮膜一样确认结晶外观(磷酸化成皮膜厚度:2~3μm)。但是,用透过型电子显微镜(TEM)观察断面,锆系化成皮膜厚度:约30nm的连续膜均一地覆在上面。见图5-72断面放大图。

(4)纳米陶瓷前处理 纳米陶瓷膜是一种以氟锆盐为基础的化学品,能够在干净的金属表面上生成一种纳米陶瓷似的薄膜层。是一种反应性的处理,适用于冷轧板、镀锌板、铝的表面处理。其成膜原理如图5-73所示。处理液不含重金属、磷酸盐和任何有机组分。能够提高喷涂金属的耐腐蚀性。

室温(不需要加热),处理时间短(<15s),不需要封孔,不需要表调,不需要增加废水处理成本,新线投资成本低。

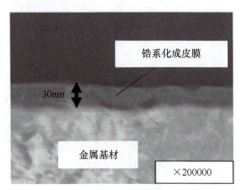

图5-72 锆系化皮膜断面照片

无磷酸盐,无COD/BOD,无重金属,较少的化学处理,无渣,排除除渣的操作。

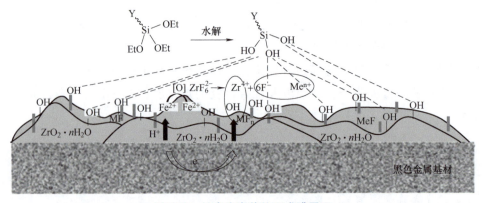

图5-73 纳米陶瓷前处理成膜原理

四、电泳涂装及其原理

1. 汽车底漆涂装工艺的应用历史

汽车车身的底漆涂装工艺在汽车工业的发展历史进程中主要经历了刷涂、喷涂、浸涂(图5-74)、电泳涂装四个阶段。

a)刷涂　　　　　　　b)喷涂　　　　　　　c)浸涂

图5-74 刷涂、喷涂、浸涂

在早期采用刷涂和喷涂法时,由于车身内腔及缝隙等隐蔽部位无法涂布而造成钣金裸露无法得到保护,在高温高湿环境下使用 1~2 年,即可出现穿孔腐蚀。第二次世界大战后,工业界开始使用的浸涂法(轿车车身采用滚式浸涂,驾驶室采用拖式浸涂),仍采用有机溶剂型油漆的。虽然浸涂法能够使油漆进入到车身的内腔等部位,但存在烘干过程油漆因溶剂蒸发而产生的"溶落"现象,同时由于采用大槽的溶剂型浸漆,发生火灾的风险性较大。

因此,探索和开发采用水性浸用油漆的新涂装方法成为当时汽车制造工业亟待解决的问题。

2. 电泳涂装的发展历史

虽然早在 19 世纪初,俄国科学家列斯(F. F. Reuss)就首先发现了胶体粒子在电场作用下能产生电泳的现象。但直到 20 世纪 30 年代电泳涂装技术才被发明出来,由于当时水性油漆发展水平的局限,缺少良好的水分散性树脂,所以使得电泳涂装这一技术未能在工业上获得应用。直至 1960 年英国卜内门公司与里兰公司共同研制成功的阳极电泳油漆才为工业电泳涂装的应用奠定了基础。

美国福特汽车公司为改善汽车车身内腔等隐蔽部位的腐蚀问题,1957 年在 George E. F. Brewer 博士带领下开始研究电泳涂装法。并于 1961 年建立了第一条采用阳极电泳涂装的车轮试生产线。经过进一步的研究和实践,福特汽车公司最终于 1963 年,在 Wixom 工厂建立了世界上第一条完整的汽车电泳涂装线,如图 5-75 所示。

a) 福特Wixom工厂　　　　　　　　b) 阳极电泳车身

图 5-75　世界上第一条完整的电泳涂装线

由于电泳涂装法是将漆膜在导电的基材上沉积,有效地解决了内腔涂着不良等问题,以及采用了水性的电泳油漆,在应用上显示出了经济、高效、优质和安全等优点,使得该方法得到了世界各国涂装界的重视和迅速推广,并逐步代替了车身喷涂或浸涂的底漆工艺。

但是早期采用的阳极电泳涂装法是基于被涂物作为阳极的电泳方式,在电泳过程中会产生阳极溶解,同时生成的电泳涂膜的耐腐蚀性能较低,不能适应冬季防止路面结冰等撒盐产生的"盐害"等问题,如图 5-76 所示。

随着汽车车身使用寿命要求的提高,对改进电泳涂装工艺又提出了新的要求。1971 年美国 PPG 公司首先研制成功了阴极电泳油漆并在耐腐蚀性要求高的家用电器上作了底漆的应用。1976 年美国通用汽车公司在汽车零部件上采用阴极电泳油漆涂装取得成功,并于 1977 年正式采用阴极电泳涂装作为汽车车身的底漆涂装工艺,也成为世界上第一条汽车车

a) 冬季路面撒防冻盐　　　　　b) 车身"盐害"腐蚀

图 5-76　撒盐产生的"盐害"

身阴极电泳涂装线。阴极电泳涂装生成的电泳涂膜相较于阳极电泳涂装，其耐腐蚀性能得到了巨大的提升，可以实现汽车车身使用 10 年不发生穿孔腐蚀和结构的损坏，使得车身的使用寿命得到极大的提高。正是基于阴极电泳涂装优良的耐腐蚀性能，使得这一工艺得到了迅速的普及和应用。

20 世纪 80 年代以来，随着电泳油漆和涂装技术的不断发展，电泳涂装在环保性、资源利用，作业性和涂层质量等方面取得了长足的进步。20 世纪 90 年代末顺应环保法规要求的无铅等电泳油漆也相继投入使用。至本世纪以来，薄膜型超高泳透力和高耐腐蚀性电泳油漆的技术的逐步应用，使汽车电泳涂装工艺朝节能降耗及环境友好型方向得到了更好的发展。电泳涂装的发展过程见表 5-30。

表 5-30　电泳涂装的发展过程

发展阶段	电泳涂装的发展过程
1809 年	俄国化学家列斯首先发现了胶体粒子在电场作用下产生电泳的现象
1937 年	瑞典学者蒂塞利乌斯（Tiselius）发明了移动界面电泳仪，创建了电泳技术
1960 年	英国的卜内门公司与里兰公司共同研制成功了阳极电泳油漆
1963 年	福特公司建立了世界上第一条完整的电泳涂装线
1969 年	美国在电泳涂装线上成功引入了超滤技术
1971 年	美国 PPG 公司首先研制成功了阴极电泳油漆
1977 年	美国通用公司建立了世界上第一条汽车车身阴极电泳涂装线，随后日本和英国由美国引进技术后，其汽车涂装从 1978—1979 年向阴极电泳涂装转化
20 世纪 80 年代中期	美、德、日等开发厚膜型阴极电泳油漆
20 世纪 90 年代末	顺应环保法规要求的无铅电泳油漆等相继投入应用
21 世纪—	节能降耗环境友好型、薄膜超高泳透力和高耐腐蚀性电泳油漆等技术应用

3. 电泳涂装类别

电泳涂装（英文简称 ED，Electro-Deposition）是利用外加电场使悬浮于电泳液中带电荷的油漆粒子定向迁移并沉积于作为电极之一的被涂物表面的一种独特的涂膜形成方法。电泳涂装利用电流沉积漆膜，最基本的原理为带电荷的油漆粒子与它所带电荷相反的电极相吸，即"异极相吸"。在电泳过程中,将具有导电性的被涂物浸于电泳槽液中作为阳极或阴极,通过直流电源施加稳定的电场,使阴离子油漆粒子向阳极被涂物移动,或使阳离子油漆粒子向阴极被涂物移动,继而沉积并在被涂物表面形成均匀连续,永不溶性的电泳涂膜。

所以根据被涂物的极性和电泳油漆的种类,通常将电泳涂装的方法分为两类:

一是阳极电泳涂装法,也称AED(Anode Electro-Deposition),以被涂物作为阳极,其所对应采用的是阴离子型电泳油漆,油漆粒子在水溶液中带有负电荷。详见图5-77a 阳极电泳涂装法。

二是阴极电泳涂装法,也称CED(Cathode Electro-Deposition),以被涂物作为阴极,其所对应采用的是阳离子型电泳油漆,油漆粒子在水溶液中带有正电荷。详见图5-77b 阴极电泳涂装法。

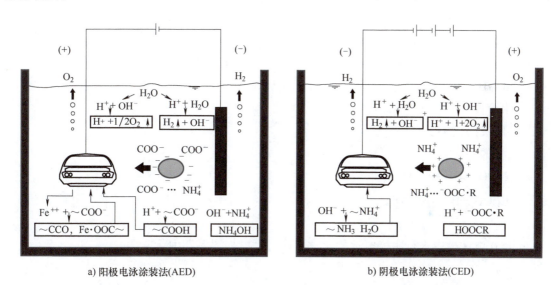

a) 阳极电泳涂装法(AED)　　　　　　b) 阴极电泳涂装法(CED)

图 5-77　电泳涂装法

在汽车工业发展的进程中,阴极电泳涂装法被发明出来后能够迅速地取代阳极电泳法,而应用于底漆涂装,主要是它具有以下明显的优点。

阴极电泳的被涂物作为阴极,电泳涂装过程中被涂物本身基体金属不会发生溶解,所以避免了金属离子析出混入到漆膜中,提高了涂膜对底材的附着力和耐腐蚀性能。

阴极电泳油漆的组分中含有对底材具有阻蚀作用的基团(如含氮基团),使阴极电泳的耐腐蚀性能显著优于阳极电泳生成的涂膜。在脱脂钢板上其耐腐蚀的时间一般为阳极电泳漆的3~4倍,在磷化钢板上的耐腐蚀性为阳极电泳漆的2~3倍,甚至更高。

阴极电泳漆的泳透力也较阳极电泳漆高,通常为其1.3~1.5倍,这一特性使得阴极电泳在进行具有复杂构造的被涂物内部涂装时,表现出良好的涂着性能。同时阴极电泳的库伦效率较高,通常为阳极的2~3倍,可以有效地降低电泳耗电量,减少热量的产生,削减电泳设备所需的冰水机制冷的容量。

阴极电泳漆的耐碱性也较阳极电泳漆高,从实验数据表明,阴极电泳涂膜在5%浓度的氢氧化钠（NaOH）溶液中，涂膜的耐碱性能要比阳极电泳高 20~40 倍左右。这使得阴极电泳的车身在冬季"盐害"路面有更优良的保护性。

4. 电泳涂装原理

电泳涂装原理以阴极电泳涂装法（CED）为例，它采用电泳涂装专用的水溶性电泳油漆，将具有导电性的车身作为阴极，并将其浸渍在一定浓度的电泳油漆槽液中，同时在槽中另设置与其相对应的阳极，在两极之间通以直流电一段时间，在电场的作用下，带有正电荷的油漆胶体粒子，不断地在车身底材表面沉积，最终使车身内外表面上析出均一、水不溶性的电泳涂膜。

（1）阴极电泳过程阴阳极的反应原理

1）阴极的化学反应——还原反应。

（被涂物的表面）

① $2H_2O + 2e^- \rightarrow 2OH^- + H_2 \uparrow$

　　　　　　（碱性）

② $R\text{-}NH^+ + OH^- \rightarrow R\text{-}N \downarrow + H_2O$

（水溶性）　（析出，水不溶性）

2）阳极的化学反应——氧化反应。

（电极的表面）

① $2H_2O \rightarrow 4H^+ + 4e^- + O_2 \uparrow$

② $RCOO^- + H^+ \rightarrow RCOOH$

　　　　　（酸析出）

车身在电泳槽内进行阴极电泳的化学反应过程，如图 5-78 所示。

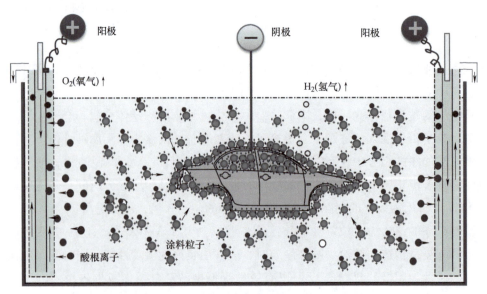

图 5-78　车身在电泳槽内的阴极电泳的化学反应过程

（2）阴极电泳涂膜形成的电化学原理　整个电泳涂装的过程通过电解、电泳、电沉积、电渗等四种理化反应而形成涂膜。其主要过程原理分析，详见表 5-31。

表 5-31　电泳过程原理

电泳过程	主要现象及原理分析
电解 Electrolysis	电解是指离子导电性的液体在通电时，在阴极和阳极上引起氧化还原反应的过程。在阴极电泳法中槽液通电后水发生电解，在阴极上生成氢气和碱性氢氧根离子（OH^-），阳极上生成氧气，酸根离子（$RCOO^-$）和氢离子（H^+）结合生成酸。 阴极：$2H_2O+2e^-\rightarrow 2OH^-+H_2\uparrow$ 阳极：$4RCOO^-+2H_2O-4e\rightarrow 4RCOOH+O_2\uparrow$
电泳 Electrophoresis 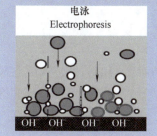	电泳是在直流电场中，导电介质中的带电粒子向与其电性相反的电极移动的现象 发生在阴极电泳涂装过程中的电泳，即槽液中带正电荷的胶体粒子（树脂及树脂包裹的颜料），在电场电势的作用下，向阴极（被涂物）迁移的过程
电沉积 Electro Coagulation 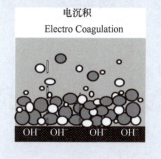	电沉积是指电泳过程中油漆粒子在被涂物上沉积析出成膜的现象。在阴极油漆涂装时，带正电荷的油漆胶体粒子在阴极上凝聚，带负电荷的粒子（离子）在阳极聚集，在电沉积过程中，由于水在阴极区被电解生成氢气（$H_2\uparrow$）和氢氧根离子（OH^-），这个反应致使在阴极（被涂物）表面形成一高碱性边界层（pH = 12~13），当阳离子（油漆胶体粒子）与氢氧根离子反应，变为不溶于水时，就产生了涂膜的沉积。但如果碱性边界层达不到大约 12 的 pH 临界值，将得不到不溶于水的涂膜，另外在阴极电泳涂装时，电沉积只发生在阴极上且该过程是一个不可逆的过程 电沉积反应：$R-NH^++OH^-\rightarrow R-N+H_2O$
电渗 Electroendosmosis 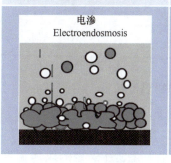	电泳涂装过程中刚沉积到阴极被涂物表面的涂膜被称为半渗透性膜。在电场的持续作用下，多孔性的涂膜内部所含的水分子从涂膜内朝一定的方向被排斥而渗析出来，并移向槽液使得涂膜发生脱水现象，这一过程称为电渗。电渗使亲水的涂膜转化成为憎水涂膜，并使之缩致密化，最终生成均匀致密的电泳湿膜，这时电泳涂膜已具有抗物理变形性且具有水不溶性。在涂装完成后可用水来冲洗附着在漆膜表面未沉积的浮漆，以获得外观良好的电泳涂膜。同时由于形成的湿膜中含水量少（约为 5%~15%），这样就可以直接进行高温烘干

（3）电泳涂膜增厚机理　在电泳初期，由于被涂物外表面电场强度高，产生的电流密度比内腔大得多，所以电沉积首先发生在被涂物的外表面特别是其边缘部位。随着电泳过程的进行，外表面涂膜不断析出，电阻增大，绝缘程度随之增加，电流值也随之下降，膜厚增加的速度变小，直至不再涂着。此时的涂膜开始逐渐向电阻较小、电流密度较高的区域扩张

生长，即由近到远，由外到内的方向，最终实现被涂物内外表面的电泳涂膜的全覆盖。电泳涂膜增厚过程如图5-79所示。

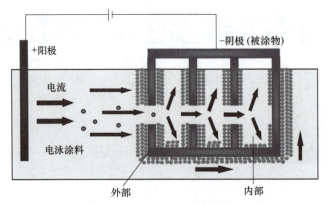

图5-79　电泳涂膜增厚过程

电泳涂装过程中其电流值、电泳电压、涂膜厚度和涂膜电阻四者之间的关系，如图5-80所示。可见通电后，由于被涂物表面电阻极小，所以电流值快速增大，此时随着电泳过程的进行，电泳涂膜快速生成，随着涂膜的逐渐加厚，电阻值也逐渐变大，而后电流值开始由最高点逐步下降。待涂膜的电阻增大到使电流值变得极微小时，涂膜厚度便不再增加。正是由于这种涂膜电阻特性，使得在电泳复杂被涂物时可阻止涂膜的无限制增厚，实现涂膜的均一性。

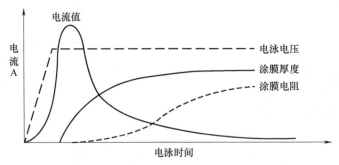

图5-80　电泳过程电流、电压、膜厚、电阻的关系

由于电泳过程中，随着近端和外部电泳涂膜的增厚，电阻变大，涂膜沉积逐步由向电阻值小的远端和内部扩散。这种电泳油漆使被涂物的内腔深处或隐秘表面被涂上的程度的能力也被称为泳透力。它保证了被涂物内腔和缝隙等难以上膜的部位能够均匀地涂着电泳涂膜，可以保证车身的内腔、焊缝、边缘等处同样具有良好的耐腐性能。

（4）电泳涂膜的固化机理　阴极电泳油漆属于热固化型油漆，必须在一定的烘烤温度下才能固化。电泳涂膜生成后本身含水量少，经过清洗除去表面附着的浮漆、沥水气吹等工序就可以直接进入烘烤炉（OVEN）进行烘烤固化。烘干过程主要包括：水分、溶剂的挥发，涂膜热融化，高温热固化等三个阶段。

涂膜固化过程的主要化学反应机理如图5-81所示。

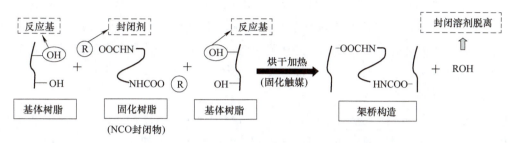

图 5-81 涂膜固化过程的主要化学反应机理

在烤炉中随着烘烤温度的上升，涂膜内部残留的水分和部分溶剂蒸发并排出，涂膜的黏度呈轻微上升变化。

当温度继续升高时，通过加热进行的热分解反应使封闭的异氰酸酯解封再次析出 NCO 基团，封闭溶剂在涂膜的里面流动，降低涂膜的黏度，使涂膜趋近于平滑。另外析出的 NCO 和基体树脂中的 OH 再一次封闭反应，在基体树脂与基体树脂之间架桥。通过在基体树脂之间架桥，形成大的分子（高分子化），这样使得涂膜逐渐交联固化，同时涂膜的黏度逐渐回升，最后固化完成后，便形成了不再溶于溶剂的，且具有优良耐腐蚀性能的电泳涂层。如图 5-82 涂膜的烘干过程黏度变化曲线。

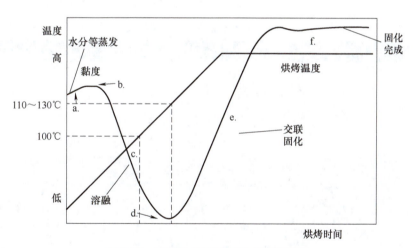

图 5-82 涂膜的烘干过程黏度变化曲线

涂膜的最佳烘烤温度和时间应依据各油漆供应商的推荐和实验确定，若低于规定的烘干条件，电泳涂膜不能固化，则会严重影响涂膜的性能，如涂膜的力学性能、附着力、耐腐蚀性、抗石击性等。若烘干时间过长，温度过高，会产生过烘干，造成涂膜发黄，同时也会影响中涂或面涂与电泳涂膜的附着力，严重时涂膜会变脆，甚至脱落。因此，正确地评估涂膜的烘烤干燥程度，对确保电泳涂装质量是十分重要的。

五、电泳油漆的组成及功能

电泳涂装是一种特殊的涂装工艺，所采用的电泳油漆和一般油漆有所不同。电泳油漆是通过添加中和剂使水不溶性的油漆树脂转化为水溶化性或水乳化的液体油漆。阴极电泳油漆采用有机酸（-COOH）去中和碱性的氨基改性环氧树脂而制成的水溶性油漆，这种油漆在水中能离解出带有正电荷的油漆粒子，并在直流电场的作用下向阴极被涂物移动，最终在其表面上沉积析出电泳涂膜。因此，电泳油漆是电泳涂装技术得以实现的基础。

1. 电泳油漆组成

电泳油漆一般由色浆、乳液等组成，所以也常称为双组分电泳油漆，另外由于电泳时酸的析出和溶剂的损耗，所以通常还备有中和剂和溶剂以便定时补加和调整槽液参数。

以阴极电泳油漆为例，其组成见图 5-83 和表 5-32。

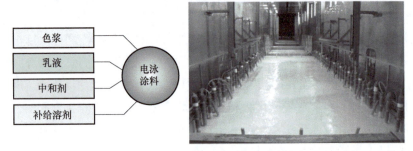

图 5-83　阴极电泳油漆组成

表 5-32　电泳油漆各组分主要构成

序号	组分	各组分的主要构成原料
1	色浆	颜料分散树脂：改性环氧树脂 颜料：着色颜料、体质颜料、防锈颜料等 硬化触媒：Sn 类 添加剂：表面活性剂等 溶剂：醇醚类溶剂
2	乳液	主体树脂：聚酰胺/聚酯改性的环氧树脂 硬化树脂：封闭异氰酸酯类 添加剂：防缩孔剂、表面活性剂、消泡剂等 中和剂：甲酸、乙酸等 溶剂：醇醚类溶剂
3	中和剂	主要为有机酸，如乙酸 CH_3COOH 等
4	补给溶剂	主要为醇醚和酮类溶剂，如乙二醇丁醚等

（1）电泳油漆的主要树脂结构（图 5-84）

a) 阴极电泳底漆基体树脂构造　　　　　　b) 阴极电泳底漆固化剂构造

图 5-84　电泳油漆的主要树脂结构

（2）电泳油漆粒子结构团（图 5-85）

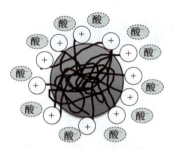
a) 色浆中分散树脂包裹颜料的粒子

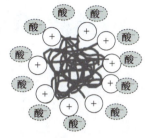
b) 乳液中的树脂粒子

图 5-85　电泳油漆粒子结构图

2. 电泳槽液中各化学组成的主要功能

电泳油漆按一定的配比被投入至电泳槽并加入纯水（或称为去离子水），通过混合熟化而形成可用于电泳施工的电泳槽液。以阴极电泳涂装为例，电泳槽液中的各化学组成和主要作用以及成膜状态，见表 5-33。

表 5-33　电泳槽的组成及主要作用

槽液组成	主要作用与功能	湿膜状态	干膜状态
主体树脂	是涂膜的主要形成物质，具有抗腐蚀坚韧涂膜等作用	树脂	树脂
硬化树脂	封闭的异氰酸酯类，为交联剂，起到固化漆膜的作用		
分散树脂	良好的水溶性，对颜填料有良好的湿润性和分散稳定性；有利于储存稳定性		
颜料	和树脂形成涂膜，如炭黑、钛白粉、高岭土、防锈颜料等起到着色，提高涂膜防锈性能及其他物理性能等	颜料	颜料
硬化触媒	烘烤时，对涂膜的固化过程起促进作用	触媒	触媒
添加剂	改善油漆性能提高涂装性，如起到润湿、抗缩孔、消泡等作用	添加剂	烘干时挥发物可回收燃烧，燃烧废气再排出体系外
溶剂	树脂的助溶剂，调节烘干固化时涂膜的流动性	溶剂	
中和剂	中和树脂使之成水溶性状态，调节槽液 pH 值等	中和剂	
补给溶剂	用于调节槽液的溶剂含量	溶剂	
纯水 DIW	作为分散介质，使油漆分散成溶液化，采用去离子水以防止杂质离子混入	水少量	烘干时蒸发排出

3. 电泳槽液的工艺参数管理

电泳槽液的参数管理，是保证电泳涂装质量和生成合格的电泳涂膜的重要环节，维持槽液参数始终处于管理规格范围内，定期测量和记录相关参数数据，了解槽液参数变化并及时进行必要的调整。另外不同的生产线可能使用不同供应商的油漆，应根据不同的油漆参数规格进行适当调整，来满足质量要求，使电泳生产线的管理最优化。

通常电泳相关工艺参数管理，主要分成五部分，见表5-34。

表5-34 电泳管理主要工艺参数

序号	工艺条件	主要管理工艺参数
1	槽液的组成方面	固形分（固体成分）、灰分、MEQ值、有机溶剂含量
2	电泳条件方面	槽液温度、电泳电压、电泳通电时间
3	槽液特性方面	pH值、电导率、分极值
4	电泳特性方面	库伦效率、最大电流值、膜厚、泳透力
5	其他工艺参数	稳定性、更新周期、加热减量、杂质离子含量等

六、电泳涂装的优缺点

电泳涂装经过几十年的发展，在电泳油漆开发和电泳设备技术方面取得了巨大的进步。电泳涂装作为特殊的底漆施工工艺已广泛应用于汽车制造行业，并且在应用的过程中显示出了多方面的独特优势，比如自动化、高泳透性、品质稳定、油漆利用效率高、安全环保等方面，见表5-35。另外，由于电泳涂装能否进行需依靠基材自身导电等特性，在应用上易局限于被涂物本身材质问题。同时由于油漆本身耐老化性较差，采用大槽浸渍生产时不适宜小排量生成需求等，其主要的缺点和局限性见表5-36。

表5-35 电泳涂装的主要优点

序号	优点方面	电泳涂装主要优点说明
1	自动化生产低运行费用	电泳涂装和前处理并线生产，通过输送设备可实现自动化的流水线作业，具有较高的生产效率，能适应大规模的生产需求。同时电泳涂装相较于常规的喷涂工艺，其运行的能耗费用及设备维护保养费用也较低，显示出了较好的经济性
2	具有全覆盖高泳透性	电泳槽液配槽后黏度较低，接近于水的黏度，所以流动性较高，在全浸处理过程，槽液可以充分流动并浸入到车身的复杂的袋部结构和缝隙中，实现全覆盖，有效解决了其他涂装方法对复杂构造的涂装难题。同时，由于电泳油漆具有良好的高泳透性，可以保证车身内腔袋部、焊缝及边缘等部位生成厚度比较均一的涂膜，提高车身的耐腐蚀性能
3	品质稳定可控性强	电泳槽液容量较大，可以让油漆及工艺参数的波动变化对电泳品质的影响降低到最小。电泳过程由于采用了全浸的方式，不会产生漏涂或垂漆等问题，而且依据各油漆厂商提供的工艺管理参数，容易使电泳涂装过程的品质趋于稳定。另外，通过电泳施工电压的调整，可柔性地对应不同车型的生产需求，从而得到均一的目标膜厚，使涂膜的厚度控制在10~35μm范围内，并且具有良好的重现性
4	油漆可回收利用率高	电泳槽液是低固体成分的水稀释液，原漆带出槽外的量很少，同时由于电泳湿膜具有水不溶性，电泳后通过辅助以超滤（UF）装置或反渗透（RO）装置的清洗系统可以使车身表面残留的电泳油漆得到充分地回收，将油漆损失降低到最小，可保证油漆的有效利用率达95%以上

(续)

序号	优点方面	电泳涂装主要优点说明
5	低污染性环境友好	电泳油漆为水性油漆,以水为溶解介质在水中能够完全溶解和乳化,所以可以节省大量的有机溶剂,大大降低 VOCs 排放,减少对大气污染和环境危害。另外由于采用了超滤等装置使得电泳后的水洗实现全封闭,可大大减少废水的排放和处理费用
6	无火灾风险高安全性	相较于溶性型油漆,电泳油漆采用以水为介质,其有机溶剂含量少且浓度低,能有效防止火灾和爆炸的隐患,无需安装独立的消防设施,安全性大大提升

表 5-36 电泳涂装的主要缺点

序号	缺点方面	电泳涂装主要缺点和局限性说明
1	涂装适用材质的局限性	由于电泳是基于导电材料的施工工艺,所以对于非导电材料,如塑件等无法成膜。同时电泳涂装主要适用于单一的金属材质,对于多种金属构成的被涂物或电镀金属材料,由于导电性差异其适用性较差
		另外,由于电泳涂装需要进行高温烘烤才能固化,对于非耐高温材料,不宜采用电泳涂装
2	无法适应多色底漆的涂装	由于电泳槽液的单一性,在涂装过程中不能随意改变颜色,对于有多色底漆的涂装需求无法满足,需另外建槽适用不同颜色的底漆才能对应
3	不适宜小规模少量的生产线别	由于电泳槽液对更换周期有一定要求,槽液更新速度过慢容易造成槽液老化等问题,对槽液的稳定性和电泳品质有较大影响,所以对小规模、少量的生产线别的电泳管理更为困难
4	生产用的挂具管理要求较严格	由于车身进入电泳槽内电泳需要依靠吊具和滑橇等承载工具,所以对承载工具导电性能等要进行严格地管理,以保证车身的电泳效果
5	杂质离子和油污的控制要求高	由于前处理的带液影响,车身进入电泳槽时内腔夹缝残留的未清洗洁净的杂质离子或油污易被带入到电泳槽中,所以需对电泳槽的杂质离子等含量进行严格地管理
6	涂膜固化后不可进行二次电泳	电泳湿膜经过高温烘烤固化后,电阻较高趋于绝缘,二次电泳时无法再电沉积生成新涂膜,所以必要时需对不合格车身进行报废处理

七、电泳涂装工艺流程

1. 电泳工艺流程图

电泳涂装是前处理的后道工序,一般由电泳、电泳后水洗（UF 水洗+纯水洗）、沥干气吹和烘烤等工序组成。主要目的是经过对车体内外表面进行电泳生成涂膜后,通过 UF 水洗等工序完成车体残留 ED 油漆的清洗回收,再通过纯水洗,对车体电泳涂层表面进行清洁,并辅助以沥干气吹等作业,以防止水痕和二次垂流等涂膜缺陷的产生,最终通过烤炉烘干室的烘烤,达到涂膜的完全固化,获得耐腐蚀性优良的电泳涂层。如图 5-86 所示。

2. 各工序主要管理要点

电泳系统各工序的主要功能、处理方式和管理要点,见表 5-37。各汽车生产线可能由于工艺特点而略有差异。

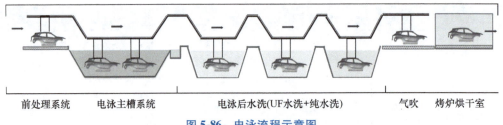

图 5-86　电泳流程示意图

表 5-37　电泳系统各工序主要功能及管理要点

工序	主要功能	方式	管理要点	备注
电泳涂装	通过阴极电泳涂装的方法,对前处理完成之后的车身进行电泳,使车身钣金内外表面生成一层厚度均一的电泳漆膜	全浸式	槽液参数、温度,以及直流电压、电泳时间等	电泳涂膜的厚度依油漆的类型有所区别,通常在15~25μm之间
UF1 水洗	通过 UF 超滤装置过滤后产生洁净的超滤液,对未参与成膜而仅仅粘附于车体内外表面残留的电泳油漆进行清洗。通过 UF 液的逆工序补加,能够使清洗下来的残留电泳油漆最终返送到电泳主槽,实现电泳油漆的回收。同时也保持了车体的湿润,防止涂膜表干	全浸式喷淋式	水洗液固形分、循环或喷淋压力等	电泳槽同 UF 超滤转置、UF 水洗等工序形成闭环,减少电泳废水的排放,实现油漆的有效回收
UF2 水洗		喷淋式		
新鲜 UF 水洗		喷淋式		
纯水洗	使用纯水对车身内外表面的剩余残留的电泳油漆进行清洗,防止二次垂流发生,并使车体保持湿润,防止涂膜表干	全浸式	水洗液固形分、循环或喷淋压力等	若采用 RO-UF 液替代纯水可有效减少电泳废水排放
纯水喷淋		喷淋式		
气吹	使用气吹工具对车体的内外部容易积水的位置气吹干净,减少水痕和二次垂流等缺陷	自动/人工气吹	气吹压力,涂膜表面积水状况	通常采用室温高压空气,或热风(30~40℃)
烘干室	通过烤炉烘干设备对涂膜进行加热升温,使电泳涂膜最终固化	热风对流加热或辐射加热	烘烤温度、时间、涂膜固化程度	监测烤炉炉温曲线,可采用溶剂擦拭法测试涂膜固化程度

3. 电泳工艺的主要设备及系统构成

电泳涂装的设备一般主要由电泳槽、循环系统、过滤系统、冷却系统、超滤系统、直流电源系统、阳极循环系统、油漆补加系统、后冲洗系统、烘干系统等组成。不同的生产线选用不同的电泳漆品种对涂装设备的要求可能有一定的差异,应根据实际情况和设计要求进行选型确认。电泳涂装设备主要构成如图5-87所示。

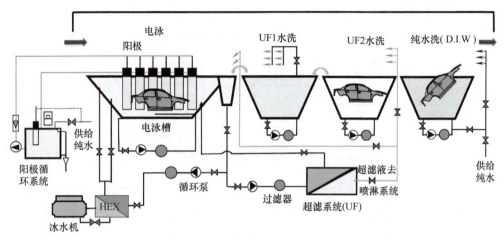

图5-87 电泳系统主要设备构成

(1)电泳槽 电泳槽是设计为盛放电泳槽液进行电泳涂装的场所。电泳槽的容积、形状通常由生产车身的尺寸、产量和生产节拍来决定。一般由主槽和副槽两个基本部分组成,主要的形状、式样依各生产线设计需求不同而分为船型电泳槽或者方形电泳槽,见表5-38。

表5-38 电泳槽主要式样类别

式样	示意图	主要特点
船型电泳槽	电泳主槽 副槽	适合于连续式生产,产能较高,可对应大规模汽车生产的需求,由于生产线较长,占地面积大,设备投资相对也较大
方形电泳槽	电泳主槽 副槽	适合于间歇式生产,产量较低,通常用于小规模汽车的生产,生产线长度较短,设备投资相对较低

电泳槽结构上应保证足够的刚性和强度,构造上应尽量避免产生死角,在转角处可采用圆弧或斜板过度,副槽设置于出槽端,可以回收车身带出的余漆。另外在主副槽之间设置溢流堰,可以调节主槽液面高度,使主副槽之间形成液位差,一般设置为10cm左右,有利于承接电泳槽表面流带入的泡沫和尘埃等,具有消除泡沫等功能。

由于电泳过程需要通电及电泳液pH值偏酸性等特点,电泳槽内表面需要进行绝缘防腐处理,涂布改性环氧树脂或玻璃钢等材料。

另外,电泳槽通常设置一个备用槽,以供清理、维修电泳槽时用于临时存储电泳槽液,也称为移转槽或置换槽。备用槽的形状取决于安置的场所,其容量应能容纳全部的槽液并留有一定的余量。备用槽内表面的涂层可不需绝缘性，只需耐电泳槽液的防腐蚀处理即可。备用槽因为没有长时间存储，通常内部只设置部分循环管路保证槽液一定的循环量，避免槽液沉淀等。如图5-88所示。

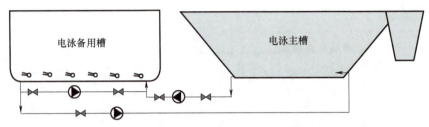

图5-88　电泳主槽与电泳备用槽

电泳槽上通常设置为封闭的防尘室，也称为电泳涂装室，通常采用不锈钢材料制成。电泳涂装室设置玻璃窗和出入门，门上应安装安全保护连锁装置，以防止正常生产时人员进入发生触电事故。另外，由于电泳槽液循环过程中存在少量有机溶剂的挥发，为避免持续聚集也需设置给排气系统。

（2）电泳循环过滤系统　电泳循环过滤系统主要是通过循环搅拌保持电泳油漆的均匀混合，防止颜料沉淀析出。同时通过过滤装置去除槽液中的杂质颗粒如铁粉、焊渣以及油污等。在循环过程中，通过热交换器使槽液得以换热控制槽液温度，及时排出电泳过程中车身表面产生的气体，并将漂浮在主槽液表面的泡沫赶往副槽以达到消泡的目的。

电泳循环过滤系统通常主要由循环泵、循环管路、喷管、喷嘴、过滤器、换热器、阀门、温度计、压力表等构成，如图5-89所示。

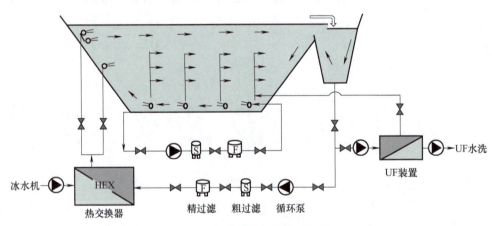

图5-89　电泳槽循环系统示意图

通过循环能使槽液沿单一路线连续运转且成层流状态。一般槽液表面流速控制在0.2~0.3m/s，靠近槽底部的流速最低为0.4m/s。槽液循环次数（T.O）依据不同供应商的油漆特性而不同，通常为2~6次/h。

一般的过滤单元采用两段的方式进行过滤，即通过循环泵使槽液先经过粗过滤单元，再经过精过滤单元完成过滤，以去除电泳槽内的颗粒物及杂质等。其主要配置见表5-39。

a) 电泳槽内槽液流向图

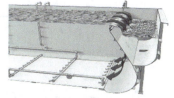
b) 出槽端槽液流向图

图5-90 槽液流向图

表5-39 过滤单元配置表

单元	形式	内置滤材及式样	主要作用
1道过滤	粗过滤器	50~200mesh SUS筛网，常采用100或150目SUS筛网	首先去除较为粗大的异物
2道过滤	精密过滤器	10~50μm聚丙烯材质滤袋，常用25μm规格配置磁棒，8000~12000高斯	滤除较为细小的粒物，吸附细小的铁粉等

循环过滤单元设置于泵的输出口侧，入口侧不易加装过滤器，避免过滤器阻塞时造成泵浦抽空等现象，造成槽液气泡剧增等问题。同时过滤桶出入口一般加装有压力表，以确认过滤器的堵塞状况。如图5-91所示。

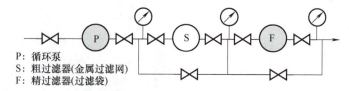

P：循环泵
S：粗过滤器（金属过滤网）
F：精过滤器（过滤袋）

图5-91 过滤单元设置图

（3）阳极循环系统　阳极循环系统是由阳极隔膜、极液循环管路、移送泵、极液槽、电导率控制仪（或浊度计）、纯水供给管路等组成。

阳极循环系统的主要作用，除了为电泳过程提供阳极形成电场，另外一个就是调节电泳槽内的酸含量，以控制电泳槽液的pH值等。在阴极电泳的过程中阳极区会不断地产生有机酸（CH_3COOH），如果不及时排除，会残留在槽液中，过多时造成槽液pH值下降，影响工艺参数的稳定、泳透力和涂膜的性能，特别是使涂膜的再溶解性增大。

通过极液槽的电导度监控，可以了解极液的酸根离子浓度的含量，超过管理值时，系统自动开启纯水补加，排出部分阳极液，以稀释极液的酸浓度，达到间接控制电泳槽液pH值的作用。阳极循环系统的主要构成如图5-92所示。

作为阳极循环系统的主要构成阳极隔膜，依照结构可分为板式、管式、弧形等类型。各涂装线可以依据生产线的实际情况进行选型和安装。阳极隔膜的安装位置主要为电泳槽内两

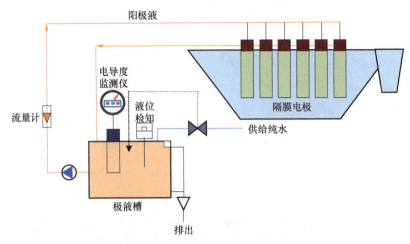

图 5-92 电泳阳极循环系统图

侧及底部。另外也可以考虑为保证车身顶篷的电泳膜厚选择安装顶部阳极。

阳极膜管的内部主要构造如图 5-93 所示。

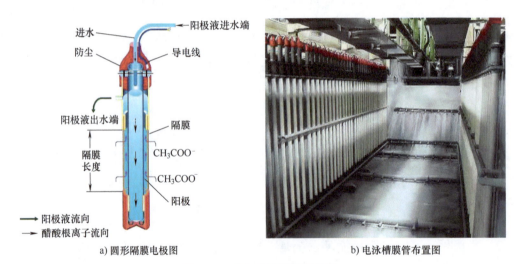

a) 圆形隔膜电极图　　b) 电泳槽膜管布置图

图 5-93 阳极膜管的主要构造

（4）电泳整流机系统　电泳涂装过程需要通过整流机系统为电泳提供直流电源，以使车身和阳极之间产生稳定的电场保证电泳涂膜的生成。整流机供电系统通常由整流机、控制柜、阳极、导电轨、供电缆等组成，如图 5-94 所示。在生产过程中，搭载车身的电小车输送设备运行至电泳工位时，通过与导电轨的接触，使电流在车体与阳极之间导通形成电场并使电泳得以实现。

通常应用于车身电泳的整流器直流电压通常应能在 0~500V 之间可调，用于涂装零部件的电压可适当降低（0~400V），具体电压设定范围应考虑生产线的实际需求。整流机的直流电要经过滤波，电压脉冲幅度不能超过平均直流电压的 5%，在满负荷的情况下，电压脉

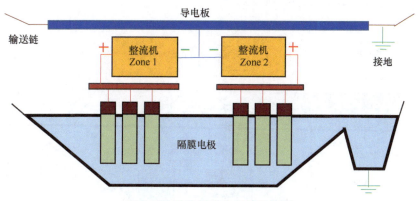

图 5-94 整流机供电系统示意图

动率要小于 5%。

在阴极电泳涂装中，阴极（被涂物）与阳极的面积比通常控制在 4∶1~5∶1，电泳槽内的阳极应依据电泳车身的大小实际情况进行布置，一般在电泳槽两侧及底部均匀排布，必要时可增加顶部阳极以提高整车的膜厚均一性。

对于连续通过式的电泳涂装，为了控制入槽段的电流密度，避免过于激烈的电解反应，提高涂膜外观质量，入槽端应采用低电压。而在入槽后为提高车身内腔的泳透力，在电泳过程中需采用高电压。所以，采用多个整流机进行多段电压供电的方式，是控制整车电泳涂膜均匀分布的重要方法，如图 5-95 所示。

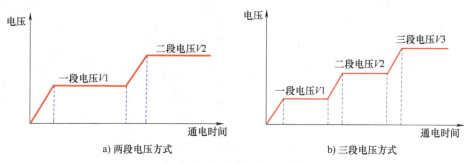

图 5-95 整流机的供电方式

（5）超滤系统（Ultrafitration 系统） UF 超滤系统是电泳线主要设备之一，它主要的作用是提供电泳后的清洗液，冲洗电泳后的车身，以回收附着在车身表面未成膜的电泳浮漆再回到电泳槽中，这种技术也常被称为"闭合回路清洗"。通过该方式的回收油漆，使电泳油漆的利用效率达到 95% 以上，既可节约电泳油漆减少污水处理量及费用，又可通过超滤液的部分排放，有效地控制电泳槽内槽液的电导率及杂质离子含量，保证电泳槽液的稳定性，提高涂膜的质量。

超滤系统主要由超滤膜膜组件、循环泵、过滤器、循环管路、超滤液储槽、清洗槽、流量计、浊度计、压力表等组成。其中，超滤膜的选型和超滤液的透过量应根据生产线实际需求而确定。此系统示意图如图 5-96 所示。

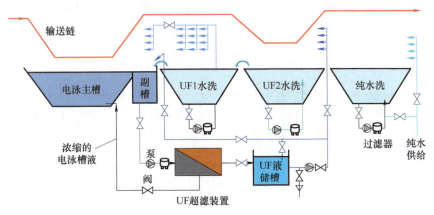

图 5-96　超滤系统示意图

超滤的原理是指流体在一定压力、流量驱动下的膜分离过程。它采用特定的带电荷的多孔分离隔膜（孔径 1nm～0.1μm），使电泳槽液中的一部分水、有机溶剂、中和剂、无机离子和小分子树脂等物质透过隔膜，形成超滤液（膜透过液），同时大分子量的油漆粒子被截留形成浓缩的电泳液又返回到电泳槽中。如图 5-97 所示。

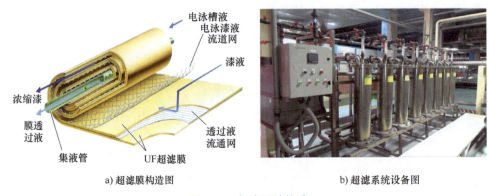

a) 超滤膜构造图　　　　　　　　b) 超滤系统设备图

图 5-97　超滤系统构造

新鲜 UF 液的固体成分一般在 0.5% 以下。当采用 ED-RO 装置（即 UF 液经反渗透装置净化，除掉杂质离子和固体成分），用 UF-RO 液替代纯水进行最终纯水洗，可实现真正的全封闭电泳后清洗，大幅降低电泳污水的排放量，显著地再提高电泳油漆的利用率。

（6）电泳的冷却系统　电泳涂装过程中，由于车身在电泳槽内涂膜沉积时发生的电化学反应产生热量，油漆循环过程中循环泵机械搅拌转化成的热量，以及车身带入的热量和环境温度的影响，会使电泳槽液的温度逐渐升高，所以需要通过热交换的方式将多余的热量散失掉，以保证电泳槽液的温度保持在一定的范围内。主要冷却原理是将温度高的电泳槽液经过冷水交换器进行热交换，使冷水吸热温度升高，而电泳槽液散热温度下降。电泳槽液的温度控制应根据采用的电泳油漆特性进行确定，由油漆供应商提供温度的最佳控制范围。槽液温度过高，容易使涂膜增厚，同时影响槽液的稳定性，进而导致槽液老化，油漆发生沉淀等现象。另外，对于北方的工厂由于冬季气温偏低，槽液自身的热量无法平衡环境温度时，可能需要考虑辅助热水进行加温，以保证槽液的温度控制要求。

电泳槽液冷却用的冷水，由冰水机系统制造。常用的冰水机系统主要由冷却水塔，冰水机组、储水箱，循环泵，循环管路以及热交换器构成，如图5-98所示。一般冰水机组制造出的冷水温度可控制在10℃左右。

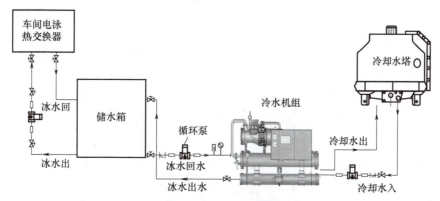

图 5-98　冰水机冷水制造流程图

（7）纯水制造设备　主要为电泳前纯水洗、电泳后纯水洗、电泳槽、超滤、极液等系统提供用水。目前主要的纯水制造设备由离子树脂交换和反渗透膜（RO膜）两种设备。二者制造的纯水电导率都可以达到 $1\mu S/cm$ 以下，能够满足电泳工艺所需的水质要求。

1) 离子树脂交换系统纯水设备。利用离子交换树脂分子中可解离的基团（H^+ 和 OH^-）在水中能与其他阴阳离子进行交换，让水中的阴阳离子吸附在离子交换树脂上，而离子交换树脂上的可解离基团则到了水中，从而达到制造纯水的目的。当离子交换树脂达到饱和时，则可以用酸碱进行漂洗以恢复其吸附能力，使其再生。其主要系统构成如图5-99所示。

离子交换树脂再生原理：

① $R\text{-}H + Na^+ \rightarrow R\text{-}Na + H^+$　　② $R\text{-}OH + Cl^- \rightarrow R\text{-}Cl + OH^-$

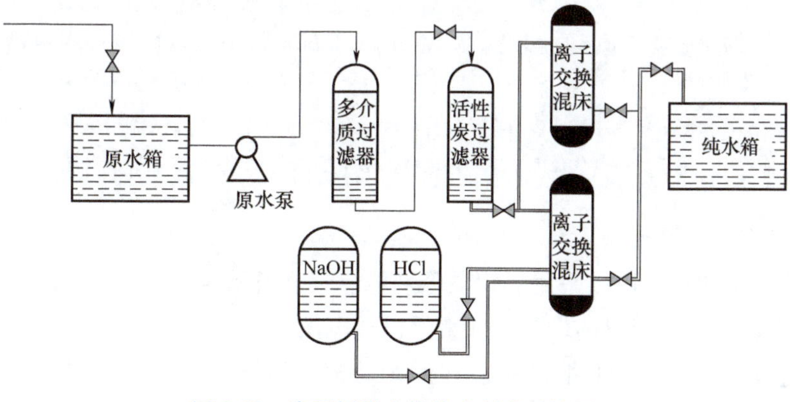

图 5-99　离子树脂交换纯水制造系统图

2)反渗透膜系统纯水制造。反渗透膜纯水制造,主要利用反渗透膜(RO膜)滤除水中的无机盐离子如 Ca 、Na 、Cl 等,以及去除有机污染物、微生物、病毒和热原质等用其他方法难去除的杂质,达到制造纯水的目的。但存在水利用率低的问题,通常为65%以上。其主要系统构成如图5-100所示。

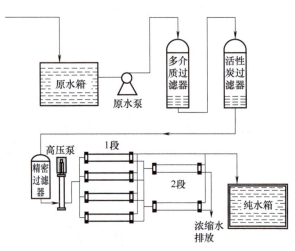

图 5-100　反渗透膜纯水制造系统图

(8)电泳油漆的加料系统　随着电泳过程的进行,电泳槽液的固体分下降,其颜基比、中和剂和有机溶剂含量都会有所变化。因此,需要根据涂装面积和槽液的实际参数测定结果,计算出需要的油漆量、补给配比和补给周期。使槽液各参数可以维持在正常的稳定的工艺范围之内,见表5-40。

表 5-40　电泳加料配比及一般要求

补加药剂	补加配比及一般要求
色浆及乳液	依规定的比例,如重量比色浆:乳液=1:3,将两种组分的电泳漆加入配漆罐中,再加入纯水充分搅拌预混均匀后,借助于泵和管道将稀释好的油漆输入电泳槽中
调整溶剂	以溶剂补加量1倍以上的纯水充分稀释均匀后慢慢加入电泳槽中,尽量在电泳槽无过车的情况下进行。如,一般在上班开工前进行补加
中和剂	电泳槽液pH值偏高的情况下,需适量补加中和剂来进行调整,否则会导致品质不良。补加时以中和剂补加量之1倍以上的纯水充分稀释均匀后,通过补给泵及管道慢慢加入电泳槽中
纯水 DIW	一般情况下,电泳槽液位不足时须补加纯水来调整液位,直接加入副槽即可;若不得已必须由主槽添加,则应尽量避免在电泳生产时进行,以免产生的泡沫对电泳涂装品质造成异常影响

常用的加料方式主要有:

1)采用隔膜泵加料:可以采用隔膜泵分别将色浆和乳液通过移送管路进行补给,一般可将加料口设在循环泵的吸口前端处,或直接设在电泳副槽。

2)采用配漆罐加料:是由带机械搅拌的配漆罐、输漆泵、槽液及纯水的供给输入管道、输送漆液至电泳副槽的泵和管道等构成。将电泳油漆的色浆和乳液、中和剂及补给溶剂等搅拌混合，再通过移送管路输送到电泳槽内。如图 5-101 所示。

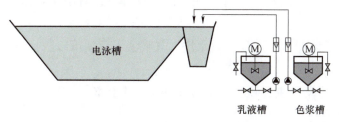

图 5-101　电泳油漆加料系统示意图

（9）电泳后水洗系统　电泳后水洗系统应根据被涂物的结构及对涂膜外观性能的要求选择清洗道数和清洗方式。通常，车身的电泳后的水洗工艺由 3~5 道超滤液和 2 道纯水洗的工艺构成，并采用喷淋和浸洗相结合的方式。通过清洗使车身表面的残留油漆得以回收，保持涂膜外观湿润不易沾污和干结，提高涂膜的外观质量。如图 5-102 所示。

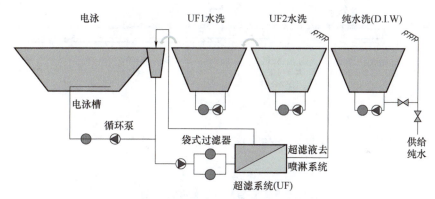

图 5-102　电泳后水洗系统构成示意图

为保证清洗质量，在清洗槽或清洗工位的循环管路上增设过滤器，以过滤清洗液中的杂质颗粒等。后清洗设备（如槽体、循环管道、喷淋系统、过滤器、泵等）应考虑采用不锈钢材质，或用惰性材料处理如涂敷耐化学品的环氧涂层等，以避免化学腐蚀和生锈等问题。

水洗用的新鲜 UF 液或循环 UF 液，在生产或非生产期间均应逆工序方向回流至电泳槽，以保证电泳油漆的回收，使电泳油漆的利用率达 95% 以上。

水洗后进烘烤炉前，应设置有沥干工位和吹水装置，减少车身内腔、夹缝等部位的带液量，避免烘烤时产生二次垂流等不良问题。

（10）烘干系统　阴极电泳油漆属于热固化型油漆，所以电泳过程生成的湿涂膜必须在一定的温度烘干下才能固化，使最终生成的电泳涂层具有良好的附着力、耐腐蚀性、抗石击性等理化性能。

一般涂膜烘干过程包括：水分及溶剂的挥发、涂膜热融化、高温热固化三个阶段。烘干的条件应根据油漆厂家的推荐和实验来确定。如果烘干时间过长，温度过高，会产生过烘干造成涂膜发黄,同时也会影响中涂或面涂与电泳涂膜的附着力,严重时涂膜会变脆,甚至脱落。因此,正确评估涂膜的烘烤条件和涂膜的干燥程度,对确保电泳涂层的质量是十分重要的。

电泳湿膜本身含水量少,车体经过水洗、气吹沥干后就可以直接进入烤炉(OVEN)进行烘烤。

通常烘烤系统的设备主要由燃烧机(TAR)、烘干室、热交换系统、给排气系统等构成。如图5-103所示。

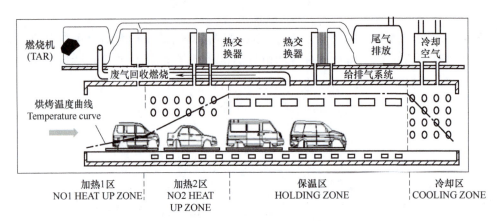

图 5-103　烘干炉各区分布示意图

通常烘干室主要包括四个区:加热1区、加热2区、保温区、冷却区。各区的主要功能见表5-41。

表 5-41　各烘烤区域功能说明

区域	各区域主要功能说明
加热1区	主要用于对车身进行缓慢加温,逐步使涂膜中的水分等蒸发,可采用辐射加热或对流加热的方式,通过燃烧机TAR提供的高温净燃气直接对辐射板进行加热,其热量再通过辐射传热至车身进行升温
加热2区	用于涂膜的热熔和固化过程,燃烧机产生的热量通过热交换器进行对流换热,将加热后的高温循环空气通过热气循环系统传送到加热2区。对车身进行升温
保温区	主要用于涂膜的固化过程,燃烧机产生的热量通过热交换器进行对流换热,将加热后的高温循环空气通过热气循环系统传送到保温区。同时,在烘干过程中涂膜挥发的溶剂等有机物通过废气回收系统回收至燃烧机室进行二次焚烧,可提高能源回收利用,有效减少有害物质的排放,以达到合规排放
冷却区	通过给排气系统将外界的吸入的空气经过过滤装置进行处理,对车身进行冷却

常见的烤炉燃烧机(TAR)采用天然气或柴油作为燃料进行燃烧,燃烧产生的热量通过热交换对涂膜进行烘干,同时对烘烤过程涂膜挥发的有机溶剂等废气进行二次回收燃烧净化后排放,实现能源的回收利用,提高环保性和经济性。其主要构造图如图5-104所示。

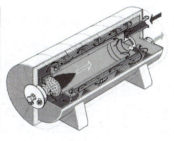

a) 燃烧机外部构造　　　　b) 燃烧机内部构造

图 5-104　燃烧机的构造

第六节　喷涂操作

一、喷枪分类

喷枪是涂装喷涂、修补的重要设备，是经过精密设计并制造的设备，其质量对涂装修补的质量影响很大。喷枪的类型和规格较多，分别运用于不同场合的喷涂，但其基本功能和原理是一致的。其主要有以下几类，见表5-42。

表 5-42　喷枪的分类

序号	供给方式	喷涂效率	传递方式	工序分类
1	虹吸式喷枪	传统喷枪	空气喷枪	底漆喷枪
2	重力式喷枪	中压低流量喷枪	静电空气喷枪	中涂喷枪
3	压力式喷枪	低压高流量喷枪	高压无气喷枪	面漆喷枪
4			静电旋杯（机器人喷涂用）	修补喷枪

此处我们仅以供给方式的分类为例进行学习，其他内容会在之后的学习中学到。

1. 供给方式分类

（1）虹吸式喷枪　虹吸式喷枪的下端部带有油漆杯，压缩空气在喷枪喷嘴高速流过，周围产生局部真空，将油漆杯内的油漆吸入喷嘴并雾化成漆雾滴。喷枪中的压缩空气流在空气帽处产生一个低压区以提供虹吸作用，油漆杯中的油漆在大气压的作用下向上进入虹吸管和喷枪，在空气帽盖处雾化，并从流体喷嘴处喷到工件上。工作时，油漆杯盖上的通风孔必须打开，否则喷枪将不能正常工作。其油漆杯的容量通常为600~1000mL，根据喷涂量的大小选择油漆杯，喷枪接上压缩空气就能进行喷涂。喷枪嘴不宜垂直向上或向下，以免涂料从涂料杯的通气孔中漏出。这种喷枪由于其喷嘴稍稍高于空气帽盖表面，所以很容易识别。图5-105所示为虹吸式喷枪。一般虹吸式喷枪适用于颜色多变以及油漆用量少的场合，适合用中低黏度的油漆。这类喷枪的优点是操作稳定性好，油漆、颜色变换方便；缺点是水平面的喷漆较困难，油漆黏度不同时喷涂质量影响大；由于漆罐容量较小，需不断往漆罐内加料；不能适用于大面积长久的作业。

（2）重力式喷枪　重力式喷枪是将油漆罐安装在喷枪上部的一种喷枪，其靠油漆自身的重力流到喷嘴前端与空气流混合，随后从喷嘴喷出，如图5-106所示。它的优点是换色方便、清洗方便、漆雾飞溅小，由于其上壶的设计，使油漆能完全流出，故耗料也较少，适合于换色频繁的喷色工艺及修补工艺。缺点是加满油漆后喷枪的重心在上，手感较重，操作者长时间操作会较疲劳。

图5-105　虹吸式喷枪

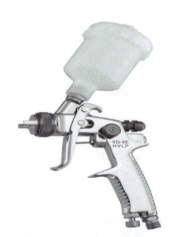

图5-106　重力式喷枪

在了解了虹吸式喷枪和重力式喷枪后，值得注意的是，如果虹吸式喷枪需改用重力式喷枪时，喷枪喷嘴的尺寸应相应缩小才能满足工作要求。如虹吸式喷枪使用1.8mm喷嘴的话，则重力式喷枪应选用1.4mm或1.6mm的喷嘴才合适。

（3）压力式喷枪　压力式喷枪分为空气喷枪和静电空气喷枪。

1）空气喷枪。压力式空气喷枪是通过压力将油漆输送到喷枪。喷枪自身不附带油漆杯，其重量轻并可在任意位置和角度下进行喷涂操作，优点是适合大面积喷涂、连续喷涂，喷涂效率高，涂膜质量好。缺点是喷涂作业时，清洗换色不方便；对油漆的使用利用率不高，存在浪费现象。

压力式喷枪的输漆装置由压力桶和气动双隔膜泵组成。

压力桶为柱形压力容器，一般用不锈钢或碳钢制作，桶盖上设置调压阀、压力表及安全阀等附件，调节输入压缩空气的压力可达到输出油漆的压力，压力桶如图5-107所示。

有些压力桶还配置气动搅拌器，来保证桶内的油漆不沉淀。一般常用小型压力罐的容量为10L、20L、40L。大型输调漆系统的容量为60L、80L和120L。压力桶结构简单，维护方便，油漆输出压力较稳定，不足之处是清洗换色不便。

气动双隔膜泵，是利用压缩空气作动力，通过换向机构使空气压力作用在横隔膜的内侧，而横隔膜的外侧与泵体共同组成一个容积可以变化的油漆腔，气动双隔膜泵如图5-108所示。

图5-107 压力桶

图5-108 气动双隔膜泵

气动双隔膜泵的两侧有两个油漆腔，当一个容积由小变大，则另一个容积由大变小，周而复始，往返进行。所以双隔膜泵的每次往复都有两次油漆吸入和排出，使泵的输出效率提高，而且输出相对比较平衡。由于压缩空气的输入压力和油漆的输出压力的比率为1：1，故可以通过调整输入压力来调整输出的压力。

油漆在分开的油漆杯、储罐或泵中获得加压，在压力的作用下，油漆经过喷枪的喷嘴，在空气帽处得到雾化。

2）静电空气喷枪。静电空气喷枪是利用低压高雾化装置和静电电场力喷涂的一种喷枪。

静电喷枪是以接地被涂物为正电极，油漆雾化装置为负电极，并将油漆雾化装置带高负电压，在二极间制成静电界，使雾化油漆粒子带负电，这样油漆就可以有效地被吸附于工件表面形成涂膜，如图5-109所示。

静电喷枪电枪可分为手提式、旋杯式高压静电喷枪，此处我们先针对手提式静电喷枪进行学习。

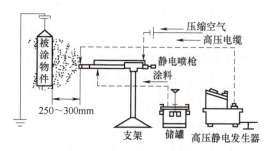
图5-109 静电喷枪涂膜

手提式静电喷枪是由枪体、高压放电针、喷嘴、扳机、高压电缆、接头等组成。手提式静电喷枪按静电发生器的安装位置不同分为两类，一类是外接高压静电发生器的普通静电喷枪，另一类是高压静电发生器安装在枪体内的静电喷枪，如图5-110所示。

手工空气静电喷枪使用安全事项：

① 使用前需要严格检查是否安全接地，枪体对地电阻是否小于1~2MΩ。

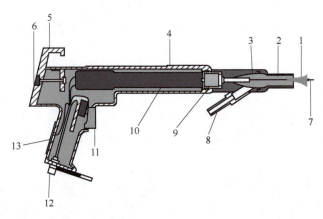

图 5-110 静电喷枪

1—导流体 2—串电阻 3—喷嘴 4—枪体 5—后盖 6—螺钉 7—高压放电针 8—粉管
9—基座 10—高压模块 11—扳机 12—电源座 13—接地装置

② 进入作业区的任何人员需要穿静电服、导电鞋，严禁使用绝缘手套。

③ 检查工件、输送小车等是否接地良好，避免导电不良出现漆雾环抱现象。

④ 定期检查喷枪状况是否良好，特别是放电针是否有变形、断裂等现象，避免出现静电效果异常的现象。

⑤ 静电喷枪清洗时需关闭静电开关，清洗和存放时要把枪口朝下，同时严禁把喷枪浸泡在溶剂内。

2. 工序分类

（1）底漆/中涂喷枪 底漆/中涂喷枪是专门用于底漆、中涂涂层喷涂的喷枪，如图 5-111 所示。

底漆/中涂喷枪的主要要求是喷涂湿润、流量大。喷枪的椭圆形的喷幅可分为三层，最里面是湿润层，中间是雾化层，外面是过喷雾化层。底漆/中涂喷枪对喷幅的主要要求是湿润层比雾化层宽大，它只需将底漆均匀地喷涂到待涂工件的表面即可，雾化层应比湿润层窄小，尤其是过喷雾化层更不宜过大，易形成边口过厚的现象。

图 5-111 底漆/中涂喷枪

（2）面漆喷枪 面漆喷枪主要用于色漆、清漆涂层的喷涂，面漆喷枪强调雾化效果，所以要求面漆喷枪的雾化效果更细腻，一般面漆喷枪都会有辅助喷孔，如图 5-112 所示。

（3）修补喷枪 修补喷枪是专门用于小面积修补的小喷枪，如图 5-113 所示。目前，广泛应用于汽车修理厂、美容店、汽车制造厂的下线修补、喷绘图案等场所。此类喷枪所需气压较小，反弹的漆雾较少，可轻易地喷出较薄的涂层，有效地控制喷涂区域。

与前面所述的喷枪相似，小修补喷枪也有几种喷嘴口径可供选择，见表 5-43。修补时可根据点修补的形状及大小要求，选择合适的喷涂口径。

第五章 汽车涂装

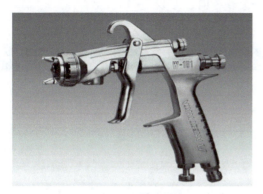

图 5-112 面漆喷枪

图 5-113 修补喷枪

表 5-43 修补喷枪口径表

喷嘴口径	0.8mmSR	1.0mmSR	1.2mmSR
用途	银粉漆、清漆喷涂	银粉漆、清漆喷涂	银粉漆、清漆喷涂

3. 喷枪的调整与使用

喷枪的作用是将油漆（油）均匀地喷在工件（如汽车车身）表面，得到良好的防腐与美容效果。它主要是利用压缩空气对进入喷枪的油漆进行雾化，并对工件表面进行喷涂，这是汽车车身表面装饰最重要的工艺设备之一。喷枪作为汽车修补涂装作业中必需的关键设备，熟练掌握其操作方法非常必要，而且使用喷枪技能的好坏会直接影响到整个涂装质量的好坏。

（1）喷枪的调整 喷涂模式的调整是指喷涂扇形区域的调节，喷雾扇形取决于空气和雾化的油漆液滴的混合是否合适（就像发动机的工作取决于空气和燃油的混合是否合适一样）。油漆的喷涂应平稳，喷涂出的湿润涂层应没有凹陷或流挂现象。在一般情况下要想获得合适的喷雾扇形，必须进行以下三个方面的调节：

1）调节压力。喷枪喷嘴处的压力对于得到合适的喷雾扇形有明显的影响，如图 5-114 所示。

空气压力的调节一般可通过安装在支供气管路中的分离/调压器来调节，但由于压缩空气从调压器经过输气软管到达喷枪会受到摩擦力的作用，因此管路中存在压降。调压器处测得的气压与喷枪处测得的气压的差值取决于输气管的长度和直径，一般来说孔径越大压降越小，管长越短压降越小，但管长一般不超过 10m。因此，应该在喷枪处按照气压表来测量气压值。

图 5-114 调节压力

最佳的喷涂压力是指获得此次喷涂最佳的雾化状态的气压。一般在调整时，需注意压力过高会产生弥漫的喷雾，从而导致用料量增加。但气压过低，会使涂层产生起泡和流挂。这里根据不同油漆喷涂时所需的空气压力给了一个参考值，见表 5-44。

表 5-44 喷枪气压调整参考

外涂层	喷枪气压/MPa	内涂层	喷枪气压/MPa
聚氨酯型油漆	0.42~0.46（纯色漆）	硝基填实底漆	2.5~3.2（板部）
丙烯酸清漆	0.14~0.32	普通填实底漆	0.21~0.28
丙烯酸瓷漆	0.35~0.42	普通填实底漆	0.25~0.28
醇酸树脂瓷漆	0.35~0.42	不需打磨的底漆	0.32
可塑面漆	0.25~0.28	瓷漆填实底漆	0.32
		环氧树脂底漆	0.32
		铬化锌底漆	0.32

2）调节喷雾扇形。通过调节喷雾扇形控制旋钮可以调节喷雾直径的大小，如图 5-115 所示。调节喷雾形状时，将扇形控制旋钮紧到最小，可使喷雾的直径变小，形状变圆；将扇形控制旋钮完全打开，可使喷涂扇面形状变成宽的椭圆形。图是扇形控制旋钮从旋紧到最小到完全打开时，喷雾形状的变化。

3）调节油漆流量。调节油漆控制旋钮可调节适应不同喷雾形状所需的油漆流量，如图 5-116 所示。逆时针旋动油漆控制旋钮可增大出漆量，而顺时针转动将减小出漆量。一般精准的调整还需要借助流量杯，从而达到更精准的结果。

图 5-115 调节喷雾扇形

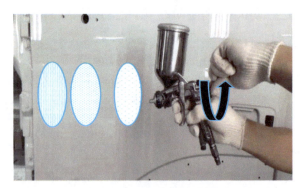

图 5-116 调节油漆流量

（2）喷枪的使用 喷枪在使用前，要正确地进行选择。总的来说，汽车制造厂大面积喷涂宜选用压力式喷枪；汽车修理厂整车喷涂或大面积喷涂多使用虹吸式喷枪；整板喷涂或小面积喷涂多选用重力式喷枪；而点修补时，则多选用小修补喷枪。除了选用喷枪的类型以外，还需根据喷涂油漆、喷涂要求的不同对喷嘴口径进行选择，各种喷枪口径的特点见表 5-45，作业者可根据具体的作业情况进行选择。

表 5-45 喷枪的使用参考

喷枪类型	主要特点	喷嘴口径/mm	应用涂层
重力式面漆喷枪	这种喷枪可用于比虹吸式喷枪用料少的场合,但油漆的黏度可大一些,适用于小规模作业	1.2	色漆和清漆
		1.3	银粉漆、珍珠漆喷涂最佳
		1.4	清漆喷涂最佳
		1.6	色漆和清漆使用
虹吸式面漆喷枪	要求高的气压和气流才能将油漆吸出	1.8	色漆和清漆使用
		2.0	色漆和清漆使用
小修补喷枪	主要用于点修补、飞驳口,喷涂气压低、雾漆小	0.3	设计工作
		0.5	设计和喷涂
		0.8	纯色漆、底色漆、清漆
		1.0	纯色漆、底色漆、清漆
		1.1	水性漆
压力式喷枪	适用于大面积作业	0.8	面漆和清漆
		1.1	面漆和清漆

二、喷枪的结构

1. 喷枪的组成部件

喷枪主要由气帽、喷嘴、针阀、扳机、气阀、调节钮和手柄等组成,典型的吸上式喷枪的结构,如图 5-117 所示。

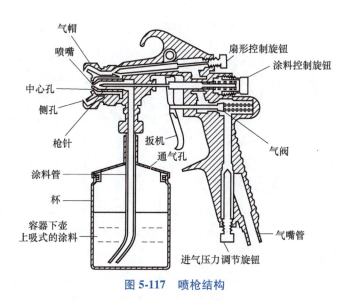

图 5-117 喷枪结构

扳机构造采用分段喷出机构,扣动扳机时先驱动压缩空气阀杆后移,压缩空气喷出;扳机连续后移,油漆阀杆后移,油漆开始喷出。松开扳机时,油漆阀先关闭,空气阀后关闭。

喷枪中压缩空气的运行路线如图 5-118a 所示。

喷枪中油漆流动路线如图 5-118b 所示。

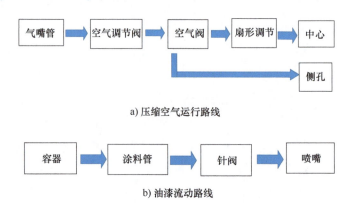

图 5-118 喷枪中压缩空气运行路线和油漆流动路线

2. 喷枪的作用

下面我们对喷枪的各部件的基本作用，作更详细地学习，见表 5-46。

表 5-46 喷枪各部件的基本作用

序号	零件名称	作用
1	空气帽（也叫风帽）	把压缩空气导入漆流，使漆液雾化，形成雾形
2	空气帽上的中心孔（也叫主雾化孔）	形成真空，吸出漆液
3	空气帽上的侧孔（也叫扇幅控制孔）	借助空气压力控制雾束形状
4	空气帽上的辅助孔（也叫辅助雾化孔）	1. 促进漆液雾化 2. 孔大或多，则雾化能力强，能以较快的速度喷涂大型工件 3. 孔小或少，则需要的空气少、雾形小、喷涂量小、便于小工件的喷涂或低速喷涂
5	雾形控制阀	控制阀关上，雾束呈圆形；控制阀打开，雾束呈椭圆形
6	顶针	控制液体油漆喷离喷嘴的流量；喷涂时，通过扳机的动作来控制；连接顶针的尾部有一个螺母，用以调节顶针的伸缩幅度，这是喷枪调整的最基本的操作
7	顶针弹簧	当扳机放开时，将顶针压进喷嘴；封闭喷嘴；控制液体油漆的流动
8	喷嘴	导出油漆以及让压缩空气在喷嘴前端形成环形气流；喷嘴口径大小决定油漆喷出量的大小
9	漆流控制阀	当扳动扳机时，控制液体油漆的流量，当其全关时，即使扣死扳机也没有液体油漆流出；当其全开时，液体油漆的流量最大，这是调节喷枪的最为重要的元件之一
10	空气阀	空气阀的开关由扳机控制，打开空气阀所需的扳机行程可由一个螺钉控制

第七节 喷枪的基本操作

喷涂作业中,当喷枪调整完毕后,作业人员还要注意掌握喷枪的正确使用,如持握、站姿、枪距、扳机控制、喷涂距离、喷涂角度、喷涂速度、喷幅重叠等基本技术要领。

喷枪使用时需要注意的要领包括：站位、扳机的控制、枪距还有握枪姿势等,下面为大家具体阐述。

一、握姿

正确的握枪姿势不但能缓解长时间喷涂作业时手部的疲劳,而且也是获得良好喷涂效果的基础,如图 5-119a 所示。通常用手掌、小指和无名指握住喷枪手柄,大拇指和食指夹住枪身,使枪身在运行时保持稳定,用中指来扣动扳机。也可用中指和食指扣动扳机。

二、站姿

喷涂时作业人员站的位置因人的身高、被涂物形状的不同有所差异,但必须兼顾被涂物的左、右两端,以方便喷涂,如图 5-119b 所示。通常先举枪,面对被涂物,双脚自然分开,喷枪的位置位于工件的中间,另一只手握气管,防止在喷涂过程中气管与被涂物接触。

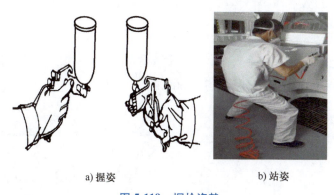

a) 握姿　　　　b) 站姿

图 5-119　握枪姿势

三、枪距

喷嘴出料口与被涂物之间的距离称为枪距。枪距越小,产品受到气压的冲击也越大,涂膜就会出现不平均的情况,产生涂膜过厚的问题。枪距越大,喷涂压力越小,油漆易流失,导致涂膜达不到指定的厚度。

四、扳机控制

喷枪是靠扳机来控制油漆喷涂量的。扳机可以分为两档,一档是预喷压缩空气,二档是流经喷嘴的油漆被压缩空气雾化喷出。扳机扣得越深,油漆流量越大。在常规的走枪过程中,扳机总是扣死,而不是半扣。

五、喷涂距离

喷涂的距离因油漆品牌不同、喷涂设备不同、油漆黏度不同、喷涂气压不同都有所差异,但通常是在150~200mm,如图5-120所示。如喷涂距离太近,则可能产生流挂,在喷金属漆或珠光漆时甚至可能造成颜色与预期不一致的现象;如喷涂距离太远,则可能导致干喷、过喷,使油漆的流平性变差。在喷涂的金属漆或珠光漆,也可能存在颜色改变的可能性。故在实际喷涂时必须在调整好喷枪的前提下,在试枪纸上试枪后,方可确定最佳的喷涂距离。

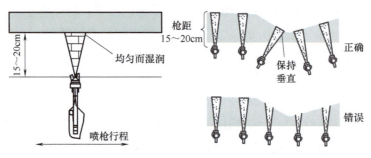

图5-120 喷涂距离

六、喷涂角度

喷枪对准被涂物表面必须是垂直的,不允许倾斜,如图5-121所示。如喷枪出现倾斜,喷涂在工件表面的油漆就会产生膜厚不均匀的漆膜。

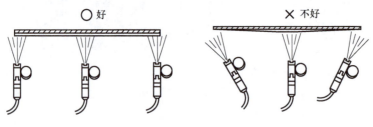

图5-121 喷涂角度

七、喷涂速度

喷涂作业时,喷枪移动的速度对涂装效果有很大的影响。如移动得太快,被涂物表面形成干喷,流平性差,颗粒粗;如移动得太慢,被涂物表面形成过湿喷涂,涂膜太厚,而且易产生流挂。具体油漆流量、喷涂距离、喷涂速度的关系见表5-47。

表 5-47 流量、距离、速度的关系

油漆流量	喷涂距离	喷涂速度
大	长	正常
小	长	慢
大	短	快
小	短	正常

八、喷幅重叠

一般喷涂搭接要求喷幅重叠 50%~60% 或 70%~80%，即喷幅重叠 1/2 或 3/4，喷涂搭接宽度应保持一致。喷涂时一般都采用重叠法，即每一喷迹的边缘在前一喷迹上重叠 1/3~1/2，如图 5-122 所示。

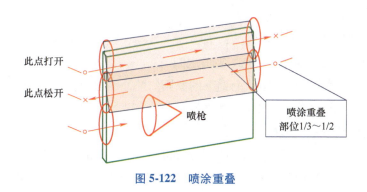

图 5-122 喷涂重叠

第八节　返修操作

一、返修操作基本工艺要求和方法

1. 返修操作基本工艺

基于涂层损坏的不规范性，返修涂装工艺也几乎各不相同。因此，必须根据涂层损坏状态和现场具体条件确定修补涂装工艺。

返修流程一般由钣金、表面前处理、喷涂底漆及干燥、刮涂原子灰、打磨原子灰、喷涂中涂底漆及干燥、打磨中涂底漆、喷涂面漆（局部修补需做边口过渡喷涂）、面漆干燥、抛光等工序组成，如图 5-123 所示。

2. 返修喷涂的操作方法

汽车修补涂装按修补区域的大小，可分为局部修补和整车修补。整车修复类似整车喷

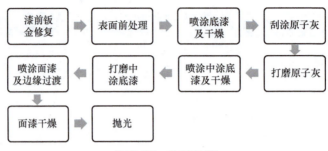

图 5-123 返修流程

涂，而局部修补对喷涂工人的技能要求较高，在此我们学习一下局部修补喷涂的方法。

正确选用喷枪，调整喷枪的出漆量、气压和雾化面等。喷枪调整参数如下：

喷枪与需要喷涂面之间的距离保持 15~20cm，喷枪气压控制在 0.35~0.5MPa，喷涂重叠幅在 1/2~2/3，喷枪雾化面需与喷涂面保持垂直。喷涂方法如图 5-120 所示。

1）喷涂作业必须在专用喷漆室内进行。

2）喷涂用的压缩空气需干燥清洁；如喷涂水性漆，喷漆室风速需大于 0.5m/s，喷房温度控制在 18~30℃ 之间，湿度在 30%~70% 之间 。

3）喷涂顺序。喷涂时应遵循从上到下的原则。喷涂时尽可能地避免飞溅到临近部位。

4）喷涂层数选择（单工序双组分面漆）。

单工序双组分面漆一般选择喷涂两层。

第一层中等湿度薄喷。喷涂完成后检查表面有无缺陷。如有缩孔、咬底等缺陷，则应立即停止施工。在第一层喷涂完成后，若无不良情况应进行闪干，闪干时间根据施工环境和材料要求确定。

闪干完成后喷涂第二层。第二层喷涂即最后一层的喷涂，喷涂前可略微降低一点油漆黏度，喷枪气压适当地进行提高。因为适当提高喷枪气压，可以使喷枪雾化效果更好。喷涂时需注意喷枪喷涂速度、叠幅、枪距等喷涂技巧，由此获得丰满、光亮的涂膜效果。

当第二层喷涂完成后即整个喷涂施工完成。若油漆的色彩遮盖力较差，可根据需要增加一层或两层的喷涂，直至底色全部覆盖后结束喷涂。

局部修补时，最后一层喷涂需使用弧形手法对局部修补的区域边口做过渡处理，当全部喷涂完成后需进行闪干后进入烤房，完成烘烤后对修补区域进行抛光。

二、返修操作使用的材料和种类

1. 返修操作的材料

在汽车涂装整个工艺中，返修操作是一项技术性很强和要求很高的工作。需要作业人员经过操作以后达到和原有涂层一样的漆膜效果。这其中不但需要技能、技艺、工艺一系列操作的保证，另外还需要涂装设备、设施、工具、材料的保证。目前我们可以根据工序、旧涂层、缺陷类型去搭配不同的材料，其大致可以用工序分类分为遮蔽类、打磨类、油漆类、抛光类四种，见表 5-48。

表 5-48 返修操作材料表

序号	分类	材料名称	规格
1	遮蔽类	遮蔽胶带	宽度 30~60mm
		遮蔽薄膜	宽度 200cm
		遮蔽纸	宽度 150cm
		精细胶带	宽度 10mm
		弹性胶带	宽度 10mm
		缝隙胶带	聚氨酯泡面复合胶带，宽度 20~30mm
2	打磨类	砂纸	P80~P3000（欧标）
3	油漆类	双组分环氧底漆	根据实际修复涂层需要选择颜色及材料
		双组分中涂漆	根据实际修复涂层需要选择颜色及材料
		双组分面漆	根据实际修复涂层需要选择颜色及材料
		双组分的清漆	根据实际修复涂层需要选择颜色及材料
		单组分色漆	根据实际修复涂层需要选择颜色及材料
		驳口稀释剂	2L
		原子灰	包含：钣金原子灰、填眼原子灰等
4	抛光类	全能抛光剂	2L 作为前置粗抛光用
		还原抛光剂	2L 作为细抛光用

2. 遮蔽类材料

（1）遮蔽材料的性能要求　汽车涂装车身遮盖材料的性能一般有以下几个要求：

1）具有一定的耐溶剂性和耐水性。

2）能可靠地黏附在工件表面，不产生卷边和脱落。

3）耐高温性好，能在烘烤后轻松取下，不产生脱胶和撕裂现象，如图 5-124、图 5-125 所示。

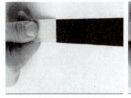

a) 未脱胶的遮盖材料　　b) 脱胶的遮盖材料　　　　a) 未被撕裂的遮盖材料　　b) 撕裂的遮盖材料

图 5-124 遮盖状态对比（脱胶）　　　　图 5-125 遮盖状态对比（撕裂）

4）能够在金属、塑料、木器、玻璃、漆膜表面有效粘附。

5）防止油漆的渗透，避免漆线不直，导致非涂面被污染，如图 5-126 所示。

a) 分色较好的涂面　　　　b) 被渗透后漆线弯曲

图 5-126　遮盖状态对比（油漆渗透）

（2）分类　遮蔽材料众多，操作人员需根据需要选择相应的遮蔽材料，见表5-49。

表 5-49　遮蔽材料分类

序号	材料名称	作用
1	遮蔽胶带	遮蔽、固定、防渗漏等
2	遮蔽薄膜	遮蔽、防渗漏等
3	遮蔽纸	遮蔽、防渗漏等
4	精细胶带	图案、边线部位的装饰遮蔽
5	弹性胶带	弯曲线条部位的遮蔽、固定
6	缝隙胶带	钣金件之间的缝隙的遮蔽

1）遮蔽胶带。遮蔽胶带是专门考虑到保护喷涂区域周边表面，被漆雾污染，保证光滑漆线，并可以在作业结束后轻松而干净地剥离的纸质胶带。遮蔽胶带的分类较多，有美纹纸胶带、精细遮蔽胶带、平板纸胶带等，遮蔽胶带如图5-127所示。

a) 美纹纸胶带　　　　b) 平板纸胶带

图 5-127　遮蔽胶带

遮蔽胶带的结构主要由低黏度黏着剂、底涂剂、纸质基材、抗阻涂层、背材等5部分组成，如图5-128所示。

汽车涂装中的遮蔽胶带主要有以下几个特点：

① 黏着性牢靠，可抵受漆料中的溶剂或水，强度足以悬挂遮蔽纸和遮蔽膜。

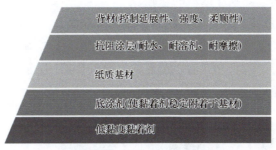

图 5-128　遮蔽胶带的结构

② 使用时可以干净地剥离，不会损坏粘贴底面。

③ 遮蔽胶带贴合性较强，能很好地贴合曲面和一些不规则的工件表面。

在选择遮蔽胶带的时候，应尽可能选择一些材质较好的胶带，避免在烘烤后及溶剂渗透后产生碎裂和脱胶。

2）遮蔽纸。遮蔽纸属于遮蔽产品中的一类，它是由牛皮纸或防油纸类的纸张为基材与美纹纸复合而成，如图 5-129 所示。此类纸张的耐溶剂性、耐油性、耐水性较强，且不会因遇水而破损。本方法适用于在喷涂时，保护非喷涂区域避免被漆雾污染。

由于遮蔽纸各类性能大大优于报纸，所以在遮蔽作业时，彻底改变了传统报纸贴护的遮蔽方法，其主要优点有以下几个方面：

图 5-129　遮蔽纸

① 遮蔽效率高，省时省力。而报纸贴护需要一块一块用报纸拼接，效率低而且遮蔽不严实，容易造成渗漏。

② 遮蔽纸的耐溶剂性、耐水性、耐油性较好，不容易被油漆渗透。

③ 遮蔽纸体积小、柔软、纸质薄、材料干净，而报纸油墨非常容易污染涂膜造成鱼眼等缺陷，且携带不方便。

④ 遮蔽纸贴附性较好，又是整块贴护，不会在喷涂时发生遮蔽物被压缩空气吹起的现象。

由于遮蔽纸的优势明显，极大地提高了产品的质量和生产效率，是目前汽车涂装中首选的材料。

3）遮蔽薄膜。遮蔽膜同遮蔽纸类似，也属于遮蔽产品的一种，如图 5-130 所示。主要作用也是防止非喷涂区域被漆雾污染，但是遮蔽膜本身的吸附性能，使其更适合大面积的遮蔽。遮蔽膜分为高温膜和常温膜两种，可以根据不同的作业温度和烘烤温度进行选择。由于遮蔽膜是由 PE 薄膜复合胶带制作而成，所以遮蔽膜的耐油、耐溶剂、耐腐蚀、耐水等性能也非常优秀,能有效地保护非喷涂区域的涂膜。

4)缝隙胶带。缝隙胶带是一种遮蔽材料,是用来遮蔽钣金件之间的缝隙,以防止油漆飞溅入车身内部。缝隙胶带呈现圆柱形,用聚氨酯泡沫体复合黏着胶制成,在遮蔽时简化了有缝隙区域的遮蔽,还可以防止喷涂后出现台阶,如图5-131所示。它可以轻易地应用在门柱、发动机舱盖、行李舱等区域的遮蔽。

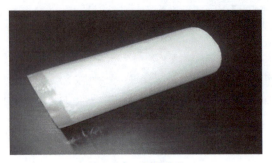

图5-130 遮蔽薄膜

图5-131 缝隙胶带

缝隙胶带的优点有以下几点:

①自带黏性,方便贴附。对一些边角、凹槽等区域直接嵌入,无需再贴护遮蔽纸,既简化了操作又提高了作业效率。

②缝隙胶带采用聚氨酯泡沫体制成,由于其具有一定的弹性,所以在边角遮蔽中可以具有一定的密封性,如图5-132所示。

③胶带圆柱形的设计在除去胶带以后,边口不会出现涂膜断差,既美观又方便打磨。

5)精细胶带。精细胶带具有一定的伸缩性和弹性,可以作为曲线和复杂图案的边线的勾画遮蔽,如图5-133所示。

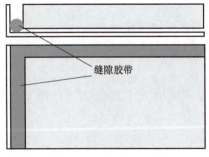

图5-132 缝隙胶带作用

图5-133 精细胶带

6)遮蔽边条。遮蔽边条是一种辅助遮蔽材料,其主要在有密封条的部位进行遮蔽。一般是在有密封条或软压条的部位下面嵌入遮蔽条,使密封条或软压条被遮蔽边条撑起一条缝隙,这样在喷涂时油漆就能涂匀喷涂到缝隙边缘,在拆下遮蔽材料后,缝隙边缘的涂膜就会均匀丰满,也不会出现压痕。

3. 返修遮蔽材料使用方法

在众多涂装辅助材料中，遮蔽材料是非常关键的一种材料，应用非常广泛。是汽车涂装必不可少的一部分。我们通过下面的学习来掌握其使用方法和技巧。

（1）遮蔽边界的选择原则　为了保证修补区域的边口的隐蔽和后期抛光的方便性，修补时遮蔽边界的选择显得非常重要。边界选择得当不但可以减少抛光的工作量，还可以使车辆修补区域更贴近原状态，更难以识别。

一般遮蔽边界应选择以下几个边界点。

1）板件缝隙。在板件进行整块喷涂时，首先应选择板件边缘缝隙作为遮蔽边界，这些边缘作业方式简单、接口部位容易被装饰件修饰，如图5-134所示。

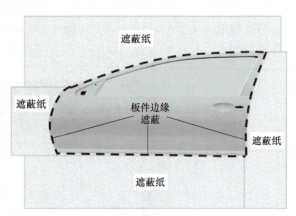

图 5-134　板件边界遮蔽

2）涂胶缝隙。有些板件之间采用涂胶方式进行衔接，可以将涂胶处作为遮蔽边界，可以采用反向遮蔽的方法，如图5-135所示。

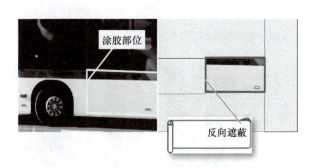

图 5-135　涂胶缝隙遮蔽

3）特征线。有的板件是进行局部修补的，则需要将板件特征线作为遮蔽边界，遮蔽边界处采用反向遮蔽，如图5-136所示。

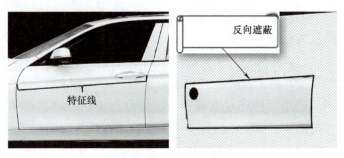

图 5-136　特征线遮蔽

若周边没有可以借用的边界，那遮蔽边界必须通过反向遮蔽的方法将喷涂的区域限定在一定的范围内。

（2）遮蔽操作基本方法

1）正向遮蔽方法。正向遮蔽法是指遮蔽纸直接粘贴在遮蔽面上，与遮蔽纸粘贴面一个平面的遮蔽纸面向下的遮蔽方法，如图5-137所示。这类遮蔽方法是应用最为广泛的，比较适合图案制作、板块喷涂等。它的缺点是容易出现漆膜断差现象，也就是"漆膜台阶"。

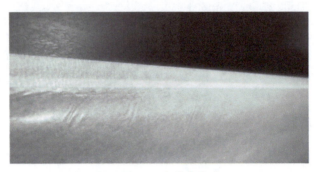

图5-137　正向遮蔽方法

2）反向遮蔽方法。反向遮蔽法是指先将遮蔽纸盖在待喷涂的部位，用胶带粘住遮蔽纸的一边，接着以胶带粘贴的这一边为轴，翻转遮蔽纸到非喷涂区域固定，如图5-138所示。这种方法可以减少漆膜断差现象，让新涂层与旧涂层的边界过渡平滑，便于抛光。这类遮蔽方法比较适合在局部修补或多层喷涂时使用。

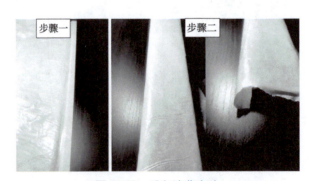

图5-138　反向遮蔽方法

3）胶带的基本粘贴方法。在遮蔽之前，必须清洁和干燥被遮蔽面。不洁净、不干燥的表面，容易造成遮蔽胶带粘贴不牢固。

在使用遮蔽胶带时，首先用一只手将胶带初始端按压在背遮蔽面上，随后另一只手的手指塞入胶带卷中间的孔中，把大拇指放在胶带的外面，控制胶带的方向，随后慢慢扯开，同时按压的手将扯开的胶带用力按压在遮蔽面上。注意在遮蔽胶带靠近作业区域一边的密封性，避免溶剂、油漆等液体的渗漏，如图5-139所示。在扯开胶带的时候一般不建议拉紧，避免胶带扯断，在贴护边口时，可以稍作用力来保证边口的平整。制作弯曲面或者弯曲线条时，可以采用精细胶带贴护或者采用遮蔽胶带内边褶皱的方法贴护，如图 5-140 所示。但是褶皱贴护的方法不建议在精细处使用。

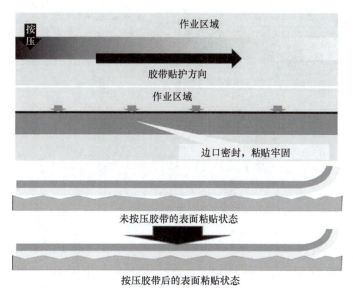

图 5-139　遮蔽胶带的粘贴

图 5-140　曲面贴护

4）装饰条和嵌条的遮蔽方法。为了保护装饰条和嵌条避免在涂装时被溶剂溶蚀，被漆雾、打磨灰尘、抛光蜡污染，所以在装饰条和嵌条遮蔽时可以采用双层遮蔽的方法。先按照胶带粘贴方法将胶带粘贴在装饰条和嵌条上，注意对装饰条和嵌条边缘的按压，保证边口的密封性。随后再粘贴一层胶带在原有胶带上，并且遮蔽住前一层胶带的边缘，并且按压胶带边缘保证密封。

5）风窗玻璃的遮蔽方法。遮蔽风窗玻璃时，首先将风窗玻璃上的附件拆除干净，如刮水器。随后将风窗玻璃进行清洗，清除表面的污垢，将边口、凹槽等处的水渍吹擦干净，待风窗玻璃干燥后开始遮蔽。

先沿着最上端和嵌条的边缘贴胶带，然后用遮蔽纸盖上玻璃，纸边上的胶带要与嵌条上的胶带相重叠。上面的遮蔽纸与下面的遮蔽纸重叠，并把纸上有褶的地方折起来并贴上胶带，以防灰尘和飞漆渗入。喷涂水平面时，如发动机罩，要用双层遮蔽纸，以防渗色或溶剂使面漆倒光，如图 5-141 所示。后风窗玻璃也按照这个方法进行。

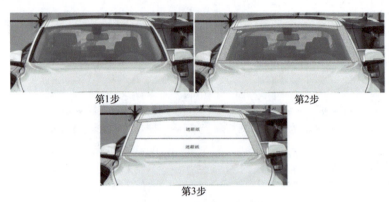

图 5-141　风窗玻璃遮蔽

6）喷涂两种颜色时的遮蔽方法。当需要喷涂成两种重叠的不同颜色时，应先选择一个面积较大的颜色进行喷涂，待先喷的颜色干燥后，用精细胶带按照要求把两种颜色隔开，再用遮蔽纸和胶带覆盖在精细胶带上进行粘贴，随后将周边所有不需要喷涂的区域进行遮蔽保护。

7）侧面窗、门把手和侧面镜的遮蔽方法。遮蔽侧面窗、门把手和侧面镜时，首先将侧面窗、门把手和侧面镜清洗干净，清除表面的污垢，随后将边口、凹槽等处的水渍吹擦干净，待干燥后开始遮蔽。

使用遮蔽胶带将侧面窗周围的嵌条和镀铬装饰件进行遮蔽，随后粘贴遮蔽纸后用遮蔽胶带固定。车门把手可以直接用遮蔽胶带缠绕或遮蔽纸缠绕后用遮蔽胶带固定。侧面镜先使用遮蔽胶带沿着装饰件边缘进行贴护，随后用遮蔽纸完全遮蔽侧面镜，并用遮蔽胶带固定。

8）不需要喷涂部位的遮蔽方法。对不需要喷涂的部位，应用遮蔽纸和胶带遮蔽封闭，并且固定牢固避免喷涂时被气流带起。胶带固定效果较差的部位如车轮、车灯等，可用遮蔽罩罩上（遮蔽罩有塑料轮胎罩、车身罩、底盘罩、前后车灯罩等）。

9）其他部位的遮蔽方法。轿车车门内侧遮蔽的方法，首先将车门内侧清洗擦拭干净，待干燥以后沿着车门内侧卷边部反向粘贴遮蔽胶带，粘贴遮蔽胶带时胶带一半需按压牢固，另一半与遮蔽膜相粘结，粘贴完成后将遮蔽膜与遮蔽胶带连接的部分和遮蔽膜褶皱的部分用遮蔽胶带固定牢固，如图 5-142 所示。

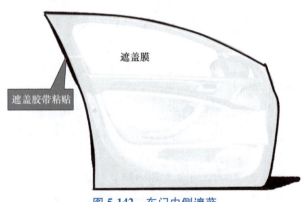

图 5-142　车门内侧遮蔽

三、返修操作使用的工具

前面我们提到返修操作是一项技术性很强和要求很高的工作。其操作要求非常高，是涂装工艺里技术要求最高的工序之一。不但需要技能、技艺、工艺一系列操作的保证，另外还需要涂装设备、设施、工具、材料的保证。

1. 返修工具分类

返修工具大致可以根据用途分为五类：①刮涂类。②打磨类。③喷涂类。④遮蔽类。⑤刷涂及滚涂类。⑥其他辅助工具，具体见表 5-50。

表 5-50 返修工具

序号	工具分类	工具名称	
1	刮涂类	硬质刮涂工具	钢制刮板
			硬质塑料刮板
			牛角刮板
		软质刮涂工具	橡胶刮板
			软塑料刮板
2	打磨类	机械打磨工具	单旋打磨机
			双轨偏心打磨机
			轨道式偏心振动打磨机
		手工打磨工具	打磨垫
		抛光机	
3	喷涂类	喷枪	虹吸式喷枪
			重力式喷枪
			压力式喷枪
			HVLP 喷枪
			静电喷枪
			空气辅助无气喷枪
			无气喷枪
4	遮蔽类	刀具	美工刀
		刮板	胶质按压刮板
		量具	卷尺
5	刷涂及滚涂类	硬毛刷	
		软毛刷	
		滚筒	
6	其他辅助工具	遮蔽纸挂架	
		黏度杯	

2. 黏度计的使用

油漆的黏度测定方法有多种。在涂装现场，常用涂—4 号黏度计测定。它测定的黏度是条件黏度，即为一定量的试样在一定的温度下从规定直径孔所流出时间，以秒（s）表示。

国家标准规定，用涂—4号黏度计测定流出时间在150s以下的油漆黏度。

涂—4号黏度计是上部为圆柱形，下部为圆锥形的金属容器。内壁粗糙度为 $Ra0.4$，锥形底部有漏嘴，在容器上部有一圈凹槽作为多余试样溢出用。常用的黏度计如图5-143所示。

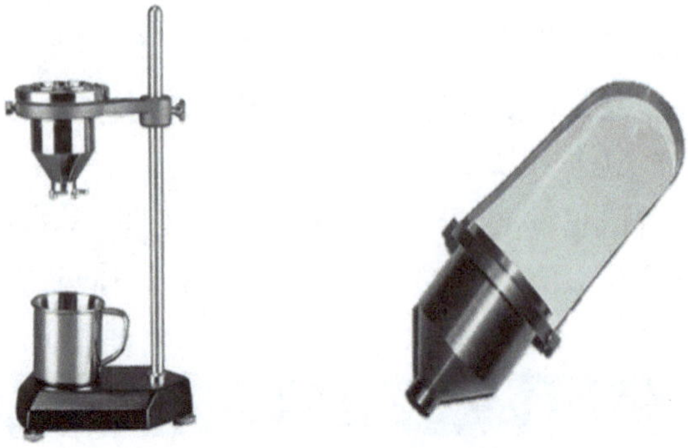

黏度计的使用步骤：

1）测定前后均需要纱布蘸溶剂将黏度计擦拭干净，并干燥或用冷风吹干。对光检查。

图5-143 黏度计

2）将试样搅拌均匀。必要时可用口径为246μm金属筛过滤，除另有规定外，应将试样温度调整至（23±1）℃或（25±1）℃。

3）使用水平仪，调节水平螺钉，使黏度计处于水平位置。在黏度计漏嘴下放置150mL搪瓷杯。

4）用手指堵住漏嘴，将（23±1）℃或（25±1）℃试样倒满黏度计，用玻璃棒或玻璃板将气泡和多余样刮入凹槽。迅速移开手指，同时起动秒表，待试样流束刚中断时立刻停止秒表，秒表读数即试样的流出时间。

5）按步骤4）重复测试。两次测定值之差不应大于平均值的3%。取两次测定值的平均值为测试结果。

第九节　质量检验操作

涂装质量检验的目的是确保涂装产品满足相关的质量要求，在涂装生产过程中的每个工序环节均应做好自检和互检，同时在某些关键工序后还要设有专人检查，从而保证涂装过程质量的稳定性，减少返修。

涂装质量检查可分为过程质量检查、中间检查和最终检查。本节主要介绍最终检查，最终检查是指涂装完毕后表面油漆涂层的质量检验。

一、质量检验内容

1. 检查面漆的表面状态

面漆涂层表面不应有颗粒、打磨印、流挂、缩孔、橘皮、色差、发花、失光、针孔（毛孔、气孔）、PVC缺陷、遮盖不良、油漆附着力、油漆气泡、漆雾、滴漆、钣金缺陷、伤痕等外观缺陷。

2. 检查面漆的外观质量

检验面漆涂层的厚度、光泽、橘皮和颜色。膜厚、光泽和橘皮应满足企业的质量标准，颜色应符合标准样板的要求。

3. 检查面漆的干燥程度、附着力和硬度

面漆涂层的烘烤非常重要，只有达到规定烘烤条件的面漆涂层才能满足干燥度要求。附着力和硬度也有相应的检测手段，通过检测来评价面漆涂层的附着力和硬度是否满足质量标准。

二、质量检验条件

1. 检验环境要求

1）无明显的影响检验工作的热气、湿气、烟尘，噪声。

2）检验区域的光照度为 1000~2000 勒克斯（lx），均匀照射，采用带反射板的自然纯正色日光灯照射。

质量检验区域的照明一般采用隧道式灯光，可以依据车身油漆的深浅来调节亮度，比如检查浅色车身时照明亮度可以适当降低，以减轻视觉的疲劳感。一个工位上灯光设备的大小以在检验场地上检验的最大的车身尺寸为标准，设计长度标准：至少 1.0m（前）+车身长度+1.0m（后）。此外还必须要注意灯与灯之间的垂直距离应尽可能地小，这样才能在车身表面产生一个连贯的反射图。灯中心至灯中心的侧面间距应该为 1.5m。灯和需要照明的表面之间的距离同样不能过大，否则光反射的效应会减弱。车门开启后至灯间距一般为 1.0m。

灯光布置的示意图如图 5-144 所示，一般来说一圈里面配置 5 盏灯就够了。

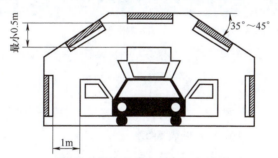

a) 质量检验场地上用于车身照明的灯光布置(前视图)

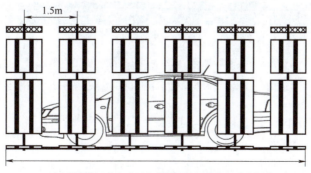

b) 质量检验场地上用于车身照明的灯光布置(侧视图)

图 5-144　灯光布置的示意图

2. 检验人员的条件

1）检验人员身体素质良好，视力在 0.8 以上（包括校正后）。
2）检验人员具有正常的辨色力及客观的评价能力。
3）检验人员应熟悉涂装工艺流程、检验规范以及相应的质量要求，且涂装实践经验较为丰富。

3. 检验人员的行为准则

检验时身着工作服，需避免以下行为：
1）佩戴无护套的手表/腰带。
2）倚靠车身。
3）佩戴的金属物件暴露在外。
4）在车内/工作区吃东西。
5）测量工具操作不当。
6）不遵守安全规则。

三、质量检验要求

1. 质量缺陷分类

质量缺陷通常分为 A 类、B 类和 C 类三种缺陷等级，这是根据质量缺陷的影响程度或用户的抱怨程度来区分的，具体描述见表 5-51。

表 5-51 质量缺陷等级

缺陷类型	缺陷描述
A 类	一种用户不能接受，敏感度最高，肯定要索赔的缺陷
B 类	一种用户认为重要的缺陷，是用户感到不愉快和有影响而不愿意接受的缺陷
C 类	一种需要改进的，几乎不会引起用户索赔的缺陷

产品检验时一般将车身表面划分为 3 个不同的区域。缺陷等级判定时一般将缺陷所在的区域位置作为重要依据。区域的划分见表 5-52。

表 5-52 整车表面区域的定义

区域	定义
1 区	包括所有油漆缺陷看得特别明显和直接的表面（车身的外部）
2 区	包括所有油漆缺陷不是直接看得到的表面（车身外部和内部）
3 区	包括所有遮盖掉的表面，在使用车辆的过程中很少或者仅是短时间能看到的表面（车身外部和内部）

某轿车外表面的分区示例如图 5-145 所示。

2. 质量检验要求

以目测和触感并借助长度尺对面漆涂层质量进行检验。目测时在光线良好的状态下，位于距被检部位 0.5m 处借光对涂层表面进行观测。某企业的检测要求见表 5-53。

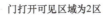

图 5-145　某轿车外表面分区示意图

表 5-53　油漆缺陷检测要求

序号	缺陷名称	简要说明	1区	2区	3区
1	露底	因漏喷或喷涂量不足而未盖住底色	不允许	不允许	不允许
2	颗粒	漆膜中有块状异物	在 $100\times100mm^2$ 范围内允许有 1 颗 $d\leq0.5mm$ 的颗粒存在,小于 $0.1mm$ 的颗粒忽略不计	在 $100\times100mm^2$ 范围内允许有 3 颗 $d\leq0.8mm$ 的颗粒存在	在 $100\times100mm^2$ 范围内允许有 10 颗 $d\leq0.8mm$ 的颗粒存在
3	流挂	油漆向下流的痕迹,严重时称流挂	不允许	长度小于 2mm 且不刮手之感	流痕长度<40mm,间距>100mm 且无刮手之感
4	缩孔	在漆膜上产生针状小孔且达到底层	不允许	不允许	在 $100\times100mm^2$ 内允许 ≤2 个,但其直径应<1mm 且不露底
5	橘皮	油漆的展平性差,整个漆面呈橘皮状纹路	允许轻微存在,但不影响外观	允许有但不严重影响外观	允许有但不严重影响外观
6	伤痕	漆膜受外力划伤	不允许	允许轻微存在但不影响外观	不允许露出底漆的伤痕,划伤<宽 0.5mm、长 70mm
7	打磨印	砂纸打磨的痕迹	不允许	低视角隐约可见,面积<$100mm^2$	隐约可见,面积<$200mm^2$
8	起泡	漆膜内含水或空气而出现鼓泡	不允许	不允许	不允许
9	钣金缺陷	由于底材凸凹不平影响涂层外观装饰性的现象	不允许	隐约可见	不影响整体外观
10	针孔		不允许	在 $100\times100mm^2$ 范围内允许有 $d\leq0.2mm$ 的针孔存在,但数量不超过 10 个	在 $100\times100mm^2$ 范围内允许 $d\leq0.2mm$ 的针孔存在,但数量不超过 20 个

四、评价方法

1. 目视评价

所有涂装车身可视的，车身表面涂装后的内部及外部范围均为质量检验员的目视评价范围。质量检验员围绕着车身观察，有些缺陷需要较远距离观察；而有些缺陷只能近距离才能辨识清楚。为了更好地识别缺陷，通常要求检验员能够从不同的位置和视角利用灯光的反射和亮—暗范围来观察判定。为了标识出表面缺陷，可以在油漆表面用记号笔做出标记。

质量检验操作工按照 SOS（标准化操作指导书）中规定的检查路线图，100%目视检验油漆车身表面的质量状况，发现缺陷用记号笔标识。要求整车 1 区、2 区、3 区无 A、B 类缺陷。

右侧检验操作工的检验路线如图 5-146 所示。

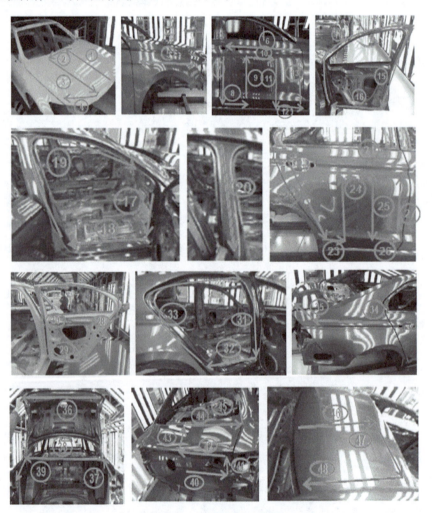

图 5-146　右侧检验路线图

前盖外右侧→右前叶→右前门外→右前门内→右前侧框内→右中柱→右后门外→右后门内→右后侧框内→右后叶→后盖内→后盖外右侧→车顶右侧。

左侧检验操作工的检验路线为：

前盖内→前盖外右侧→左前叶→左前门外→左前门内→左前侧框内→左中柱→左后门外→左后门内→左后侧框内→左后叶→后盖外左侧→车顶左侧

2. 测量评价

测量评价是指按照企业标准评价涂层厚度、光泽度、橘皮、颜色、附着力及硬度等项目。

油漆质量检验仪器见表 5-54。

表 5-54　油漆质量检验仪器

检测项目	检验仪器
涂层厚度	油漆涂层厚度测量仪 钢：磁性感应法　铝：涡流法
光泽度（20°反射）	微型光泽仪
油漆橘皮（长波/短波）	Wave-Scan 测试仪
油漆色差	色差仪
涂膜附着力	划圈测试仪、划格刀、石击试验仪
涂膜硬度	铅笔硬度测试仪

一般对测量部位和测量方向进行了明确定义，比如橘皮的测量方向沿车身的纵向方向进行。测量部位如图 5-147 所示。

（1）涂层厚度　涂层厚度与产品的涂装品质息息相关，为了管控漆膜厚度，在涂装后就需要对其厚度进行测量。一般涂层测厚仪都是采用磁性测厚以及涡流测厚的方法，均属于无损测厚，在不破坏涂层的前提下可以测量磁性基体上的非磁性涂层的厚度，又可以测量非磁性基体上的非导电涂层的厚度。

钢和铁都是磁性金属，在测量一些钢、铁材质的汽车车身时，会使用磁性测厚法来测量涂层的厚度。当磁性测厚仪上的探头接触到磁性金属基体表层时，在探头和磁性基体之间会形成一个磁路，且这个磁路是闭合的。但是磁性物体表层的涂层会减弱物体的磁性，这时测厚仪的磁阻会发生变化，通过测量该磁阻的变化量，就可以得

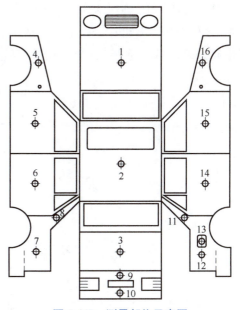

图 5-147　测量部位示意图

出涂层的厚度。

铝材质车身的涂层厚度，不能使用磁性法进行测量，可通过涡流测厚法测量。涡流法漆膜厚度检测仪的探头可以产生高频电磁场，在测量铝材时会产生涡流，然后通过测量涡流和相位来算出涂层的厚度。

(2) 光泽度　涂层的光泽度是评价漆膜表面外观的重要指标之一。一般中高档乘用车对漆膜光泽度的要求都比较高，一般要求 20° 入射角光泽大于 80~85 单位。客户也喜好外观靓丽的高光泽漆膜，它的装饰和保护作用俱佳。不过，现在有些高档轿车使用哑光清漆，显得低调奢华，更有质感。

光泽度是漆膜表面的一种光学特征，它是涂层表面把投射在其上的光线向一个方向反射出去的能力，是通过聚焦在反射影像上的成像质量来进行评价的。涂层按照光泽程度可分为高光泽、中光泽和低光泽。当一束平行入射的光线射到光滑的表面时，仍会平行地向同一个方向反射出来，这种反射就称为镜面反射。镜面反射遵循光的反射定律，即反射角与入射角相等。当一束平行入射的光线射到粗糙的表面时，反射光线将向不同方向杂乱无章地反射出来，这种反射称之为漫反射。若涂层光滑致密，则镜面反射方向接收的光线越多，其表面光泽度就越高，给人的感觉是漆膜光亮；若涂层凹凸粗糙，则镜面反射方向接收的光线越少，其表面光泽度就越低，给人的感觉是漆膜失光。

油漆光泽度通过肉眼很难直接分辨，特别是在不同的光源下，人眼对喷漆光泽度的判断会有很大差别。所以想要准确地评价油漆光泽度，一般采用微型光泽仪测量。光泽测定国家标准 GB/T 9754—2007《色漆和清漆 不含金属颜料的色漆漆膜的 20°、60°和 85°镜面光泽的测定》规定了漆膜光泽的测定方法。光泽仪的测量结果是以从涂层表面来的正反射光量与在同一条件下从标准表面来的正反射光量之比的百分数表示。所以涂层光泽一般是指与标准板光泽的相对比较值。如图 5-148 所示，涂层表面 P 接收到从光源 G 发射的一束光线，这束光线是经过透镜 L_1 到达的。这束光线到达涂层表面，随后反射到透镜 L_2，反射光线经过透镜 L_2 聚焦到光栏 B 处，光栏 B 处的光电池将光线进行光电转换，然后将转换后的电信号进行电路处理，最终的测量结果在仪器中显示出来。

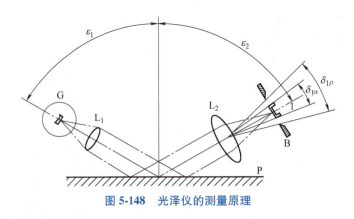

图 5-148　光泽仪的测量原理

一般采用微型光泽仪来定量评价漆膜的光泽度，光泽仪及其处理程序必须符合国际规定，以便于比较测量值。入射光的照射角度对测量值有很大的影响。为了从高光到哑光的整个测量范围内获得清晰的区分，标准化了三种入射角度，即将 20°、60°、85° 作为入射角，如图 5-149 所示。为了测量光泽度，将光源放置在检测器的对面，入射光线分别以 20°、60°、85° 射到涂层表面上，光泽仪测量不同角度下镜面反射出的光线，在反射角的小范围内记录光强度。

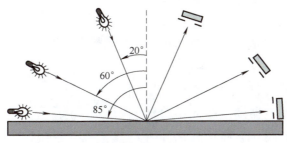

图 5-149　光泽仪原理

目前广泛采用的电子光泽仪都属于多角度光泽仪，可以对 20°、60°、85° 三个角度进行测量。测量时所选的入射角角度不同，测到的结果也不同。必须强调的是，对于不同光泽度的被测涂层表面，在使用光泽仪测量时，应该选用相匹配的测量角度，这样有利于提高测量的灵敏度。为了确定最合适的测量角度，先用设定在入射 60° 角光泽仪开始测量。如果读数在 30%~70%，该涂层被称为"普通光泽漆膜"。如果读数小于 30%，该涂层是"低光泽漆膜"，并应使用 85° 角进行精确测量。如果读数大于 70%，该涂层为"高光泽漆膜"，并应使用 20° 角进行精确测量，涂膜光泽与测量角度的关系见表 5-55。

表 5-55　涂膜光泽与测量角度的关系

入射角度	85°	60°	20°
光泽适用范围	低光泽漆膜（小于 30%）	普通光泽漆膜（30%~70%）	高光泽漆膜（大于 70%）

值得注意的是光泽测定时的百分数，并非反射率，而是一个相对值。它是将样板与一个标准板比较而得的。将标准板的光泽定为 100%，然后测出样品的百分数。

（3）油漆橘皮　一般将漆膜表面类似橘子皮的波纹称为油漆橘皮。油漆橘皮是评价涂装表面外观质量的一项关键指标，与光泽度评价聚焦在反射影像不同，油漆橘皮评价是聚焦在表面的。油漆橘皮良好的漆膜给用户的视觉效果是平滑丰满，而橘皮不良的漆膜则感觉粗糙干瘪。目前绝大多数的汽车厂均将油漆橘皮作为奥地特常规检查项目之一，这也反映了客户对油漆橘皮的关注度也在日益提升。橘皮的影响因素有很多，车身板材、油漆材料及施工参数都是影响橘皮的重要因素，橘皮控制的有效性能够反映出涂装车间的工艺控制水准。

油漆橘皮给人的视觉感受是波浪状的，当光线聚焦在光泽度较高的漆膜表面时，光亮区和非光亮区的反差就会比较明显，在 0.1~10mm 的结构尺寸下，波纹就会以亮—暗的形式表现出来。以前橘皮的评价是由质量检验员通过肉眼目视评判的，这种方式虽然可以在一定程度上判断橘皮的好坏，但有时不同检验员的评价结果相差较大，故目视评价的准确性不够。随着科技的进步，仪器生产商开发出了测量橘皮的仪器，称为激光橘皮仪。

激光橘皮仪通过模拟人的视觉，如图5-150所示，激光点光源以60°角照射被测表面，探测器测量反射光强度。该仪器扫描表面，逐点测量反射光强度，检测表面的光学轮廓。当光线照在波峰时，仪器检出的反射光强度最大；当光线从波峰移到斜坡过程中，仪器检出的反射光强度逐渐降低，直至仪器检出信号最小；当光线从斜坡移到波谷过程中，仪器检出的反射光强度逐渐增加，直至仪器检出最大信号。数学滤波器随后将光学轮廓划分成几个不同的波长范围，将结构尺寸为1.2~12mm的测量数据归纳为长波；将结构尺寸为0.3~1.2mm的测量数据归纳为短波。测

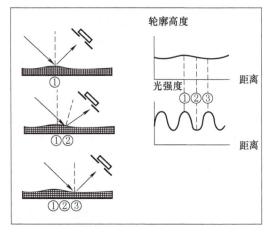

图 5-150　橘皮仪测量原理
①、②、③—测量点

量数据以定量的方式输出长波和短波的数值，从而避免了目视评价的主观性和随机性。

为了使测量结果能够更加准确地反映用户的视觉效果，橘皮仪也在不断地更新换代。橘皮仪 DOI 不仅能够评价外观，而且还有助于理解和分析表面质量。橘皮仪 DOI 扩大了测量范围，由 0.1~10mm 扩大至 0.1~30mm，采用了更高的分辨率 0.1~0.3mm。新的波长范围分割成 5 个范围，包括 W_a 0.1~0.3mm、W_b 0.3~1.0mm、W_c 1.0~3.0mm、W_d 3.0~10mm、W_e 10~30mm。另外，小于 0.1mm 波长的细微波纹也会影响用户的视觉感受，橘皮仪有针对性地对这些细微波纹所形成的漫反射光进行测量，这个参数称为晦涩度 D_u。D_u 与 W_a、W_b、W_c、W_d、W_e 一起构成波长光谱，详细分析结构波段以及影响因素，以便对材料和工艺进行分析及优化。

为了能够测量门把手和后视镜等带有曲面的小部件橘皮，微型橘皮仪也就应运而生。该橘皮仪采用 CMOS 照相技术，具有微型的光学系统和电子系统，能够在不扫描表面的情况下测量橘皮。

(4) 油漆色差　长期以来，色差的判定都是通过目视评价的方式进行的，即质量检验员用肉眼观察车身与标准样板的颜色差异。这种方式虽然可以判断是否存在色差，但存在主观性和随机性，难以定量描述色差大小。从本世纪开始，随着与车身同色的彩色塑料件如保险杠、门把手、后视镜及加油口盖等外饰件的广泛应用，目视评价色差的方法已无法满足用户对色差的挑剔要求。主流汽车厂逐步采用目视评价与仪器测量相结合的方式来控制色差。

色差仪的测色原理为分光光度法。为了定量地表示颜色，CIE 表色系统最为流行且精度较高，其采用分光光度法对颜色进行分析。色差仪通过测量待测件的光谱反射率来定量算出色度值，将待测样品的色度值（$L^*_{样品}$，$a^*_{样品}$，$b^*_{样品}$）与标准样板的色度值（$L^*_{标准}$，$a^*_{标准}$，$b^*_{标准}$）进行比较，计算出色差 ΔE^*_{ab}。

$$\Delta E^*_{ab} = [(\Delta L^*)^2 + (\Delta a^*)^2 + (\Delta b^*)^2]^{1/2}$$

若 ΔL^* 为正值，样品偏浅；反之，样品偏深。

若 Δa^* 为正值，样品偏红；反之，样品偏绿。

若 Δb^* 为正值，样品偏黄；反之，样品偏蓝。

通常用 ΔE_{ab}^* 定量表征色差，ΔE_{ab}^* 值越大表示色差越大。

主流汽车厂以综合色差 ΔE_T^* 作为色差的衡量指标。

$$\Delta E_T^* = [(\Delta L^*/A_L)^2 + (\Delta a^*/A_a)^2 + (\Delta b^*/A_b)^2]^{1/2}$$

式中 A_L、A_a、A_b 为修正系数。对于不同的颜色，有规定的经验修正系数。

由于金属颜料和珠光颜料会产生反射及衍射，所有金属漆或珠光漆的颜色随着观测角度的不同也有较大的差异。先进的色差仪模拟色温为6500K的标准日光，采用D65光源从45°角一个方向照射在被测样品上，可从与镜面反射光夹角15°、25°、45°、75°、110°等五个方向进行测量，其测色原理如图5-151所示。

主流汽车厂均采用15°、25°、45°、75°、110°等五个角度的色差测量结果来评价金属漆或珠光漆的色差，而评价单色漆的色差仅参考45°一个角度的测量结果即可。明度差异主要体现在小角度的色差，即15°和25°的色差；色相差异主要体现在大角度的色差，即75°和110°的色差。目视观察样品颜色的最佳角度是45°，该角度的视觉效果较好。

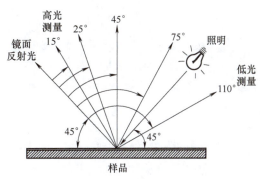

图 5-151   测色原理

（5）涂膜附着力   附着力是指涂膜与被涂物件表面通过物理和化学力的作用结合在一起的牢固程度，是油漆力学性能的关键指标。良好的附着力对被涂产品的防护效果是至关重要的。通过附着力的检测可以验证油漆内的各组成部分是否搭配合理，还能验证涂层的施工方式是否符合要求，如前处理是否清洁彻底、施工环境是否符合作业要求等。

国家对附着力的测定标准：

GB/T 1720—2020《漆膜划圈试验》

GB/T 9286—2021《色漆和清漆 划格试验》

GB/T 5210—2006《色漆和清漆——拉开法附着力试验》

这些标准规定了附着力的测试方法。常用的涂膜附着力的测试方法主要有划圈法、划格法和石击法。

1）划圈法。划圈法是依据圆滚线划痕区域的漆膜完整程度来评价漆膜与底材黏合的牢固度，即附着力的。按照 GB/T 1720—2020《漆膜划圈试验》的要求，一般采用专用测试仪来检测附着力，如图5-152所示的划圈附着力测试仪。测试时，先将样板固定在一个前后可移动的平台上，在平台移动的同时，做圆圈运动的唱针划透漆膜，并能划出重叠圆滚线的纹路。对漆膜的破坏作用，除垂直的压力外，还有钢针做旋转运动所产生的扭力。操作要点是测试前先检查唱针针头是否锐利，如不锐利应予更换。再检查划痕与标准回转半径是否相符，不符时，应及时加以调整。测定时将样板固定在试验台上，使唱针尖端接触到漆膜，均匀摇动摇柄，转速以 80~100r/min 为宜。划痕标准圆长 7~8cm。划完后，取出样板，除去划痕上的漆屑，随后进行评级。

评级分为 7 个等级，1 级为最佳，7 级为最差，如图 5-153 所示。评定时可以从 1 级（最外圈）开始，依次检查各部位的漆膜完整程度，如某一部位的格子有 70% 以上完好，则认为该部位是完好的，否则认为损坏。例如，部位 1 漆膜完好，附着力最佳，评定 1 级；部位 1 漆膜损坏而部位 2 完好，附着力评定为 2 级，以此类推，7 级最差，以漆膜完好的最低等级评定检测漆膜的附着力。

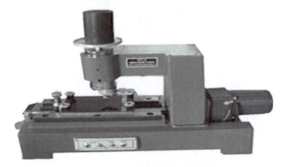

图 5-152 划圈附着力测试仪

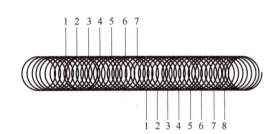

图 5-153 划圈附着力测试法结果图

通常底漆的附着力应达到 1 级，面漆的复合涂层可以在 2 级左右。

2）划格法。划格法是油漆附着力的常规检测方法，该方法操作简便，判断标准明确，是主机厂日常监控的主要方法之一。

按照 GB/T 9286—2021《色漆和清漆 划格试验》测定方法，根据样板底材及漆膜厚度，用不同间距的划格刀具对漆膜进行格阵图形切割，使其恰好穿透至底材，评价漆膜从底材分离的抗性。测试使用的工具是划格测试器，图 5-154 划格法附着力测试器，它是具有 6 格切割面的多刀片切割器，由高合金钢制成。

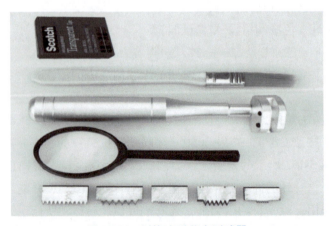

图 5-154 划格法附着力测试器

切刀间隙 1mm 或 2mm，见表 5-56。

表 5-56 底材、漆膜厚度与选择的刀具

序号	底材材质	漆膜厚度/μm	刀具/mm
1	硬底材	0~60	1
2	软底材	0~60	2
3	硬底材、软底材	61~120	2
4	硬底材、软底材	121~250	3

用百格刀垂直于涂层表面均匀用力，平稳地划出至少 6 条平行切割线，再与先切割线成 90°垂直交叉划出平行 6 条线，形成网格图形，这里需要注意的是所有的切口均需要穿透到底材的表面，然后用对网格中的线条进行清洁清理之后，在网格的中央施加胶带，并确保其与漆膜完全接触。将胶带提起与样板形成约 60°角，连续平稳地将胶带撤离，然后观察网格中漆膜的脱落情况，见表 5-57。附着力级别<2 判定为合格。

表 5-57 划格法检测标准

附着力级别	描述	图示
0	划线边缘平滑，在划线的边缘及交叉点处均无油漆脱落	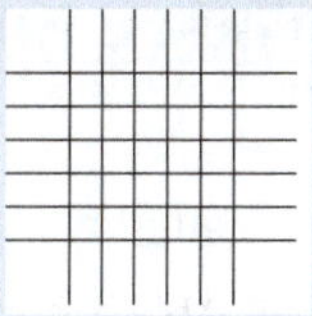
1	在划线的交叉点处有小片油漆脱落，且脱落总面积小于 5%	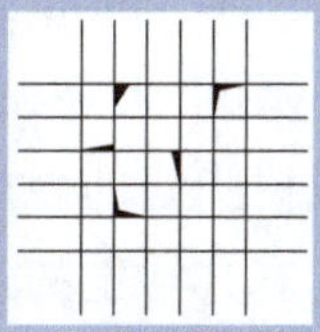
2	在划线的边缘及交叉点处有小片油漆脱落，且脱落总面积在 5%~15%	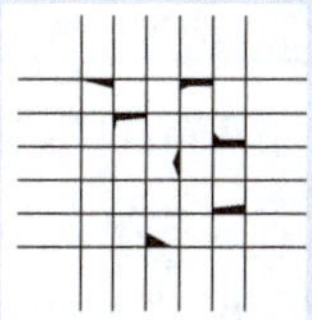
3	在划线的边缘及交叉点处有成片油漆脱落，且脱落总面积为 15%~35%	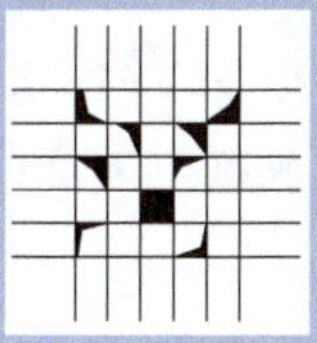

(续)

附着力级别	描述	图示
4	在划线的边缘及交叉点处有成片油漆脱落,且脱落总面积达到35%~65%	
5	在划线的边缘及交叉点处有成片油漆脱落,且脱落总面积大于65%	

3) 石击法。汽车在实际行驶工况中,车身个别部位的涂层常常受到路面碎石的冲击,碎石的打击会使涂层的装饰效果受到损失,而且还会影响涂层的保护性能。涂层一旦被击穿,锈蚀便会从疵点处产生,并由此向钢板内部蔓延,进而导致底材的腐蚀。可见,对涂层进行抗石击检测是非常重要的,但至今各大汽车公司还没有统一的试验及评价方法。

抗石击试验通过石击仪使大量小的、带有锋利边缘的钢丸或碎石在短时间内撞击涂层表面,整个试验在可控温度下进行。石击结束后,用胶带去除松散涂层,露出样板上残留的石击点痕迹,通过涂层的破坏程度判断其抗石击性能的优劣。在涂装现场,一般采用便携式石击试验仪检测涂层的抗石击性能,原则上在车身装塑料配件的部位,即在后续工序中被遮盖掉的部位上进行。

(6) 涂膜硬度 涂膜硬度是涂膜抵抗诸如碰撞、压陷、擦划等机械力作用的能力。其是表示涂膜机械强度的重要性能之一,也是表示涂膜性能优劣的重要指标之一。所以涂膜硬度是油漆、涂装的重要指标,也是检测中的一个必检项目。

涂膜硬度与油漆品种和涂膜的固化程度有关。油性漆及醇酸树脂漆的涂膜硬度较低,其他合成树脂漆的硬度较高。涂膜的固化程度直接影响涂膜的硬度,只有完全固化的涂膜,才具有其特定的最高硬度。在涂膜干燥过程中,涂膜硬度是干燥时间的函数,随着时间的延长,硬度由小到大,直至达到最高值。在采用固化剂固化的油漆中,固化剂的用量影响涂膜硬度,一般情况下提高固化剂的配比,使涂膜硬度增加,但固化剂过量则使涂膜柔韧性、耐冲击性等性能下降。一些自干型油漆,以适当的温度烘干,在一定程度上能提高涂膜硬度。

涂膜硬度测定的国家标准包括 GB/T 1730—2007《色漆和清漆 摆杆阻尼试验》、GB/T 6739—2006《色漆和清漆 铅笔法测定漆膜硬度》、GB/T 9279—2007《色漆和清漆 划痕试验》、GB/T 9275—2008《色漆和清漆 巴克霍尔兹压痕试验》。

在涂膜硬度测试中,铅笔硬度测试方法简单而应用广泛。在此介绍一下铅笔硬度的测试方法。

铅笔硬度测试方法是采用已知硬度标号的铅笔刮划涂膜,以能够穿透涂膜到达底材的铅笔硬度来表示涂膜硬度的测试方法。国家标准 GB/T 6739—2006 中规定了手动测试方法和硬度仪测试方法。标准采用中华牌高级绘图铅笔，其硬度为 9H、8H、7H、6H、5H、4H、3H、2H、H、F、HB、B、2B、3B、4B、5B、6B、7B、8B、9B 共 20 个等级，9H 最硬，9B 最软。

将铅笔的一端削去大约 5~6mm 的木头，如图 5-155 所示。

图 5-155　铅笔削好后的示意图

留下原样的、未划伤的、光滑的圆柱形铅笔笔芯。随后将铅笔芯垂直于 400# 水砂纸上画圆圈，将铅笔芯磨成平面、边缘锐利为止。注意：在每次使用铅笔前都要重复这个步骤。测试铅笔准备完成后，将铅笔插入测试仪器中，如图 5-156 所示的硬度测试仪。

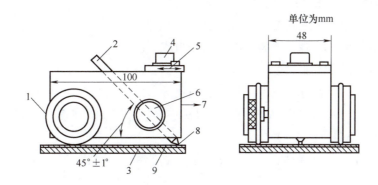

图 5-156　硬度测试仪

1—橡胶 O 形圈　2—铅笔　3—底材　4—水平仪　5—小的，可拆卸的砝码
6—夹子　7—仪器移动的方向　8—铅笔芯　9—漆膜

每一块样板需要在规定的条件下干燥并放置规定的时间。除有商定外，试验前，试验板应在温度为（23±2）℃和相对湿度（50%±5%）条件下至少调节 16h。

测试环境在温度为（23±2）℃和相对湿度（50%±5%）条件下进行，测试一开始需将铅笔的尖端放在漆膜表面上。当铅笔的尖端刚接触到涂层后立即推动试板，以 0.5~1mm/s 的速度朝离开操作者的方向推动，推动至少 7mm 的距离，30s 后用裸视检查涂层表面是否有划痕，如果未出现划痕，在未进行过试验的区域用较高硬度的铅笔进行试验，直到出现至少 3mm 长的划痕为止。如果已经出现超过 3mm 的划痕，则降低铅笔的硬度，重复试验直到超过 3mm 的划痕不再出现为止。在观察过程中可用软布或脱脂棉擦和惰性溶剂一起擦拭涂层表面，或者用橡皮擦拭，当清洁完涂层表面上铅笔芯的所有碎屑后，更容易评定漆膜的破坏。

铅笔测试法需要测试两次，如果两次测定结果不一致，必须重新测试。

铅笔测试法的结果评级分为塑性变形（漆膜表面永久的压痕，但没有内聚破坏）和内聚破坏（漆膜表面存在可见的擦伤或刮破）两种。以没有使涂层出现 3mm 及以上划痕的最硬的铅笔的硬度表示涂层的铅笔硬度。

通过硬度的监测可以发现油漆的树脂用量是否适当，硬度不高的涂膜也可以通过调整配方的树脂含量进行改进。目前汽车高档面漆的硬度要求为大于等于 H 级。

思考题

1. 判断题

（1）刷涂时，机械用力的目的是使涂料渗入底材，增强涂膜附着力。（　　）

（2）使用刮涂工具前需检查刮刀口是否平直，且用两把刮刀相互清理刀刃。（　　）

（3）汽车用密封材料一般是以氯丁橡胶、丁腈橡胶和醇酸树脂为主。（　　）

（4）打磨主要是消除底材表面的毛刺、杂物、不平整，且增强涂层间的附着力。（　　）

（5）打磨时跳号使用砂纸可以使打磨效率更高。（　　）

（6）调漆操作分为油漆调配、油漆调色。（　　）

（7）油漆由树脂、颜料、溶剂、添加剂等组成。（　　）

（8）在调色过程中添加黑色，使纯度降低、明度提升。（　　）

（9）电泳涂装前处理包括脱脂、除锈、磷化等。（　　）

（10）喷枪与工件表面的距离应保持在 150～200mm，叠幅在 50%～60% 或 70%～80%，即喷幅重叠 1/2 或 3/4。（　　）

（11）遮蔽材料分为遮蔽胶带、遮蔽薄膜、遮蔽纸、精细胶带、弹性胶带、缝隙胶带等。（　　）

（12）返修遮蔽边界的选择有板件缝隙、涂胶缝隙、特征线等。（　　）

（13）划格法是漆面附着力的常规检测方法，特点是操作简便、判断标准明确。（　　）

2. 单项选择题

（1）汽车涂装工装辅具是指车身涂装时为了满足生产需要而开发辅助性的器具，一般应用在（　　）。

　A. 电泳和面漆工序　　　　　　　　B. 涂胶和面漆工序

　C. 电泳和阻尼胶工序　　　　　　　D. 面漆和打磨工序

（2）涂胶作业尖嘴枪压力是（　　）。

　A. 15～18MPa　　　　　　　　　　B. 13～16MPa

　C. 8～10MPa　　　　　　　　　　 D. 20～30MPa

（3）手工涂胶时胶枪与焊缝角度应在（　　）。

　A. 15°～25°　　　　　　　　　　　B. 25°～45°

　C. 25°～35°　　　　　　　　　　　D. 5°～15°

（4）油漆调色是指（　　）等颜色经过调配后成另外一种颜色或生产需要颜色的一种操作工艺。

A. 红、黄、蓝、白、黑　　　　　　　B. 赤、橙、黄、绿、青、蓝、紫

C. 红、橙、绿、蓝、紫　　　　　　　D. 红、黄、蓝

(5) 磷化前处理工艺中脱脂温度为（　　）、表调温度为（　　）、磷化温度为（　　）。

A. 脱脂温度40~50℃/表调温度5~15℃/磷化温度30~40℃

B. 脱脂温度50~60℃/表调温度15~35℃/磷化温度40~50℃

C. 脱脂温度70~80℃/表调温度45~55℃/磷化温度60~70℃

D. 脱脂温度80~90℃/表调温度65~75℃/磷化温度80~90℃

(6) 喷涂聚氨酯类油漆时，喷枪气压要调整到（　　）。

A. 0.22~0.26MPa　　　　　　　　　B. 0.32~0.36MPa

C. 0.42~0.46MPa　　　　　　　　　D. 0.52~0.56MPa

(7) 国家标准规定：涂—4号黏度计测定流出时间在（　　）以下的油漆黏度。

A. 120s　　　　B. 130s　　　　C. 140s　　　　D. 150s

(8) 通常质量缺陷等级分为A类、B类和C类等三种，其中A类是（　　）。

A. 一种用户认为重要的缺陷，用户感到不愉快和有影响而不愿意接受的缺陷

B. 一种用户最为敏感的缺陷，用户不能接受和肯定要索赔的缺陷

C. 一种需要改进的，几乎不会引起用户索赔的缺陷

D. 以上都是

(9) 测量高光泽漆膜时，采用（　　）角度。

A. 20°　　　　B. 60°　　　　C. 75°　　　　D. 85°

(10) 划格法检测涂膜附着力时，检测标准分为（　　）级。

A. 4　　　　　B. 5　　　　　C. 6　　　　　D. 7

3. 多项选择题

(1) 密封涂装工艺流程有密封遮盖工序、（　　）、裙边胶工序、烘干工序、强冷工序等。

A. 焊缝密封胶工序　　　　　　　　　B. 底部阻尼胶工序

C. 去除密封遮盖工序　　　　　　　　D. 降噪阻尼胶工序

E. 门边及盖区域密封胶工序

(2) 手动打磨机分为（　　）等。

A. 单旋圆盘式打磨机　　　　　　　　B. 双向运动式打磨机

C. 板式打磨机　　　　　　　　　　　D. 偏心圆盘式打磨机

E. 圆盘式抛光机

(3) 前处理是指被涂工件在涂底漆前对工件表面进行必要的处理，目的是（　　）。

A. 漆膜更易附着　　　　　　　　　　B. 表面形成保护膜

C. 减少漆膜下的腐蚀　　　　　　　　D. 润湿效果更差

E. 达到防腐的效果

（4）涂膜返修流程包括表面前处理、（　　）、喷涂面漆、面漆干燥、抛光等工序。
A. 喷涂底漆及干燥　　　　　　　　B. 刮涂原子灰
C. 打磨原子灰　　　　　　　　　　D. 喷涂中涂底漆及干燥
E. 打磨中涂底漆

4. 简答题

（1）简述油漆命名和油漆型号的含义。

（2）简述电泳涂装的优缺点。

第六章 涂装质量判定

第一节 涂装质量检查

一、钣金缺陷质量检查

1. 钣金缺陷分类

缩颈开裂、钣金凸包、焊点不平、打磨纹、钣金凹坑、钣金缝隙大、钣金变形、焊洞、毛刺等,如图 6-1 至图 6-9 所示。

2. 钣金检查方式

在灯光照度 800~1300LUX 环境,裸眼或矫正视力 1.0 的视力条件下,按照从前到后、从上到下原则,绕车一周对车身钣金以目视结合手触摸方式检查,可 45°借光检查。

3. 钣金缺陷

1) 缩颈开裂:冲压件在模具上整形翻边时拉伤或拉延模具走料过程中发热、应力集中造成开裂。

2) 钣金凸包:冲压件模具、冲压过程中或运输过程中导致钣金凸包,见图 6-2。

图 6-1 缩颈开裂

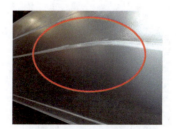

图 6-2 钣金凸包

3) 焊点不平:点焊后焊点不平、形成一个凹点或变形或焊点高度不一致,统称为焊点不平,见图 6-3。

4) 打磨纹:产品经过打磨后产生的痕迹,见图 6-4。

 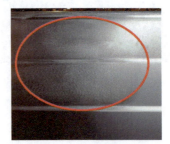

图 6-3 焊点不平　　　　　　　　图 6-4 打磨纹

5）钣金凹坑：冲压件模具、冲压过程中或运输过程中导致钣金凹坑，见图 6-5。

6）钣金缝隙大：两块钣金搭接处缝隙超出工艺范围或非零贴状态称为钣金缝隙大，见图 6-6。

 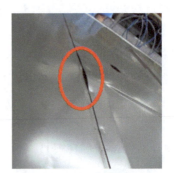

图 6-5 钣金凹坑　　　　　　　　图 6-6 钣金缝隙大

7）钣金变形：产品受到外力或设备磕碰导致发生变形，见图 6-7。

8）钣金焊洞：由于设备参数原因或在焊接过程中零件间距原因导致电流击穿形成焊洞，见图 6-8。

 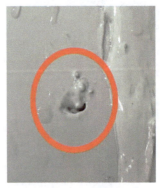

图 6-7 钣金变形　　　　　　　　图 6-8 焊洞

9）毛刺：在电流或压力过大情况下易产生毛刺，见图6-9。

（1）钣金缺陷成因

1）钣金变形。产品受到外力或设备磕碰导致发生变形。

2）钣金焊洞。由于设备参数原因或在焊接过程中零件间距原因导致电流击穿形成焊洞。

3）毛刺。在电流或压力过大情况下易产生毛刺。

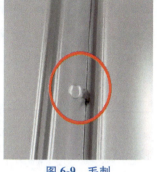

图6-9 毛刺

（2）白车身涂装质量检查标准　整车涂装过程中一般会把车身质量要求进行区域划分，一般分为A\B\C\D\E五个区域。

A区是外观装饰性要求最高，影响外观最明显的部位，包括发动机舱盖区域、左右翼子板、左右侧围小腰线以上区域。

B区是影响外观较明显的部位。包括左右侧围小腰线以下区域、SUV的尾门外表面、皮卡的货箱尾板区域。

C区是不易看到的部位。包括车顶、车门内框未被密封胶条遮盖的部位、门内板靠近外侧、发动机舱横梁等区域。

D区是不能直接看见、较隐蔽的部位。包括发动机舱盖内板、发动机舱两侧、尾门内板、尾门框流水槽、裙边、门内板靠近铰链及门内板下侧胶线附近位置等区域。

E区是涂耐磨胶、隔声绝热涂料和密封胶的表面。包括车身底板下表面、轮罩、发动机罩等区域。

各个企业都会有自己的整车质量检验标准，基本内容见表6-1。

表6-1　白车身上线质量检查基本内容

检验项目	质量要求	检测手段
上线质量检查		
锈蚀	不允许	目测
防锈油	看不出堆积或结块的防锈油	目测
余胶	不允许	目测
凸凹点	A、B区：手感触摸感觉平整	目测、手感
	C区：目测看不出凸凹点	目测
	D区：不影响总装装车	目测
碰伤、变形	A、B区：不允许	目测
	C区：允许不明显的变形	目测
	D区：不影响整体外观	目测
打磨痕	A区：不允许	目测、手感
	B、C区：不明显可接受	目测
	D区：可接受	目测

（续）

检验项目	质量要求	检测手段
划痕	A区：不允许	目测
	B区：手感摸不出	目测、手感
	C区：手感有感觉	手感
	D区：可接受	
焊点印	A区：看不出，手感稍微有一点	目测、手感
	B区：能看出来，但不明显	目测
	C区：不出现严重的凹坑、凸点即可	目测
	D区：可接受	
焊点毛刺	A、B、C区：不允许	目测
	D区：允许不明显的毛刺	目测
钣金破裂	不允许	目测
钣金拉延起皱	A、B区：不允许	目测
	C区：轻微、不严重即可	目测
	D区：可接受	
焊缝	表面平整、圆滑，焊缝应均匀，不允许存在裂纹	目测
车门装配质量	车门、盖启闭灵活	
	随车件与车身能自锁；侧拉门在随车件上固定可靠	
其他未列入的外观项目	若工艺卡或焊装工艺检验条例上有技术要求则按工艺执行，否则以常识判断是否合格	

二、前处理过程质量检查

1. 前处理过程质量检查方式

前处理过程质量检查方式主要通过测量前处理槽液参数进行监控，前处理槽液参数及检测项目、频次要求见表6-2（注意：企业标准不同，过程规范会有所差异，此表仅供参考）。

表6-2　前处理过程质量检查标准

过程名称	机器/装置/设备	特殊特性分类	过程规范	单位	评价/测量技术	频次
预脱脂游离碱	脱脂阶段	U	0~3	mL	滴定法	1次/4h
预脱脂温度	脱脂阶段	U	40~50	℃	温度显示	1次/2h
脱脂游离碱	脱脂阶段	S	7~11	mL	滴定法	1次/4h
脱脂温度	脱脂阶段	S	45~50	℃	温度显示	1次/2h
预脱脂总碱	脱脂阶段	U	3~25	mL	滴定法	1次/周
预脱脂喷淋压力	脱脂阶段	U	1~5	bar	压力表	2/班

（续）

过程名称	机器/装置/设备	特殊特性分类	过程规范	单位	评价/测量技术	频次
脱脂总碱	脱脂阶段	U	7~27.5	mL	滴定法	1次/周
热水洗温度	热水洗	U	30~45	℃	温度显示	1次/2h
一次水洗、二次水洗总碱	水洗阶段	U	一次和二次水洗<1.0	mL	滴定法	1次/周
水洗顶部喷淋压力	水洗阶段	U	1~5	bar	压力表	2/班
水洗促进剂含量	水洗阶段	U	2次水洗促进剂：3.0~5.0	mL	发酵管	1次/4h
表调浓度	表调阶段	U	1~1.6	ppm	分光光度计法	一次/月
表调pH	表调阶段	U	8.0~9.0	pH	PH计	1次/4h
磷化总酸	磷化阶段	S	22.0~26.0	mL	滴定法	1次/4h
磷化游离酸	磷化阶段	U	0.8~1.4	mL	滴定法	1次/4h
磷化促进剂含量	磷化阶段	U	2.0~3.5	mL	发酵管	1次/4h
磷化渣含量	磷化阶段	U	<1	(‰)	量杯	1次/周
磷化温度	磷化阶段	U	43~50	℃	温度显示	1次/2h
3次水洗喷淋总酸	磷化喷淋	U	<1.5	mL	滴定法	一周一次
四次水洗pH值	磷化四次水洗	U	≥7	—	滴定法	1次/4h
水洗喷淋压力	磷化喷淋	U	1~5	bar	压力表	2/班
DI喷洗电导	DI喷槽	U	<100	μS/cm	电导率仪	1次/周
DI浸洗电导	DI浸槽	U	<100	μS/cm	电导率仪	1次/周

2. 缺陷介绍

（1）前处理流痕　当车身经过前处理槽体时，在钢板表面出现的流痕状、条状、点状等表面不均匀的异常状态。前处理流痕主要在冷轧板材的前处理过程中产生，主要原因包括发干、锈蚀、除油不干净、磷化渣残留。

（2）锈蚀成因　车身经过脱脂后，新鲜的钢铁表面反应活性高，容易与槽液和空气中的氧气发生反应造成锈蚀，如锈蚀严重、磷化和电泳无法遮盖，就形成流痕。造成锈蚀的主要因素是新换的水洗槽含氧量较高，通常采用添加促进剂除氧的措施防止锈蚀。当前处理出现较长或断断续续的停线时，车身悬停在槽上的时间过长，也容易产生锈蚀造成的流痕。

（3）除油不干净成因　当脱脂槽对车身除油不彻底时，板材表面附着油块的区域无法上磷化膜，除油干净的区域磷化膜良好，磷化膜不均匀，在电泳后就会出现流痕。现场管理中可通过观察车身表面水膜是否完整来判断是否除油彻底，若不完整，则说明除油效果不理想。可通过提高预脱脂液、脱脂液的温度和碱度，漂走浮油，必要时更新部分脱脂槽液的方法，整体提高除油能力。

（4）磷化渣残留成因　磷化渣异常时，渣粒往往更细小、黏稠，更容易附着在车身上，难以被喷淋清洗下来，在电泳后产生更易流痕。该问题最为有效的防治方法是通过磷化槽液参数日常管理，保证磷化渣的粒径、渣粒水中的分散状态正常，同时增加后道工序清洗能力，将附着在车身表面的磷化渣冲洗掉，并提升磷化除渣机的除渣能力，可改善磷化渣造成的流痕问题。

三、电泳过程质量检查

1. 电泳过程质量检查方式

电泳过程质量检查方式主要通过测量电泳槽液参数进行监控，电泳槽液参数及检测项目、频次的要求见表6-3（注意：企业标准不同，过程规范会有所差异，此表仅供参考）。

表 6-3　电泳过程质量检查标准

过程名称	机器/装置/设备	特殊特性分类	过程规范/公差	单位	评价/测量技术	频次
主槽固体成分	电泳槽	S	18%~22%	(%)	分析天平	1次/天
主槽温度	电泳槽	S	28~34	℃	温度显示	1次/2h
主槽pH	电泳槽	U	5.7~6.3	pH	pH Meter	1次/天
主槽电导	电泳槽	U	1000~2500	µS/cm	电导率仪	1次/天
主槽颜基比	电泳槽	U	0.15~0.25	—	仪器测量	1次/周
主槽细菌浓度等级	电泳槽	U	0	（菌落）	Petri氏培养	1次/月
主槽用水电导率	电泳槽	U	≤10	µS/cm	电导率仪	1次/天
主槽溶剂含量	电泳槽	U	0.3~1.5	(%)	供应商化验室	1次/月
主槽液位	电泳槽	U	96~99	(%)	读取	1次/2h
阳极电导	阳极液槽	U	400~2500	µS/cm	电导率仪	1次/天
整流器电压	电泳槽	U	1段电压：50~200 2段电压：260~360 3段电压：260~360	—	仪器测量	1次/2h
阳极pH	阳极液槽	U	2~4	pH	pH计	1次/天
阳极流量	阳极流量计	U	>90%	(%)	目视（单根流量200~1000L/H）	1次/天
整流器电流	电泳槽	U	≤1000	A	读取	1次/2h
超滤固体成分-UF新	UF液槽	U	≤1.0	(%)	分析天平	1次/周
超滤流量-UF1/2/3	UF液槽	U	10~16	t/h	流量计	1次/天
超滤电导-UF1/2/3	UF液槽	U	800~2000	µs/cm	电导率仪	1次/天

（续）

过程名称	机器/装置/设备	特殊特性分类	过程规范/公差	单位	评价/测量技术	频次
UF1 UF2 UF3 循环喷淋细菌浓度等级	UF 喷淋槽和 UF 浸槽	U	0	（菌落）	Petri 氏培养	1 次/月
UF1 UF2 UF3 循环喷淋固体成分	UF 喷淋槽和 UF 浸槽	U	UF1 <1.5% UF2 & 3 <1.0%	（%）	分析天平	1 次/周
UF1 UF2 UF3 循环喷淋 pH	UF 喷淋槽和 UF 浸槽	U	5.2~6.2	pH	pH 计	1 次/天
DI 浸洗细菌等级	DI 浸洗槽	U	<1000	（菌落）	Petri 氏培养	1 次/月
新鲜纯水细菌等级	循环纯水喷淋槽	U	0	（菌落）	Petri 氏培养	1 次/月
新鲜纯水 pH	纯水站	U	5.2~6.5	pH	pH 计	1 次/天
粗糙度	电泳烘干后	U	<0.28	μm	粗糙度仪	1 次/天

2. 电泳来料监控

电泳色浆来料需监控以下内容，见表 6-4（注意：因企业标准不同，额定值会有所差异，此表仅供参考）。

表 6-4　电泳来料质量检查标准

	项目	额定值	实测值
色浆	颜色	灰色	灰色
	固体分 NV（质量分数,%）（110℃/1h）	48~52	49.3
	P/B	2.0~4.0	2.8
	细度/μm	≤12.5	12.5
槽液性能	固体分 NV（质量分数,%）	18~22	18.3
	pH 值	5.7~6.3	5.98
	电导率/(μS/cm)	1000~2500	2010
	P/B	0.15~0.25	0.18
	MEQ	20~40	34
	泳涂温度/℃	30~36	32
	泳涂电压/V	100~320	280
	泳涂时间/s	120~180	120
	泳透力/mm	210~270	220
	L-效果	0~3	3

（续）

项目		额定值	实测值
干膜性能	板面效果	平整光滑无漆膜弊病	OK
	干燥条件	160~200℃/（15~5）min（工件温度）	180/15
	膜厚/μm	15~25	20
	硬度/HBW	150~200	166
	杯突/mm	5.0~10.0	6.7
	石击/级	9.0~10.0	9
	附着力B法/级	0	0
	光泽（%）	50~80	63

电泳乳液来料需监控的内容见表6-5（注意：因企业标准不同，额定值会有所差异，此表仅供参考）。

表6-5 电泳乳液来料质量检查标准

项目		额定值	实测值
乳液RD	颜色	乳白色	乳白色
	固体分NV（质量分数,%）（110℃/1h）	37~39	38.3
槽液性能	固体分NV（质量分数,%）	18~22	19.9
	pH值	5.7~6.3	5.92
	电导率/（μS/cm）	1000~2500	2100
	P/B	0.15~0.25	0.15
	MEQ	20~40	31
	泳涂温度/℃	30~36	32
	泳涂电压/V	100~320	250
	泳涂时间/s	120~180	135
	泳透力/≥mm	210~270	210
	L-效果	0~3	OK
干膜性能	板面效果	平整光滑无漆膜弊病	OK
	干燥条件	160~200℃/（15~5）min（工件温度）	180℃/15min
	膜厚/μm	15~25	20
	硬度/HBW	150~200	166
	杯突/mm	5~10	6.7
	石击/级	9~10	9
	附着力B法/级	0	0
	光泽（%）	50~80	64

3. 缺陷介绍

电泳二次流痕（图6-10）是指分布在夹缝、折边、螺钉、铰链等容易形成狭小间隙的区域附近的残液流痕，多呈浅黄色。它是电泳与油的混合液，在高温烘烤时从车身狭小空间内流出固化形成的。

二次流痕的成因是钣金缝隙里的电泳残留液经过烘房高温烘烤时，从缝隙流出固化。影响二次流痕的主要因素有如下四个方面：

图 6-10　电泳二次流痕

1）车身结构设计：工艺孔分布、铰链螺钉设计、内腔排水设计。

2）折边胶、夹层密封胶工艺：折边胶不连续、断裂，密封胶未封闭。

3）折边质量：折边平整度、折边是否有积液点。

4）涂装工艺设计：车身清洗工艺、烘烤工艺等。

四、密封胶过程质量检查

1. 密封胶过程质量检查要求

密封胶过程质量检查项目见表 6-6（注意：企业标准不同，过程规范会有所差异，此表仅供参考）。

表 6-6　密封胶质量检查标准

过程名称	机器/装置/设备	特殊特性分类	过程规范/公差	单位	评价/测量技术	频次
转子黏度	材料	U	120000~240000	mPa·s	SAE J1524	每批
密度	材料	U	1.3~1.5	kg/L	ASTMD1475	每批
附着力	材料	U	3~4	级	内聚破坏	每批
温度	材料	U	28~35	℃	读取	1次/天
覆盖区域和外观	人工	U	喷涂面符合工艺规范，没有缩孔和溢出等缺陷	—	目视检查	1次/天
泵压力	打胶泵	U	150~300（打胶泵运动时）	bar		1次/天
过滤器压差	打胶泵	U	≤20	bar		1次/天
空气压力	打胶泵	U	4~8	bar		1次/天
压力	打胶枪	U	100~300	bar		1次/天

2. 缺陷介绍

胶线主要缺陷有如下类型：

1）打胶时胶枪行走不匀速或停顿产生的胶堆积，如图 6-11 所示。

2）打胶枪头变形或打胶时枪头一边脱漆（翘起）产生的胶皱（饺子边），如图 6-12 所示。

图 6-11　胶堆积　　　　　　　　　图 6-12　胶皱

3）打胶时枪头甩出或刮胶时刮片弹出的余胶，如图 6-13 所示。

4）打胶时胶线未完全覆盖住焊缝产生的胶洞，会导致车辆漏水问题，如图 6-14 所示。

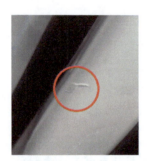 

图 6-13　余胶　　　　　　　　　　图 6-14　胶洞

5）胶线厚度左右两侧不一致，影响外观，如图 6-15 所示。

6）胶线歪斜，不美观，如图 6-16 所示。

图 6-15　胶厚不一致　　　　　　　图 6-16　胶线歪斜

7）胶线不平，有凹凸感影响外观，如图 6-17 所示。

8）胶泡。因折边平整度、焊装胶填充状态等影响因素，门折边内形成一个封闭空腔，当空腔所在的折边上覆盖一层胶线后，空腔内的空气在烘房加热后膨胀，在胶线未干燥固化前，将胶线顶起，形成如图 6-18 所示的鼓包，用刀片割平后发现里面是空心的。

第六章　涂装质量判定

 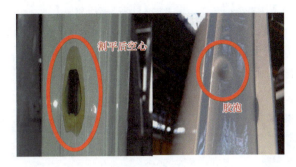

图 6-17　胶线不平　　　　　　　　　图 6-18　胶泡

胶泡的根本原因是在折边内形成了封闭的空腔。经过反复验证发现，如图 6-19 所示，区域 A 100%填充、区域 B 100%填充、区域 C 0 填充状态既能满足折边胶填充标准，又能有效防止在折边内形成封闭空腔。此外，内外板平整，钣金贴合也是避免折边形成空腔的必要条件。

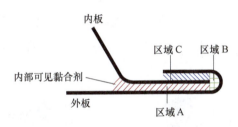

图 6-19　胶线填充

五、过程漆面打磨质量检查

电泳车身质量检查，标准见表 6-7（注意：企业标准不同，检查标准会有所差异，此表仅供参考）。

表 6-7　电泳底漆车身质量检查标准

检验项目	质量要求	检测手段
	电泳底漆质量	
外观	漆膜无流痕及黑斑，无缩孔、无大面积针孔及电泳渣，手感平滑细腻，不粘手	目测、手感
	钣金露底面积≤25mm^2	目测
	无明显的凹坑及凸包，包括由于钣金缺陷而引起的缺陷	目测
打磨	A、B 区不允许有流痕、漆渣、手感摸不出的打磨痕	目测、手感
	C 区允许不明显的流痕、漆渣、打磨痕	目测

六、最终成品漆面质量检查

同样涂装成品漆膜质量检查也分为 A、B、C 三类,也是根据不同的质量要求按严重程度进行划分,见表 6-8(注意:企业标准不同,检查标准会有所差异,此表仅供参考)。

表 6-8 漆面缺陷严重度划分表

问题严重度	A 类	B 类	C 类
严重度描述	法律法规项、必须返工	引起顾客视觉不适、顾客抱怨、必须返工	顾客暂无抱怨、不必返工,但应持续改进

1. 常见漆面缺陷问题分类

(1)颗粒

1)颗粒的定义。涂层中目视直接可见异物,或通过涂层表面形状间接可见异物,如图 6-20 所示。颗粒是涂装车间最常见的质量缺陷,通常以直径作为颗粒的测量指标,对肉眼无法准确判断的颗粒,可使用菲林尺,按照如图 6-21 所示方式判定。

2)颗粒的成因。涂装车间里引发缺陷的颗粒有如下几个类型:白车身铁屑、磷化渣、电泳铜牌铜屑、电泳渣、工装夹具掉落的杂漆、烘房漆渣、打磨灰等。使用显微镜观察可以快速有效地确认颗粒来源。

图 6-20 颗粒

图 6-21 菲林尺测量颗粒直径

(2)纤维

1)纤维的定义:涂层中目视直接可见,如图 6-22 所示的条状异物。条状异物在显微镜下可看到纤维周边的油漆泡,这是纤维的显著特征。

2)纤维的成因。涂装车间里引发纤维的来源有如下几个类型:喷漆工衣服、机器人衣服、手套、物料、人员携带进来的等。因此,所有可能接触车身的来料均需潜纤维测试合格后方可进入涂装车间使用。

(3)流挂

1)流挂的定义:涂料喷涂于车身表面,在湿膜固化前形成的厚薄不一、油漆流淌下来的现象。流挂形态多样,有的面积较大呈条状,有的呈水流状或水滴状等,如图 6-23 所示。

2）流挂的成因。涂料在湿膜状态下是一种流体，缓慢流动，产生位移，期间黏度不断增大直到固化。在位移过程中，如涂料在足够长的时间内保持其流动性，有充分的时间使涂膜流平，则更容易形成平整光滑的漆膜。但这样往往流挂风险上升。反之，涂料失去剪切力后，其黏度快速上升，在喷涂到车身后立刻定型，不再流动，这在收获防流挂性能提升的同时，会对涂膜流平有一定影响。

对于涂装施工过程来说，影响流挂的最直接因素是涂膜厚度、黏度。涂层的膜厚越高，漆膜的位移越大，越容易产生流挂。涂层的黏度越大，涂膜越不容易流动，位移越小，越不容易产生流挂。其中，影响黏度的因素不仅包括了涂料本身配方，还涵盖了涂料的施工条件，如喷漆室温湿度、喷枪雾化状态、旋杯转速等。

图 6-22　纤维

图 6-23　流挂

（4）漆薄

1）漆薄的定义：漆薄是和流挂相反的缺陷，当喷涂厚度不够时，面漆遮盖不住底材，形成漆薄现象，如图 6-24 所示。

2）漆薄的成因。对于涂装施工过程来说，影响漆薄的最直接因素是人工喷涂手法、机器人喷涂流量、静电压、走枪速度、枪距、涂料本身遮盖能力等。

（5）缩孔

1）缩孔的定义：缩孔是在漆膜表面，以一个污染点或表面活性物质为中心，在涂层表面形成的中间凹陷、边缘拱起的油漆缺陷，如图 6-25 所示。缩孔分为露底和不露底两种状态，在露底缩孔上能看到面漆之下的底材，不露底缩孔位于面漆层，看不到底材。

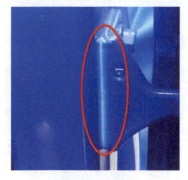

图 6-24　漆薄

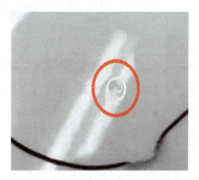

图 6-25　缩孔

2）缩孔的成因。任何液滴在固体表面的铺展由三个界面的表面张力决定，润湿角越小，液滴在固体表面的铺展能力越强。当一滴漆液到达底材表面时，我们能看到两种现象：底材的表面张力高于液滴的表面张力时，液滴（图6-26）充分在底材表面铺展开来；底材的表面张力低于液滴的表面张力时，液滴（图6-27）收缩成球形，不能在底材表面润湿铺展。

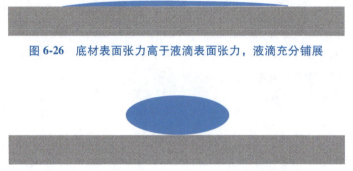

图6-26　底材表面张力高于液滴表面张力，液滴充分铺展

图6-27　底材表面张力低于液滴表面张力，液滴收缩成球形

（6）爆孔

1）爆孔的定义：爆孔，俗称"痱子"，是一种类似于火山口的表面缺陷，它不是由底材表面的表面活性物质引起的，是漆膜中的起泡在涂膜表层破裂产生的。

2）爆孔的成因。油漆喷涂过程中，会出现气体（空气或溶剂挥发）混在漆膜中形成气泡的情况。正常情况下气泡按如图6-28所示的逃逸步骤，从湿漆膜中上升到漆膜表面，并在表面破裂逃逸，破裂形成的湿膜坑会随着油漆的流平变平整。

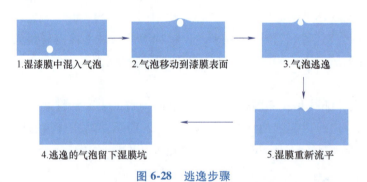

图6-28　逃逸步骤

但是，在油漆膜厚偏厚区域，高温高湿条件下，漆膜底层的气泡还没有完全逃逸时，最上层油漆因溶剂挥发固含量上升，漆膜的黏度变得更大，已不再流平。这样，气泡从表层逃逸后留下的缺损无法通过漆膜流平消除。气泡逃逸停留在了步骤4，形成了爆孔。如果在步骤2时，漆膜已经表干，气泡无法冲破漆膜，将停留在步骤2，成为凸包保留在漆膜中，形成所谓的"痱子"，如图6-29所示。

图6-29　爆孔

(7) 针孔

1) 针孔的定义：针孔是在涂层中形状类似针眼的小孔，产生针孔的原因是被涂的底材表面有空腔。

2) 针孔的起因。产生针孔的原因是在被涂的底材表面有空腔，该空腔极为细小，肉眼无法识别。因此经过底材打磨工位后，底材表面的空腔没有被打磨掉，依然存在。当在有空穴的底材表面喷漆时，油漆不能填充这些空穴，只能覆盖空穴表面，在油漆未完全干燥前，空穴内的空气在烘房加热后膨胀，冲破覆盖在空穴表面的漆膜，形成针孔，如图 6-30 所示。

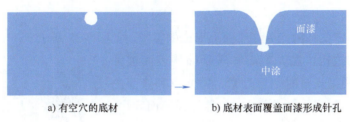

图 6-30 针孔形成步骤

底材表面的空腔来源较为复杂，镀锌层断裂缝隙、镀锌层尖细的腐蚀坑都有可能是空腔的来源。出现针孔时，我们需要借助元素分析、电镜等工具进一步深入查找，方可找到真因。

(8) 金属漆发花

1) 金属漆发花的定义：金属闪光漆涂层引入了铝粉，在光源一定方向的照射下，铝粉发生镜面反射，从不同的方向和角度观察而亮度不同，这种效果就是闪光效果。但如果铝粉反射方向不一致，就会出现明暗相间的发花现象。

2) 金属漆发花的成因。如果金属漆中铝粉如图 6-31 所示定向排列，发生的是平行的镜面反射，此时漆面从某一个角度观看整体偏暗，如从相反方向观看整体偏亮，漆面能够展现出来均匀的闪光效果。

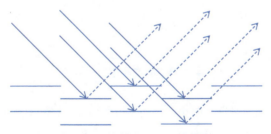

图 6-31 铝粉定向排列示意图

如果金属漆中铝粉杂乱排列如图 6-32 所示，平行入射的光线被散射，发生的是散乱的漫反射，此时漆面明暗相间，形成发花的漆面缺陷。

影响金属漆发花的主要因素有：油漆雾化不良、走枪不均匀造成的喷涂厚度不一致、漆膜太湿或太干等。

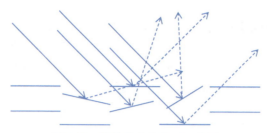

图 6-32　铝粉非定向排列示意图

（9）抛光痕

1）抛光痕的定义：抛光后在漆面上形成的雾影，如图 6-33 所示。

2）抛光痕的成因。抛光痕的本质是油漆表面被轻微损伤。如果使用抛光盘时贴合过紧，抛光盘和漆面之间摩擦力大，抛光时容易造成贴合面油漆因发热而软化，产生抛光痕。此外，如抛光盘上的抛光蜡未及时清洁，造成抛光膏结块硬化，如同砂石划伤漆面产生抛光痕。

（10）砂纸纹

1）砂纸纹的定义：因底材打磨不当，透过面漆可见底材上的砂纸打磨痕迹，从某个角度远看能发现漆面泛白，对比周边漆面有异色。此类缺陷称为砂纸纹，如图 6-34 所示。

图 6-33　抛光痕

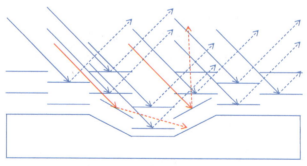

图 6-34　砂纸纹成因示意图

2）砂纸纹的成因。底材打磨过粗，表面不光滑，在打磨区域平行入射光线发生了漫反射，而周边未打磨区域发生的是镜面反射，因此打磨区域和周边相比目视更明亮或更暗，形成了鲜明对比，光反射的差异造成砂纸纹的油漆缺陷。

底材打磨使用的砂纸粒度过粗，打磨手法不正确，或面漆遮盖力不够，都可能造成打磨痕迹深，面漆漆膜盖不住，形成砂纸纹。

（11）色差

1）色差的定义：光线照射到物体后，一部分光线被物体吸收，还有部分被反射回来。

反射回来的那部分光线被人眼识别，就是我们感受到的颜色。颜色有三个要素：色相、明度、饱和度。

色相指的是我们常说的红色、绿色等色彩，它取决于反射回来的那部分光的波长。反射光通常是一定比例的各种波长可见光的组合，反射光的波长越单一，其颜色就越纯洁，饱和度也就越高。明度是人眼对反射光强度的感觉。两个颜色如果色调、明度和彩度都相等，我们说这两个颜色完全相同，反之则称为色差。

2）色差的成因：油漆的色差主要取决于涂料本身的性能，就施工过程而言，影响色差的主要因素是油漆闪干时间差异、膜厚差异、干湿程度。

（12）失光

1）失光的定义：油漆反射光向反射方向四散开，目视无光泽的缺陷。

2）失光的成因。失光的主要影响因素是底材粗糙度高、油漆雾化不良、高温条件下的油漆流平不好、高湿条件下的油漆发蒙、喷涂过干、色漆和清漆之间的层间混溶等。

2. 最终成品漆面质量检查标准

质量检查标准见表6-9（注意：企业标准不同，检查标准会有所差异，此表仅供参考）。

表6-9 面漆质量检查标准

检验项目	质量要求	检测手段
面漆质量		
颜色	从1m之外不同角度都容易看出来的颜色差异	目测
光泽	A、B区不可失光	目测
	C区稍微失光	目测
颗粒麻点	A、B区允许直径1mm以下同色颗粒在100cm²内不超过2个（包含2个与1个）	目测菲林尺测量
	C区允许直径1.0~2.0mm以内同色颗粒在100cm²内不超过2个（包含2个与1个）	
	A、B区允许直径不超过0.5mm异色颗粒、麻点在100cm²内不超过2个（包含2个与1个）	目测菲林尺测量
	C、D区允许直径不超过1.5mm异色颗粒、麻点在100cm²内不超过2个（包含2个与1个）	
流挂	A、B、C区不允许长度在1mm或以上的边缘流漆	目测
	A、B、C区不允许窗帘状流漆宽于15mm	目测
	A、B、C区不允许超过10mm或更长的流漆	目测
橘皮	A区允许极轻微橘皮	目测
	B、C区允许有轻微橘皮，不允许有某个局部位有明显橘皮，而相邻部位无橘皮的现象	目测
漆膜凹陷（包括缩孔）		
直径在1mm以上	A区不允许露底缩孔，不露底缩孔间距大于400mm	目测
	B区和C区非露底缩孔不密集就可，但露底缩孔间距大于500mm	目测

(续)

检验项目	质量要求	检测手段
直径小于1mm	A、B、C区不密集就可	目测
凹凸、包点、划痕	A、B区不可有明显的划痕	目测
	C区没有明显的划痕	目测
	A、B区不允许正面看到钣金凹凸点，允许侧面看见微小的钣金凹凸点	目测
	C区允许正面看见不影响美观的凹凸点	目测
打磨痕迹、砂纸纹	A、B区允许正面看不见的打磨纹	目测
	C区允许正面看见轻微痕迹	目测
缺漆露底	A、B、C区不允许	目测
裂纹	A、B、C区不允许	目测
雾状自干漆	不允许	手感

七、检查环境要求

漆面检查环境：在图6-35所示的灯光布置、照度1100～1500LUX环境、裸眼或矫正视力1.0视力的条件下，距离车身50cm远，按照从内向外、从上到下的原则，遵守固定的顺序绕车一周对车身漆面以目视结合手触摸的方式检查。

图6-35 漆面检查示意图

第二节 填写记录单

一、工艺参数和过程记录的填写内容及要求

1. 工艺参数的填写内容及要求

工艺参数填写内容应包括涂装控制计划中的所有检测项。涂装工艺参数记录表汇总大致见表6-10（注意：企业标准不同，管理清单会有所差异，此表仅供参考）。

表 6-10　涂装工艺参数纪录表

序号	编号	记录名称	保存地点或查询路径	表格责任人	备注
1		实验室表一	化验室		
2		实验室表二	化验室		
3		实验室表三	化验室		
4		实验室表四	化验室		
5		漆膜厚度记录表	化验室		
6		化验室温湿度记录表	化验室		
7		标准液配置记录表	化验室		
8		涂—4 杯黏度计校准记录	化验室		
9		控制图	化验室		
10		pH 计自校准数据记录表	化验室		
11		设备日常点检表	化验室		
12		电泳设备巡检表	电泳加料点		
13		电泳加料记录表	电泳加料点		
14		电泳线倒槽及过滤袋更换记录表	电泳加料点		
15		涂装底漆线过滤袋更换统计表	前处理过滤袋更换处		
16		底漆喷淋压力巡检表	前处理过滤袋更换处		
17		胶产品记录本（底部胶、焊缝胶、裙边胶）	前处理加料间		
18		前处理换槽记录本	前处理加料间		
19		前处理巡线记录表	前处理加料间		
20		前处理加料记录本	前处理加料间		
21		焊缝胶压力记录表	打胶泵房		
22		NVH 胶压力记录表	打胶泵房		
23		PVC 胶压力记录表	打胶泵房		
24		胶烘房工艺参数记录表	胶烘房		
25		底漆烘房工艺参数记录表	底漆烘房		
26		NVH 加料记录表	打胶泵房		
27		UBS 机器人喷胶压力记录表	UBS 机器人站		
28		UBS 机器人喷胶温度记录表	UBS 机器人站		
29		中涂机器人站喷涂参数记录表	洁净间		
30		手工一站喷涂参数记录表	洁净间		
31		点补环氧中涂空气压力记录表	洁净间		
32		手工二站喷涂参数记录表	洁净间		
33		BOX 喷涂参数记录表	洁净间		
34		喷漆室温湿度记录表	洁净间		
35		喷漆室风速记录表	洁净间		
36		面漆烘房工艺参数记录表	面漆烘房		

(续)

序号	编号	记录名称	保存地点或查询路径	表格责任人	备注
37		中涂机器人站喷涂参数记录表	洁净间		
38		base机器人站喷涂参数记录表	洁净间		
39		清漆机器人站喷涂参数记录表	洁净间		
40		base手工站喷涂参数记录表	洁净间		
41		清漆手工站喷涂参数记录表	洁净间		
42		中涂、BC、CC站首检记录	洁净间		
43		面漆烘房炉温曲线	涂装工艺文件夹		
44		面漆小系统巡检表	面漆喷漆线		
45		废漆处理站加料记录表	造渣间		
46		调漆间日常巡线记录表	调漆间		
47		中涂加料记录表	调漆间		
48		清漆加料记录表	调漆间		
49		色漆加料记录表	调漆间		
50		清洗溶剂加料记录表	调漆间		
51		小系统加料记录表	调漆间		
52		调漆间日常巡线记录表	调漆间		
53		过滤袋更换记录表	调漆间		
54		电阻记录表	调漆间		
55		修补清漆加料记录表	调漆间		

2. 过程记录的填写内容及要求

工艺参数过程记录表格的填写要求应包括测试项目、采样频次、密级、表格编号、工艺范围、实际值、采样时间、记录人等信息，见表6-11（注意：各企业表格格式会有所差异，此表仅供参考）。

表6-11 工艺参数过程记录表格
试验室原始记录表一

密级：专有

采样频率：n=1 1次/4h　　　　　　　　　　　　　　　　　　　　XL-TZH-13-01-A

测试项目			时间													
预脱	碱度	0~3														
	PC1523R/PC1523S															
脱脂	碱度	7~11														
	PC1523R/PC1523S															
二次水洗	促进剂	3.0~5.0														
	A131															

(续)

测试项目			时间											
表调	PH	8.5~10.5												
	F-ZN													
磷化	总酸	22~26												
	B958R													
	游离酸	0.8~1.4												
	P40													
	促进剂	2.0~3.5												
	A131													
四次水洗	PH	≥7												
	备注													
	化验员													

注：如过程记录发现异常，记录人需及时电话告知相关工艺人员或责任人，及时跟踪调整数据确认参数，将对生产或质量造成的影响降到最低。

二、随车质量跟车单的填写要求

涂装各工序需将车辆质量信息记录在随车质量跟车单上，如图6-36所示。故障缺陷见表6-12（注意：各企业表格格式会有所差异，此表仅供参考）。

检验员在验车时发现问题后需将缺陷位置圈出并标注缺陷类型以便后道工序返工，同时质量跟车单可以起到留底备查质量问题使用。

表6-12 涂装质量问题跟踪卡

涂装厂质量跟踪卡　SUV车型											
车型：　　　　　　车号：　　　　　　颜色：　　　　　　日期：											
缺陷定义：											
P1 流漆	P2 漆薄	P3 颗粒	P4 划伤	P5 漆渣	P6 纤维	P7 缩孔/针孔	P8 漆包	P9 起泡	P10 漏喷	P11 滴油	
P12 滴漆	P13 黑点	P14 杂色	P15 漆不平	P16 漆裂	P17 失光	P18 橘皮	P19 色差	P20 油污	P21 砂纸痕	P22 擦净纹	
P23 胶裂	P24 胶线不平	P25 胶洞	P26 余胶	P27 电泳渣	P28 电泳流痕	P29 钣金	P30 焊洞	P31 毛刺	P32 胶泡	P33 灰疤	

随车质量跟车单右侧需准确填写上线日期、底盘号、颜色、车型、流水号等信息，涂装转间确认处需准确填写NOK/OK信息、检查者签名信息及转间日期信息，如有其他重大质量问题如换门、换盖或换钣金件等作业内容需手写填入图6-36所示右侧表格内，填写清楚发现区域、问题描述发现者、返工者、检验员信息。

车身质量记录表 XL45150.7-06-B

车身装配

发动机舱盖	左右前后门	行李舱门

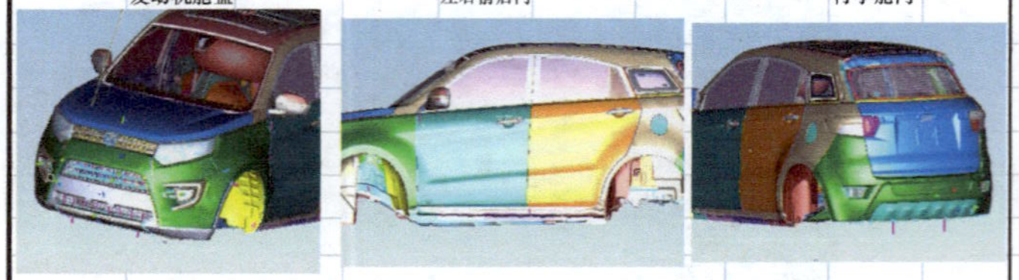

	螺栓检查（松动、漏装）				间隙、断差			
	发动机舱盖	左右前门	左右后门	行李舱门	发动机舱盖	左右前门	左右后门	行李舱门
NOK								
OK								

配备确认	NOK	OK
天窗配置		

毛刺/飞溅-B1	凹坑-B2	凸包-B3	焊疤-B4	焊洞-B5	漏焊-B6	打磨痕-B7	焊接错位-B8	焊缝不均-B9
间隙不均-B10	漏焊零件-B11	螺母偏位-B12	断差-B13	包边开裂-B14	漏焊焊点-B15	用错料-B16	钣金开裂-B17	流漆-P1
漆薄-P2	颗粒-P3	划伤-P4	缩孔-P5	色差-P6	胶洞-P7	胶裂-P8	胶线不平-P9	橘皮-P10
修补喷漆-P11	露底-P12	漆裂-P13	油漆脱落-P14	失光-P15	漆不平-P16	缺门-D	缺盖-X	

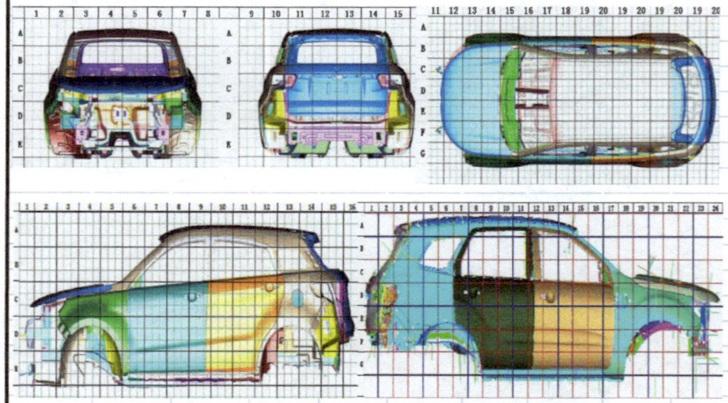

××汽车有限公司　随车质量跟车单—MCIR卡 XL45150.7-06-B

上线日期		颜色			焊装转间确认	涂装转间确认	总装转间确认
车型		流水号		NOK			
				OK			
VIN号				检查者			
				日期			

制造过程特殊说明：

序号	区域	问题描述	发现区域	发现者	返工者	检验员

图 6-36　随车质量跟车单

第六章 涂装质量判定

思考题

1. 判断题

（1）由于设备参数原因或在焊接过程中零件间距原因，导致电流击穿形成焊洞缺陷。（   ）

（2）前处理过程质量检查方式主要通过测量前处理槽液参数进行监控。（   ）

（3）造成锈蚀的主要因素是新换的水洗槽含氧量较高，通常采用添加氧化剂除氧的措施防止锈蚀。（   ）

（4）电泳二次流痕是电泳与油的混合液，在电泳作业时从车身狭小空间内流出固化形成。（   ）

（5）缩孔是在漆膜表面以一个污染点或表面活性物质为中心，在涂层表面形成周围凹陷，中间拱起的油漆缺陷。（   ）

（6）底材打磨使用的砂纸粒度过粗，打磨手法不正确或面漆遮盖力不够，都可能造成打磨痕迹深，面漆漆膜盖不住，形成砂纸纹。（   ）

（7）检验员在验车时发现问题后需将缺陷位置圈出并标注缺陷类型，以便后道工序返工，同时质量跟车单可以起到留底备查质量问题使用。（   ）

（8）漆面检查应遵循从外向内、从下到上的原则，遵守固定的顺序绕车一周，对车身漆面以目视结合手触摸方式检查。（   ）

（9）两个颜色如果色调、明度和彩度都相等，则这两个颜色完全相同，反之则称为色差。（   ）

（10）爆孔俗称"痱子"，是一种类似于火山口的表面缺陷，不是由底材表面活性物质引起的，是漆膜中起泡在涂膜表层破裂产生的。（   ）

2. 单选题

（1）焊接过程中，焊接电流或压力过大容易产生（   ）。

A. 毛刺   B. 焊点不平   C. 钣金凹坑   D. 钣金焊洞

（2）整车涂装过程中一般按车身质量要求分为（   ）区域。

A. A\B   B. A\B\C   C. A\B\C\D   D. A\B\C\D\E

（3）影响色差的主要因素是油漆闪干时间差异、膜厚差异和（   ）。

A. 底材粗糙度高   B. 干湿程度

C. 油漆雾化不良   D. 油漆流平不好

（4）漆面检查环境照度（   ）；裸眼或矫正视力（   ）条件下，距离车身（   ）cm 远。

A. 1100~1500LUX，1.0，50   B. 1200~1800LUX，1.5，100

C. 1100~1500LUX，1.0，150   D. 1100~1800LUX，1.0，50

（5）工艺参数填写内容应包括（   ）中的所有检测项。

A. 作业指导书   B. FMEA

C. 控制计划 D. 过程流程图

(6) 因底材打磨不当，透过面漆可见底材上的砂纸打磨痕迹或者从某个角度远看能发现漆面泛白，对比周边漆面有异色；此类缺陷称为（ ）。

A. 打磨痕 B. 色差 C. 失光 D. 砂纸纹

(7) 冲压件在模具上整形翻边时拉伤或拉延模具走料过程中发热、应力集中造成（ ）。

A. 开裂 B. 变形 C. 拉延纹 D. 凸包

(8) 颗粒是涂装车间最常见的质量缺陷，通常以（ ）作为颗粒的测量指标。

A. 颜色 B. 直径 C. 高度 D. 半径

(9) 光线照射到物体后一部分光线反射回来，那部分光线被人眼识别，就是我们感受到的（ ）。

A. 色相 B. 明度 C. 颜色 D. 饱和度

(10) 涂装车间所有可能接触车身的来料均需进行（ ），合格后方可进入涂装车间使用。

A. 锁孔测试 B. 纤维测试 C. 耐酸碱测试 D. 硅酮测试

3. 多选题

(1) 下列属于钣金缺陷是（ ）。

A. 缩颈开裂 B. 钣金凹坑 C. 焊洞 D. 间隙面差

(2) 下列（ ）不属于 A 区部位。

A. 发动机舱盖 B. SUV 的尾门外表面
C. 左右翼子板 D. 车顶区域

(3) 前处理流痕产生的原因有（ ）。

A. 发干 B. 锈蚀 C. 除油不干净 D. 磷化渣残留

(4) 引发涂装面漆颗粒的原因有（ ）。

A. 油漆黏度高 B. 白车身铁屑 C. 电泳渣 D. 打磨灰

(5) 影响流挂的最直接因素有（ ）。

A. 油漆黏度 B. 温度 C. 操作手法 D. 涂膜厚度

(6) 随车质量跟车单右侧需准确填写（ ）。

A. 上线日期 B. 底盘号 C. 颜色 D. 车型

4. 简答题

(1) 简述 PVC 胶泡产生的原因。

(2) 简述造成金属漆发花的原因。

附录 汽车行业职业技能评价规范
——汽车涂装生产线操作工（初级）

一、基础知识

1. 安全生产和环境保护知识

1）现场文明生产要求。

2）安全操作与劳动保护知识。

3）环境保护知识。

4）安全用电常识。

2. 基础理论知识

1）常用的酸材料及性能。

2）常用的碱材料及性能。

3）氧化还原反应原理。

4）电解和电离原理。

5）PH 值的测定知识。

6）溶液的浓度知识。

3. 涂装工艺及设备知识

1）涂料的基础知识。

2）涂装前工件表面预处理。

3）涂装方法。

4）涂装工艺材料。

5）涂装的设备知识。

二、初级工

职业功能	工作内容	技能要求	相关知识要求
1. 汽车涂装准备	1.1 工艺准备	1.1.1 能识读本岗位工序的工艺卡（含工艺附图） 1.1.2 能识读本岗位工序的作业指导书	1.1.1 本岗位工艺卡（含工艺附图）的表达方法及各种符号的含义 1.1.2 本岗位作业指导书的表达方法及各种符号的含义

(续)

职业功能	工作内容	技能要求	相关知识要求
1. 汽车涂装准备	1.2 设备、设施准备	1.2.1 能识别本岗位工序的工具、工装 1.2.2 能对本岗位所用工装、设备进行点检和维护保养	1.2.1 工具规格、代号及用途 1.2.2 通用工具、工装的结构原理及使用方法 1.2.3 本岗位设备的名称、型号、原理、性能以及操作和维护保养方法 1.2.4 判断本岗位工具、工装简单故障的方法
2. 汽车涂装	2.1 涂装工具、辅具的操作	2.1.1 能按照作业文件要求正确使用本岗位各种类型的涂装工具 2.1.2 能按照作业文件要求正确安装本岗位各种类型的涂装辅具	2.1.1 涂装工具的使用要求及特性 2.1.2 涂装辅具的安装要求及调整方法
	2.2 密封操作	2.2.1 能完成本岗位要求的车身及零部件喷胶和挤胶 2.2.2 能在标准工时内按工艺要求完成本岗位操作	2.2.1 本岗位密封工艺及质量控制要求 2.2.2 所使用密封材料的基本性能 2.2.3 本岗位工艺参数要求
	2.3 修磨操作	2.3.1 能识别涂装常见油漆缺陷及缺陷处理标准 2.3.2 能依据不同常见涂装缺陷选择不同的打磨工具，能在标准工时内按作业指导书完成操作	2.3.1 辨别常见缺陷的方法 2.3.2 本岗位工艺参数要求
	2.4 调漆操作	2.4.1 能根据作业指导书进行本岗位投料、调整、设备操作 2.4.2 能对本岗位上使用的涂料、化学品进行投料、调整	2.4.1 工艺要求的调整和操作方法 2.4.2 本岗位涂料的分类和化学品的分类 2.4.3 本岗位工艺参数要求
	2.5 前处理和电泳调整操作	2.5.1 能检查和监视前处理、电泳工艺过程 2.5.2 能进行保养、维修前处理和电泳设备的配合作业	2.5.1 前处理、电泳涂装的分类及原理 2.5.2 前处理、电泳涂装的优、缺点 2.5.3 前处理、电泳漆的种类
	2.6 喷涂操作	2.6.1 能完成本岗位要求的车身及零部件喷涂、检查 2.6.2 能在标准工时内按工艺要求完成操作	2.6.1 本岗位工艺要求及操作方法 2.6.2 本岗位涂料的分类 2.6.3 本岗位工艺参数要求

附录　汽车行业职业技能评价规范——汽车涂装生产线操作工（初级）

（续）

职业功能	工作内容	技能要求	相关知识要求
2. 汽车涂装	2.7 返修操作	2.7.1 能识别涂装常见缺陷及缺陷处理标准 2.7.2 能依据不同常见缺陷，在标准工时内按作业指导书完成操作 2.7.3 能稀释和刮涂常规原子灰（商用车） 2.7.4 能手工或用原子灰打磨机打磨原子灰（商用车） 2.7.5 能正确选用砂布、砂纸（商用车） 2.7.6 能稀释常规涂料的黏度（商用车） 2.7.7 能使用常用喷漆枪完成简单工件的喷漆（商用车）	2.7.1 本岗位工艺要求及操作方法 2.7.2 本岗位涂料的分类 2.7.3 本岗位工艺参数要求 2.7.4 常用原子灰的种类、性能及调配方法（商用车） 2.7.5 常用原子灰的刮涂和打磨方法以（商用车） 2.7.6 刮具、砂布规格、打磨机等知识（商用车） 2.7.7 喷枪和喷漆设备的型号、原理、操作方法及维护保养方法（商用车）
	2.8 质量检验操作	2.8.1 能识别涂装常见缺陷及并能准确判定 2.8.2 能在标准工时内按作业指导书完成本岗位检验操作	2.8.1 本岗位工艺要求及操作方法 2.8.2 本岗位工艺参数要求
3. 汽车涂装质量检验及处理	3.1 涂装质量判定	3.1.1 能对本岗位操作后的结果进行自检和外观检查 3.1.2 能识别本岗位操作的不良状况	3.1.1 本岗位操作质量检查项目和方法
	3.2 填写记录单	3.2.1 能填写本工序工艺参数和过程记录	3.2.1 工艺参数和过程记录的填写内容及要求

参考文献

［1］中国就业培训技术指导中心. 国家职业资格培训教程：涂装工（基础知识）［M］. 2版. 北京：中国劳动社会保障出版社，2014.
［2］李劲. 汽车维修涂装工：中级［M］. 北京：中国劳动社会保障出版社，2004.
［3］刘永海. 涂装工（中级）鉴定培训教材［M］. 北京：机械工业出版社，2012.
［4］王锡春. 涂装车间设计手册［M］. 北京：化学工业出版社，2008.
［5］王锡春. 汽车涂装工艺技术［J］. 涂料技术与文摘，2005，26（2）：11-11.
［6］刘登良. 涂料工艺：上［M］. 北京：化学工业出版社，2010.
［7］冯立明. 涂装工艺与设备［M］. 北京：化学工业出版社，2004.
［8］张学敏. 涂装工艺学［M］. 北京：化学工业出版社，2002.
［9］刘薇薇. 现代电泳涂装百科全书［M］. 上海：复旦大学出版社，2016.
［10］王锡春，李文刚. 谈工业涂装的水洗和节水技术［J］. 现代涂料与涂装，2009，12（4）：5.
［11］高双明，马坚，朱鸿岸. 汽车塑料件涂装前处理的探讨［J］. 中国涂料，2009（8）：3.
［12］国家职业资格培训教材编审委员会. 涂装工：初级［M］. 北京：机械工业出版社，2006.
［13］葛建峰，叶城昕. 汽车喷漆理实一体化［M］. 北京：人民交通出版社，2015.
［14］肖艳. 汽车涂装作业中的环境保护与安全防范措施［J］. 现代涂料与涂装，2011，14（4）：3.
［15］尚洪. 浅谈电力企业职业健康安全管理体系建设［J］. 电力安全技术，2010（12）：3.
［16］潘迁宏. 化工厂危险化学品安全管理浅谈［J］. 广东化工，2011，38（3）：39-40.